중국 역사상의 불교와 경제

중국 역사상의 불교와 경제 - 당대편

黃敏枝 지음 / 임대희 옮김

서경문화사

실린순서

서문 / 7

제1장　사원경제 기초의 수립 / 13
　　제1절　종교적 요인 / 17
　　제2절　정치적 요인 / 24
　　제3절　사회적 요인 / 35

제2장　당 이전 사원의 경제형태 / 49
　　제1절　서언 / 51
　　제2절　사령장원의 상황 / 57
　　제3절　승려와 노비의 의탁 / 66
　　제4절　돈·베·면 등의 획득 / 72
　　제5절　사원의 공상업 방면에서의 활동 / 84
　　제6절　사원의 사회구제 사업 / 100

제3장　당대의 사령장원 / 109
　　제1절　서언 / 111
　　제2절　사령장원의 형성 / 120
　　제3절　사령장원의 규모와 범위 / 133
　　제4절　사령장원의 경영 / 137

CONTENTS

    제5절   사령장원과 국가 사회 / 149

제4장   당대 사원이 경영한 공상업 / 155
    제1절   무진장과 삼계교 / 158
    제2절   금전의 대차 / 171
    제3절   곡식·속·마·콩·비단 등의 대차 / 179
    제4절   연애의 경영 / 197
    제5절   제유업의 경영 / 209

제5장   당대 불교사원의 계급화와 세속화 / 217
    제1절   사원의 귀족화와 계급화 / 221
        1. 사원 안의 계급구분과 생활상황 / 221
        2. 사원의 상주와 승니의 사유재산 / 231
    제2절   사원의 사회화와 세속화 / 247
        1. 사원자체가 구비한 사회작용 / 249
        2. 사원의 사회구제사업에 대한 공헌 / 258

제6장   결론 / 267

참고문헌 / 277

옮긴이 뒷글 / 285

찾아보기 / 289

말

서

서 문

　이 글에서 말하는「사원경제」는 오로지 불교사원만을 가리켜 말하는 것으로서 도교(道敎)나 마니교(摩尼敎) 등과 같은 불교 이외의 종교에 대해서는 일체 언급하지 않았다. 사원경제와 관련된 연구는 중국 안팎의 많은 학자들이 이 문제에 주의를 기울였다. 중국학자들 가운데 도희성(陶希聖)·국청원(鞠淸遠)·전한승(全漢昇)·하자전(何玆全)·양련승(楊聯陞)·진관승(Kenneth Ch'en; 陳觀勝) 선생 등이 모두 잇따라 이 문제와 관련된 글을 발표했고, 일본학자 가운데는 나바 도시사다(那波利貞)·미시마 가즈(三島一)·스즈키 슌(鈴木俊)·니이다 노보루(仁井田陞)·미치바다 료오슈우(道端良秀)·츠카모토 젠류우(塚本善隆) 선생 등이 있으며, 영국에는 트위쳇(D.C. Twitchett) 선생이 있다. 그 가운데 특히 일본학자들이 이 문제를 매우 중시했다. 그들은 모두 많든 적든 이 문제에 대하여 논술한 바가 있다. 비록 그들의 글이 대부분 사원경제 가운데 일부 단편적인 해석만을 하였더라도 이미 우리에게 사원경제라는 이 하나의 문제에 대하여 적지 않은 이해를 주었고 또 우리의 연구에 실마리와 지름길을 제공하였다.

이 글은 주로 당대 사원경제의 개황, 곧 사령토지(寺領土地)·사령호구(寺領戶口) 등 및 사원이 경영하는 질고(質庫)·고리대(高利貸)·연애(碾磑)와 제유(製油) 등 공상업 방면의 활동을 설명하고, 동시에 사원이 사회에 대하여 시행하는 갖가지 기아진휼(賑饑)·가난구제(濟貧)·다리보수(修橋)·의료보시(施醫)·우물제공(義井) 등의 사회구제와 자선사업을 언급함으로써 당대(唐代) 사원이 중국사회사와 경제사에서 차지하는 지위를 설명하는 데에 있다. 동시에 당대 사원은 특권을 누렸기 때문에 사원의 특권화와 정부와의 관계는 어떠했는가 하는 것도 이 글이 검토해야 할 점이다.

이 글이 주로 당대의 사원경제를 연구대상으로 삼은 이유는 불교의 발전이 당대에 최고의 상태에 이르렀고, 사원경제의 형태도 남북조시기의 초보적인 형성을 거쳐 당대에 완비된 단계에 이르렀기 때문이다. 사원은 광대한 신도를 가졌을 뿐만 아니라 풍부한 경제력도 갖추고 있었다. 사원은 경제방면의 활동에서, 내부적으로는 그 자신 방대한 세력과 사원 자체의 조직화·제도화를 이루고 있었고, 대외적으로는 그 경제력을 바탕으로 민간과 사회에 여러 가지 활동을 함으로써 사원의 세력을 민간에 더 깊이 침투시켰다. 이 글은 분석과 종합의 방법을 사용하여 이러한 사실(史實)과 문제에 대해 전체적인 논술과 해석을 했기 때문에 자질구레한 문제에 대해서는 살펴보지 못하였다. 이 점 여기서 밝혀둔다.

　이 글은 은사 부락성(傅樂成) 교수의 여러 방면에서의 지도와 수정에 힘입어 순조롭게 완성할 수 있었기 때문에 삼가 은사님께 깊이 감사를 드린다. 또 엄귀전(嚴歸田)·이수동(李樹桐)·허탁운(許倬雲) 선생께서 올바른 지적과 많은 잘못을 바로잡아 주신 것에 특별히 감사드리고, 충심으로 고마움을 마음에 새기며 특히 여기에 적어 감사를 드리는 바이다. 이 글은 누락과 잘못이 아직 많다. 부디 아낌없는 지도와 가르침을 바란다.

1971 11월 7일 삼가 씀

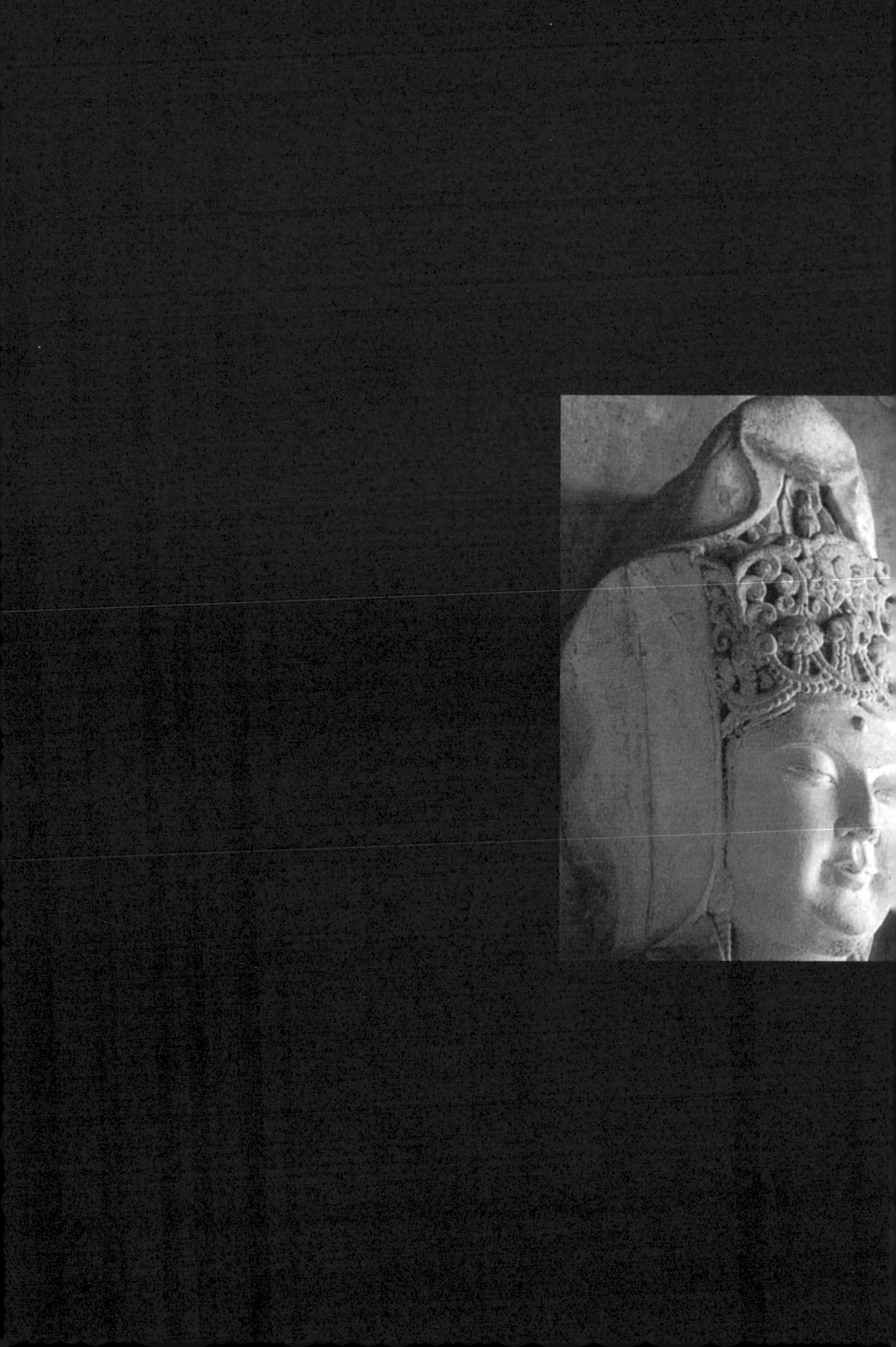

제 1 장 사 원 경 제 기 초 의 수 립

제 1 절 종 교 적 요 인
제 2 절 정 치 적 요 인
제 3 절 사 회 적 요 인

제 1 장
사원경제 기초의 수립

불교사원이 풍부한 경제력을 가질 수 있었던 것은 많은 토지와 노동인구를 장악하였기 때문만이 아니라 동시에 사원이 그 잉여재산으로 농공상업의 영리사업에 종사할 수 있었기 때문이었다. 다만 사원은 어떻게 이러한 풍부한 경제력을 가질 수 있었는가? 어떻게 민간과 사회에 각종 사업을 전개할 수 있었는가? 이것이 우리가 깊이 연구할 문제들이다.

후한 초기 불교가 동쪽으로 전래된 이후 중국에서 점차 확대되었고, 남북조에서 수당에 걸쳐 불교는 거의 전 중국을 뒤덮었다. 그 시대는 불교사상이 지배하는 시대이고, 모든 사회와 온 국민의 활동은 불교사상의 영향과 지배를 받지 않음이 없었으며, 이러한 것들은 모두 사원의 활동과 선양(宣揚) 때문이라고

大同의 雲崗石窟. 제20굴인 露座大佛

大同의 雲崗石窟. 洞안에 있는 佛龕

우리는 말할 수 있다.1) 사원이 이와 같은 역할을 할 수 있었던 것은 당연히 어떤 원인이 있겠지만 사원경제 기초의 수립도 매우 중요한 요인 가운데 하나이다. 사원경제가 형성될 수 있었던 요인은 여러 가지가 있겠지만 종교적인 마취작용을 지닌 이외에 정치·사회 등의 요인도 있다. 이러한 요인 때문에 위로는 제왕(帝王)·대신(大臣)에서부터 아래로는 상인(商人)·보졸(步卒)에 이르기까지

> 모두 재산을 전부 들고 승려에게 달려가고, 파산하여 부처에게 달려갔으며,2)

---

1) 何效全, 「中古時代之中國佛敎寺院」, 1쪽.
2) 『弘明集』卷9, 范縝, 「神滅論」, 57b쪽.

녹산사(麓山寺)〈장사(長沙)〉. 진(晉)태시(泰始)4(268)년에 만들어졌다. 이 사찰 안에는 육조(六朝)시대의 고목(古木)이 지금까지 남아있는 것으로 유명하다.

그 결과는 바로 양현지(楊衒之)가

> 왕후(王侯)나 귀족(貴臣) 들이 신발 벗듯이 코끼리와 말을 희사하였고 서사(庶士)나 부호(豪家)가 자신의 발자국을 남기듯이 재물을 기증하였다.

고3) 말한 것과 같았다. 아래에서는 종교·정치·사회 등으로 나누어 사원경제 기초가 형성된 바를 설명하고자 한다.

제 1 절 종교적 요인

종교의 마취작용은 매우 크다. 따라서 종교적으로 경건하고 성실한 신앙인이라면 반드시 그 종교를 위해 자신의 모든 것을 바치기를 바랄 것이다. 불교는 윤회(輪廻)와 인과응보(因果應報)

---

3) 『洛陽伽藍記』卷1, 序言, 1a쪽.
〈역자주〉양현지 지음 / 서윤희 옮김, 『낙양가람기』(눌와, 2001) 24쪽 참조.

흥교사(서안)의 정문

라는 말로 사람들을 마취시키고, 소극적(消極的)·탈속적(脫俗的)·무쟁적(無爭的) 사상으로 사람들을 교화하였다. 이 때문에 사람들은 모두 장전(莊田) 또는 돈과 비단을 사원에 기부하여 공양비에 충당하였다. 당나라 소종(昭宗) 광화(光化) 3년(900) 「초제정원시전기(招提淨院施田記)」에는

향년 64세, 장부가 세상에 태어나 어찌 오래 머물 수 있는가를 탄식하여 이에 승상굉심(勝上宏心)을 일으켜 깨달음의 길로 나아가서 세상의 재물과 진귀한 보물을 바쳤다. … 또 초제정원의 의공승우(擬供僧友; 승려에게 시주하는 사람/옮긴이)가 되고, 또 다시 좋은 땅을 떼어 구제에 바쳤다. (네 글자 빠짐) 상주(常住), 해마다 5백 문(文)을 바쳐서 초제정원의 옷과 양식에 충당하였고 오랜 세월을 거쳐도 고치지 않겠다.

흥교사(西安)에 있는 현장(玄奘) 법사의 목상(木像) 많은 경전을 등에 지고 옮기는 것이 눈에 띈다.

라4) 하고 있다. 종교적 신앙 때문에 그들의 재산을 사원에 희사하는 것은 본래 매우 자연스런 일이다. 가령 경전 속에는 모두 사람들에게 보시를 권장하고 있는데, 예를 들어 『상법결의경(像法決

---

4) 『八瓊室金石補正』 卷77, 「招提淨院施田記」, 31a-32a쪽. 또 『唐文拾遺』 卷63, 「羅漢碑」, 15쪽. 양자는 완전히 동일하다.

疑經)』에

> 내가 여러 경전에서 보시를 말한 것은 출가자나 재가자(在家者)가 자비심을 닦아서 가난한 고아와 노인에게 보시하고, 이것이 굶주린 개에게까지 미치게끔 한 것이다. 나의 제자들이 내 뜻을 이해하지 못하고 오로지 경전(敬田)만 보시하고 비전(悲田)은 보시하지 않았다.5) 경전은 불보(佛寶)·법보(法寶)·승보(僧寶)를 말하고, 비전은 가난한 고아와 노인·개미에게까지 미침을 말한다. 이 두 종류의 전(田) 가운데 비전이 가장 성대하다.

라6) 하고 있다. 부처는 사람들에게 보시를 통하여 자비심을 발동시켜서 널리 복전을 시주하면 극락에서 살 수 있고,7) 현세의 복업으로써 내세의 과보(果報)를 구한다고 교화하였다. 대개 불가에서는 사람들에게 재산을 버리고 기꺼이 시주하여 탐욕을 다스릴 것을 권장하였다. 모자(牟子)는

> 불가는 재산을 버리고 보시하는 것을 명분으로 삼고 다른 사람을 위해 재물을 다 쓰는 것을 귀하게 여긴다.

---

5) 경전과 비전은 복전(福田)의 이름이다. 복전은 여래나 비구 등 공양을 받을만한 법력이 있는 이에게 공양하면 복이 되는 것이 마치 농부가 밭에 씨를 뿌려 다음에 수확하는 것과 같으므로 이렇게 부른다(옮긴이).
6) 『像法決疑經』, 1336a~b쪽(『大正藏』 2870).
7) 西晉 法立·法炬譯, 『佛說諸德福田經』, 777b쪽. 또 『法苑珠林』 卷 44, 「興福篇福部」, 11a-b쪽.

고8) 하였다. 이것들은 모두 신도에게 보시를 통하여 선업(善業)을 닦도록 권장한 것이다. 신도만이 마음을 움직여 보시하는 것이 아니라 승려들도 또한 보시를 행하였다. 그래서 종종 비구와 비구니가 자기의 사재로 구매한 토지나 자기가 평소에 보시하여 얻은 돈과 비단을 모두 상주(常住)에 바치고 개인의 소유로 하지 않았다. 『법원주림(法苑珠林)』에

> 『우바새계경(優婆塞戒經)』에 말하듯이 '부처가 말하기를 세간에 복전(福田)은 무릇 세 종류가 있는데, 첫째는 보은전(報恩田), 둘째는 공덕전(功德田), 셋째는 빈궁전(貧窮田)이다. … 승려들은 세 종류의 전이 있는데, 첫째는 보은전, 둘째는 공덕전, 셋째는 빈궁전이다'고 하였다. 이러한 인연으로 이미 계를 받은 자는 마땅히 마음을 다하여 삼보를 공양하도록 권장해야 한다. 사람들이 모두 복전을 보시하고 마음을 보시하는 것 등이 이것이다.

라9) 하고 있다. 그러므로 승려와 신도는 마땅히 완전히 똑같아야 하며, 보시의 마음도 경중이 없이 복전을 추구해야 한다. 복전사상 이외에도 인과응보라는 말로써 사람을 권장하고 교화하였는데, 모자(牟子)는 일찍이 이 말로써 신불(信佛) 입론의 근거로 삼았다.

그 가운데 『이혹론(理惑論)』에서는 일찍이

---

8) 『弘明集』卷1, 牟子「理惑論」, 4a쪽.
9) 『法苑珠林』卷29,「福田篇優劣部」, 1a-b쪽.

향적사(香積寺)(서안)

비유컨대 집안의 재산을 다하여 선의를 일으키면 그 공덕은 숭산(嵩山)·태산(泰山)과 같이 높고, 유유함은 강과 바다와 같다. 선한 마음을 품은 자는 복으로써 보답하고, 악한 마음을 품은 자는 재앙으로써 보답한다. … 화를 보시하고서 복을 얻은 자는 아직 없다.

라10) 하고 있다. 『이혹론』에서 말한 바는 인과응보의 말로 사람들을 권장하여 그들로 하여금 재산을 보시하고 복을 기원토록 한 것이다. 이밖에 진(晉)나라 도항(道恒)의 『석박론(釋駁論)』에도 역시 불교가 복화보응(福禍報應)의 말로 신도들을 권장하였음을 말하여,

또한 세상에는 오횡(五橫)이 있는데 사문도 그 하나에 자리하고 있다. … 이에 크게 방편을 마련하여 어리석은 속인을 부추겼다. 한편으로는 유혹하기도 하고 한편으로는 협박하기도 하였다. 악을 행하면 반드시 누겁(累劫)의 재앙이 있고, 선행을 닦으면 끝없는

---

10) 『弘明集』 卷1, 牟子, 「理惑論」, 4b쪽.

개복사(開福寺)〈장사(長沙)〉. 오대시대의 후당(後唐)명종(明宗)천성(天成)2 (927)년에 만들어졌다. 삼성전(三聖殿)·대웅보전(大雄寶殿)·비로전(毘盧殿) 및 산문(山門)등으로 구성되어있는데, 특히 비로전에는 금을 붙인 500라한이 있는 것으로 유명하다.

경사가 있으며, 죄를 논하면 저승에서도 엿봄이 있고, 복을 말하면 천지신명의 도움이 있다고 한다. 힘써 독려하고 인도하여 사람이 할 수 없는 바를 행하도록 권장하고, 억지로 다그치고 절박하게 억압하여 사람이 할 수 없는 바를 하도록 강요한다.11)

라 하고 있다. 복화보응이라는 말이 본디 백성의 마음 속에 깊이 파고 들어가 불법이 사람들에게 믿어지는 요체가 되었음을 볼 수 있다. 다마이(玉井是博)는 당나라 현종(玄宗)시대 귀인(貴人)·부호(富豪)가 생활에서 사치를 서로 다투기도 하고 또 자주 장원과 저택을 바쳐 불사(佛寺)로 삼기도 하며, 혹은 재산을 바쳐 승려와 도사를 공양하고 혹은 재회(齋會)를 마련하여 공양한 원인을 분석하여 이러한 것들은 모두 복전사상이 특별히 성행한 때문이라고 하였다.12) 대종(代宗)은 처음에는 불교를 깊이

---

11) 『弘明集』 卷6, 晋 道恒 「釋駁論」, 35b쪽.

흥교사. 중심되는 건물이다.

흥교사. 이 건물은 경전 및 서적을 보관하는 곳이다.

믿지 않았다. 그러나 좌우대신인 두홍점(杜鴻漸)·왕진(王縉) 등이 불교를 경건하고 성실하게 신봉하자 대종이 일찍이 그들에게 복업보응(福業報應)에 관해서 물었고, 이 때문에 불교를 매우 신봉하게 되었다.13) 대개 이러한 구복(求福)사상은 사람의 마음을 움직이기가 가장 쉽고 또 가장 흡인력이 있었다. 일반적인 심리는 모두 복을 추구하고 화를 피하기를 바라기 때문에 종교는 이러한 정신상의 만족을 줄 수 있다. 그러므로 복전사상은 줄곧 매우 성행하였고, 게다가 사회가 가장 불안정할 때 더욱 두드러졌다. 두번천(杜樊川 ; 杜牧)은 일찍이 이를 대단히 풍자하여,

오늘날 권세는 불교에 귀속하여 복을 사고 죄를 파는 것이 마

---

12) 玉井是博,「唐時代의 社會史的考察」, 359-360쪽.
13) 『舊唐書』卷118,「王縉傳」, 9쪽.

치 좌계(左契)를 가지듯이 서로 주고받았다. 심지어 가난한 백성은 어린아이에게 먹을 것을 주지 않을 뿐 아니라 백 전(錢)의 돈이 생기면 반드시 승려를 불러 먹여서 부처의 도움으로 하루만에 복을 얻기를 바랐다. 설령 나라안이 모두 절과 승려로 가득찬다고 하더라도 괴이한 일이 아니다.14)

라고 하였다. 이 때문에 불교는 보편적인 사회대중의 신앙이 되었고, 또 그 이후의 발전추세에서 보면 불교는 사회와 민간에 더욱 깊이 파고 들어가 완전히 「불교중국화」의 시대가 되어 사람들도 조금도 주저하지 않고 그들의 사유재산을 바쳐 복을 구하기를 바랐던 것이다. 이러한 상황은 중국 역사상 줄곧 마찬가지였다.

제 2 절 정치적 요인

사원의 발전의 이면에는 통치계급 혹은 상층계급의 옹호와 지지와 밀접한 관계가 존재한다.15) 이것은 매우 분명한 사실이며, 우리는 매우 많은 실례를 들 수 있다. 예를 들어 북방의 불도징(佛圖澄)은 후조(後趙)의 석륵(石勒)과 석호(石虎)에게 신임되어 한껏 존숭을 받았다. 석호는 심지어 나라 안에 조서를 내려,

---

14) 『樊川文集』 卷10, 「杭州新南造亭子序」, 91a쪽.
15) 三島一, 「唐宋時에서의 貴族의 寺院에 대한 經濟的交涉에 關한 一考察」, 1159-1160쪽.

화상(和上)은 나라의 큰 보배이니 영예로운 관작을 더하지 않고 높은 봉록도 받지 않으며 즐거운 봉록을 뒤돌아보지 않으면 무엇으로 덕을 표창하겠는가. 지금부터 마땅히 비단으로 된 옷과 좋은 수레를 타야 한다. 조회 때에 화상이 어전에 오르면, 상시(常侍) 이하는 모두 가마를 드는 것을 도우고 … 태자와 제공(諸公)은 오르는 것을 도우도록 하라. 주관하는 자가 대화상이 이르렀다고 외치면, 중생들은 모두 일어나 존경을 표하도록 하라.16)

라고 하였다. 불도징이 불교를 유포할 때는 바로 5호(胡)의 난이 가장 강렬하였고, 석륵의 잔학하고 포학함은 도적과 같을 정도였다. 불도징은 뭇 백성을 불쌍히 여겨 도술로써 석륵을 교화시키려고 하였고, 마침내 방술로써 석륵과 석호를 감화시켜 인과응보의 말로 그가 포악하게 죽이는 것을 경계함으로써 그의 은혜를 입은 사람은 10명에 8·9명이나 되었다. 불도징이 석륵과 석호의 존숭과 믿음을 받게 되자, 이에 "백성들이 불도징 덕택에 불교를 믿게 되어 모두 절과 사묘(寺廟)를 짓고 서로 앞을 다투어 출가하였다"고 한다.17) 당시 중주(中州)의 진호(晉胡)가 대개 모두 부처를 섬겨서 불교관계 전적에 절을 세운 것이 893곳이나 된다고 한 것은 비록 다 믿을 수는 없으나 불교의 민간 전파의 상황을 대략 알 수 있다. 석륵과 석호의 불교 숭상의 정도는 아주 깊어서『업중기(鄴中記)』에 당시 불교숭배의 사치스러움을 기록하고 있다. 불도징의 제자들은 자못 학인명승(學人

---

16)『高僧傳』卷9,「佛圖澄傳」, 384a쪽.
17)『晉書斠注』卷95,「佛圖澄傳」, 28쪽.

황택사(皇澤寺) 〈사천성 광원(廣元)시〉. 당대 개원(開元)년 간에 창건되었다. 도강언(都江堰)을 만든 것으로 유명한 촉군태수였던 이빙(李冰)부자를 기념하기 위해서 건립되었다고 한다. 본래 천주묘(川主廟)라고 불렸으나, 무측천 시기에 황택사라고 개명하였다. 당초(唐初)의 유명한 점성가(占星家)인 원천강(袁天綱)이 무측천이 천하의 주인이 될 것이라고 예언하여, 이곳을 무측천과 연관시키고 있다. 당대를 중심으로 북위시대부터 청대에 이르는 시기의 마애(摩崖)석각(石刻)조상(造像)이 1200여 구(軀) 있다.

名僧)이 많았는데, 도안도 그 가운데 한 명이다. 또 구마라집(鳩摩羅什) 같은 이는 후진(後秦) 요흥(姚興)에게 존중받았는데, 『진서』 요흥재기에는 다음과 같이 말하고 있다.

요흥이 이미 불교에 그 뜻을 의탁하니, 공경(公卿) 이하는 사문을 존경하고 따르지 않음이 없었다. (이에) 멀리서 온 사람이 5천여 명이었고 영귀리(永貴里)에 부도(불탑)를 세우고, 중궁(中宮)에 파약대(波若臺)를 세우니, 사문으로 좌선하는 자는 항시 천여 명이나 있었다. 주군(州郡)도 이에 감화되어 불교를 믿는 자가 열 집에 아홉이었다.18)

요흥은 자못 불법에 통달하여 능히 경전을 강론할 수 있었으며, 구마라집은 호본(胡本)을 맡고 요흥은 구경(舊經)을 맡아 함께 고찰하고 비교하며 불경을 번역하였다. 구마라집과 같은 시기에 강남(江左)에서 불법을 널리 전파한 혜원(慧遠)은 높은

---

18) 『晉書斠注』 卷117, 「姚興載記」, 13쪽.

석상사(石霜寺)<호남성 유양(瀏陽)시 霜華山 기슭에 있음>. 唐僖宗때(874-888) 창건하였다. 臨濟宗의 祖庭이다.

인품과 곧은 절개가 매우 훌륭하여 명사(名士)·청류(淸流)들의 격찬을 받았다. 30여 년 동안 여산(廬山)에 은거하며 산 밖으로 나가지 않았고, 속세에 자취를 남기지 않았다. 그러나 천하가 바람에 쏠리듯이 그를 따름으로써 불법은 자연히 융성하게 되었다. 마침내 환현(桓玄)때에 이르러 군주를 떨게 한 위엄을 가지고서 서로 예경(禮敬)하였고, 나라의 중신 은중감(殷仲堪)이나 재능이 매우 뛰어나고 거만한 사령운(謝靈運) 등도 마음을 기울여 따랐으니, 혜원이 받은 예우와 존숭을 짐작할 수 있다.19) 당연히 이들은 모두 덕을 갖춘 고승이어서 이러한 존경과 예우를 받을 수 있었다. 사실, 또 그러한 큰 덕을 갖춘 명승들만이 통치계급의 신임과 흥미를 얻을 수 있었다. 그러므로 위에서 노래하면 아래에서 따르고, 바람이 불면 풀이 쓰러지듯이 마침내 널리 교화가 이루어졌던 것이다. 그러나 군주들의 가장 큰 흥미를 끈

---

19)『高僧傳』卷6,「釋慧遠傳」, 358c-361a쪽.

것은 그래도 불교가 사회에 실제로 교화력을 갖고 있었기 때문이다. 따라서 군왕은 대부분 불교를 숭상하여 정치목적을 달성하는 수단으로 삼았던 것이다. 하상지(何尙之)는 일찍이 송나라 문제(文帝)에게 불교의 교화력을 찬양하여 말하였다.

    석씨의 가르침은 불가능한 것이 없습니다. 적절한 도는 본디 교리에 근원하며, 속세를 구제하는 것도 중요한 임무입니다. … 왜냐 하면, 백 가구의 마을에서 열 사람이 오계(五戒)를 지키면 열 명이 순박하고 삼가며, 천 가구의 마을에서 백 사람이 십선(十善)을 닦으면 백 명이 온화하고 돈후하게 됩니다. 이 교훈을 전파하여 집 안에 퍼지게 하고 만 명에 이르게 하면 어진 사람은 백만이 됩니다. … 무릇 한 가지 선행을 하면 한 가지 악이 없어지고, 한 가지 악이 없어지면 한 가지 형벌이 없어지며, 집에 한 가지 형벌이 없어지면 나라에 만 가지 형벌이 사라집니다. … 이는 곧 폐하께서 말씀하신 바와 같이 앉아서 태평을 이루는 것입니다.20)

확실히 하상지는 불교를 믿고 계율을 지키면 잔학한 행위나 살인을 제거할 수 있고, 군왕은 또 이 때문에 앉아서 태평을 누릴 수 있다고 하였는데, 이것은 그가 송나라 문제에게 불교를 믿어 정치 목적을 달성하기를 요구한 것이었다. 똑같은 상황은 당나라 선종(宣宗) 때 담주(潭州) 악록사(岳麓寺)의 석소언(釋疏言)이 태원(太原)에 가서 대장경(大藏經)을 구하여 얻었는데,

---

20) 『弘明集』卷11, 「宋何令尙之答宋文皇帝讚揚佛敎事」, 69c쪽.

창주사(昌珠寺). 이 사찰은 티벳에서 가장 오래된 불당(佛堂)의 하나이다. 서기641년에 티벳왕 송찬간포(松贊干布)와 문성공주(文成公主)가 만들었다고 전해진다. 사찰 안에 진주(珍珠)로 만든 당카(唐卡)가 있는 것으로 유명하다.

절도순관(節度巡官) 이절(李節)이 그 일을 기록하여 말하였다.

 석씨의 가르침은 깨끗하고 맑은 곳에 스스로 자리하고 부드럽고 온화하게 스스로를 억누르면 원망과 다툼은 사라질 수 있다. 인과(因果)로써 말하면, 궁한 것과 달통한 것은 원래 나뉘어져 있으니 귀천이 안정될 수 있다. 원망과 다툼이 사라지면 전쟁과 도적이 일어나지 않고, 귀천이 안정되면 군신과 서민은 구별이 있게 된다는 것이다. 이것은 불성인(佛聖人)이 쇠퇴한 세상을 구제하는 도이다. 석씨가 아니면 누가 이를 구제하겠는가![21]

---

21) 『佛祖統紀』 卷42, 388a쪽.

이것은 불교가 통치자가 민중을 교화하는 수단이 되어 사람을 현상에 만족하게 하고 일체의 운명을 모두 인과응보에 귀결시켜 하늘과 타인을 원망하지 않도록 하는 것을 잘 보여준다. 북위 태종(太宗)은 일찍이 승려가 민속을 지도하도록 명령했는데,22) 이것도 군주가 사회와 민중을 교화하는 수단으로 불교를 이용하고 있음을 말해준다. 그러므로 정부도 기꺼이 사원과 결합하였고, 이것이 바로 국가가 왜 종교를 보호하게 되었는가 하는 원인의 하나이다. 국가는 종종 사원과 승려들에게 많은 하사를 하였는데, 이런 종류의 하사는 사원경제의 내원(來源)의 하나이다. 무릇 국가는 불사를 지으면 대부분 어느 정도의 자재와 전산(田産)을 하사하여 승려의 생활비용으로 제공하였다. 심지어 그들의 생활비용 가운데 상당부분은 국가가 공급하였으므로 사사(四事)를 위한 지급은 조금도 결핍되지 않았으며, 더욱이 사후의 장례비까지도 국고에서 지급되었는데, 그 가운데 어떤 때에는 군주에게 간청하여 가승(家僧)이 된 경우를 우리는 승전(僧傳)에서 볼 수 있다.23) 북위 효문제(孝文帝)는 석도진(釋道臻)을 위해 대중흥사(大中興寺)를 세웠고, 이 때문에 또 곤지(昆池)에

---

22) 『魏書』 卷114, 「釋老志」, 7쪽. 『위서』 석로지의 번역으로는 塚本善隆, 『魏書釋老志硏究』(淸水弘文堂, 1969); 全永燮, 「『위서(魏書)』 석로지(釋老志) 譯註」(『中國史硏究』 8(中國史學會, 2000) 등이 있다. 본서에서는 주로 후자에 의지하였다.(옮긴이)
23) 『續高僧傳』 卷1, 「僧伽婆羅傳」에 「(梁)天子禮接甚厚 引爲家僧 所司供給 道俗改觀」라 하고 있다(426a쪽). 그밖에 사례도 아주 많지만 하나하나 열거하지 않는다.

중흥사장(中興寺莊)을 두고, 곤지 안팎의 도전(稻田) 100경을 모두 주었다.24) 양무제는 대애경사(大愛敬寺)를 건립하고는 왕건(王騫)의 서전(墅田) 80경을 하사하였는데, 이에 대해서는 『양서(梁書)』 권7, 태종왕황후전(太宗王皇后傳)에 보인다.

    고조(高祖)는 종산(鍾山)에 대애경사를 지었다. (왕)건의 옛 별장이 절 옆에 있었고 (거기에는) 좋은 전답 80경이 있었는데, (이것은) 승상 왕도(王導)가 하사받은 토지였다. 고조는 주서(主書)를 보내어 칙지를 선포하여 왕건에게서 전답을 구매하여 절에 시주하고자 하였다. 왕건이 칙지에 답하여 「이 밭은 팔지 않습니다. 만약 칙지로 갈취하면 감히 보수를 말하지 않겠습니다」라고 하여, 대답이 또 버릇이 없었다. 고조는 화를 내었으며, 마침내 저자에 부쳐 전답의 값을 평가하고는 이 값으로 전답을 구입하였다.25)

대애경사는 양무제가 태조 문황제(文皇帝)를 위해 지은 것으로, 조영이 아름다워 절이 천궁(天宮) 같았으며, 옆에는 36원(院)을 두었고, 모두 지대(池臺)를 설치하여 집 주위를 에워쌌으며, 천여 명의 승려에게 사사(四事)를 공급하였다.26) 그밖에 무제는 또 태후에게 바치기 위해 대지도사(大智度寺)를 지었는데, 경사와의 거리가 갑리(甲里)이고, 전당(殿堂)이 굉장하여 조정

---

24) 『續高僧傳』 卷23, 「釋道璡傳」, 631쪽.
25) 『梁書』 卷7, 「太宗王皇后傳」, 4-5쪽. 또 『南史』 卷22, 「王薦傳」, 10-11쪽.
26) 『續高僧傳』 卷1, 「釋寶唱傳」, 427a쪽.

과 저자의 중심지이자 내지와 육지의 요충지가 되었다.27) 이밖에 또 주현의 조세를 사원의 비용으로 충당한 일도 있다. 예를 들면, 북제 때에 항주(恒州)·정주(定州) 등 8주의 조세를 오대산(五臺山) 청량사(淸凉寺)에 하사하여 승려들의 의복과 약의 비용으로 제공하였다.28) 그리고 진(陳)나라 선제(宣帝) 태건(太建) 9년(577)에 지자선사(智者禪師)와의 친분으로 조칙을 내려

> 시풍현(始豊縣)의 조(調)를 나누어 대중(大衆)의 비용에 충당하고, 두 호(兩戶)의 민의 비용을 면제하여 신수(薪水)를 지급하는데 쓰도록 하라.

고29) 하였다. 또한 태산 금여곡(金輿谷)에 승랑(僧朗)이 은거하고 있었는데, 연왕(燕王) 모용덕(慕容德)이 그의 명성과 덕행을 흠모하여 마침내 동제왕(東齊王)이라는 칭호를 내리고 두 현의 조세를 지급하니, 승랑은 왕위는 사양하였으나 조세는 받아 이로써 복업(福業)을 일으켰다.30) 혹은 (정부에서) 식읍(食邑)을 내린 경우도 있었다. 예를 들면, 당나라 대종(代宗)은 불공(不空)에게 식읍(食邑) 3천 호를 하사하였다.31) 당연히 이러한 은

---

27) 『續高僧傳』卷1,「釋寶唱傳」, 427a쪽.
28) 『全唐文』卷264, 李邕「五臺山淸凉寺碑」, 6쪽.
29) 『續高僧傳』卷17,「釋智顗傳」, 565a-b쪽.
30) 『高僧傳』卷5,「竺僧朗傳」, 354b쪽에서는「慕容德賜僧朗二縣租稅」라 하고 있다. 다만 『續高僧傳』卷10,「釋法瓚傳」에는 세 현을 말하고 있고 말이 똑같지 않지만「僧朗傳」에 따르는 것이 옳다.
31) 『佛祖統紀』卷41, 代宗 大曆 9년에「詔加不空開府儀同三司 封肅國

밀인사(密印寺)〈호남성 위산(潙山) 비로봉 아래에 있다.〉 당대의 고승인 영우(靈佑)가 만든 것이다. 당조의 재상인 배휴(裵休)가 토지 1000무(畝)를 헌납한 것으로 유명하다. 대전(大殿)의 4벽에 12218존(尊)의 벽돌 불상이 새겨져있어서 "만불전"이라고 일컬어지고 있다. 선종(禪宗) 5가(家) 종파의 하나인 위앙종(潙仰宗)의 조정(祖庭)이다.

총은 통례가 아니다. 이밖에 정부는 불교에 대해 대부분 보호정책을 취하고 많은 특권을 주었다. 예를 들어 북위에는 이른바 승률(僧律)이 있었는데, 오직 죽을 죄인 경우에만 민율(民律)에 따라 처결하였고, 그밖에 승려의 범죄에 대하여는 모두 승률(僧律)에 따라 처벌했는데 승률은 민율에 비해 훨씬 가벼웠다.32) 북위에는 승률의 규정이 있었고, 그밖에 동진·양·송 등에도 모두 유사한 조항이 있었다. 당대(唐代) 승적(僧籍)의 편성이 민적(民籍)과 같이 3년에 한 번 만들어졌지만 민적과는 구분되었다. 승적은 3권이 있는데, 주·현과 사부(祠部)에만 비치되어 있고 호부(戶部)에는 보내지 않았다.33) 그러므로 승려들은 조세

公 食邑三千戶 建中元年賜圓照紫衣檢校鴻臚卿 食邑三百戶」라 하고 있다(379a쪽).
32)『魏書』卷114,「釋老志」, 17쪽.
33)『唐會要』卷49, 863쪽,「僧籍條」에는「每三歲州縣爲籍 一以留州縣

낙산대불(樂山大佛)〈사천성 낙산시〉. 당현종 개원(開元) 초년(713년)에 만들기 시작하였다. 이곳은 바로 민강(岷江)·대도하(大渡河)·청의강(靑衣江)이라는 3강이 합쳐지는 지점으로서 물살이 거세어서 뱃사고가 자주 일어나는 것을 방지하기 위하여 불상을 세운 것이라고도 한다. 불상의 높이는 71m이며, 머리부분 만으로도 14.7m에 이른다.

를 납부하거나 요역에 복무할 필요가 없었다. 그러나 그들은 또한 법 밖의 백성이 아니었기 때문에 국가는 승률 이외에도 여전히 강경한 수단으로 그들을 제한하였고 간혹 억지로 환속시키기도 하였다.34) 당대에는 또 이른바 관사(官寺)라는 것이 있었는데, 그것을 짓는 경비와 모든 공급은 모두 정부가 전부 부담하였다. 그 가운데 가장 유명한 것이 자은사(慈恩寺)와 서명사(西明寺)이다. 그러므로 당나라의 도선(道宣)은 (다음과 같이) 말하였다.

그러므로 장안의 서명사·자은사 등과 같은 국가의 큰 절은 구분지(口分地) 이외에 따로 조칙으로 하사된 전장(田莊)이 있고, 일체의 공급도 모두 국가가 공양한다. … 지금처럼 간혹 큰 절은 국가가 만들고 따로 공급도 하고, 모두 조칙으로 내린 전장을 소유하며, 관인(官人)과 귀인(貴人)들이 아침 저녁으로 왕

―以上祠部」이라 하고 있고, 또 『新唐書』 卷48, 「百官志」, 15쪽도 『唐會要』와 동일하다. 그러나 『唐六典』 卷4, 46쪽에는 「凡道士女道士僧尼之簿籍 亦三年一造 其籍一本送祠部 一本送鴻臚 一本留於州縣」이라 하여 『唐會要』와 같지 않음이 있다.
34) Twitchett: *Monastic estates in T'ang China*, 135쪽.

래한다.35)

　이러한 관사는 나라가 정한 날에 황실과 국가를 위해 재(齋)를 마련하고 복을 기원하였다. 이것이 곧 이른바 국기행향(國忌行香; 국가를 위해 향공을 드리는 일)이다.36) 관사의 설치는 수문제가 대흥국사(大興國寺)를 설치한 것에서부터 비롯되었다. 그 뒤 무측천 때의 대운사(大雲寺), 중종 때의 용흥사(龍興寺)와 현종 때의 개원사(開元寺)는 모두 이른바 관사에 속한다.37) 이들 관사는 보통 모든 주현에 설치되어 있었다.

제 3 절　사회적 요인

　사원이 누린 최대의 특권은 정부가 그들의 납세와 요역의 의무를 면제한 일이다. 정부의 보호정책 아래에서 사원은 이미 특수한 단체가 되었기 때문에 무릇 사원에 적이 올라 있는 자가 면세와 면역의 특권을 누릴 수 있었던 것은 실로 사원경제의 기초를 다지는 가장 중요한 요인이었다. 이 때문에 사원이 많은 인구를 가지는 요인이 되었다. 이러한 상황은 재산의 많고 적음에 관계없이 정(丁)과 호(戶)를 징세의 표준으로 삼은 정부에 대하여 당연히 크나큰 손실이 되었다. 사원이 소유한 호구가 증

---

35)『法苑珠林』卷77,「祭祠篇獻佛部」, 2a, 7a쪽.
36)『大唐六典』卷4,「有關國忌行香」, 48-50쪽.
37) 道端良秀,『唐代佛教史의 硏究』, 第1章 第2節,「官寺의 設置와 內道場」, 16-24쪽.

가함으로써 양나라에서는 천하 호구의 반이 도망하였다는 탄식을 하였고,38) 북위에서는 승려가 2백만 명이나 있었으며,39) 북제는 3백만 명에 이르렀고,40) 그 수는 사람을 놀라게 할 만한 일이었다.

사회가 태평할 때 사원이 백성에게 소유한 특권은 이미 많은 유혹력을 가지고 있다. 하물며 사회가 혼란하여 부역이 자주 일어나고 백성이 그것을 감당하기 어려울 때, 백성들은 더더욱 서로 앞다투어 불도(佛道)에 들어가 법망을 피하고자 하였다. 이렇게 불교를 믿음으로써 요역을 회피하는 일은 일찍이 후한 말에도 있었다. 예를 들어 광릉(廣陵)의 착융(笮融)은 하비(下邳)·팽성(彭城)에서 양식을 운반하여 부처를 섬겼고, 아울러

   경계 안이나 이웃 군 사람 가운데 불교를 좋아하는 사람이 있으면 불도를 받드는 것을 허락하고, 그밖에 역을 면제하여 그들을 불러모았다. 이 때문에 사방에서 온 사람이 5천여 인호(人戶)가 되었다.

라 하고 있다.41) 북위 때 백성이 요역을 피해 출가한 자가 더욱 많았다. 예를 들어 『위서』「석로지(釋老志)」에는

---

38) 『南史』卷70,「郭祖深傳」, 26쪽.
39) 唐釋法琳,『辯正論』卷3, 507c쪽.
40) 『廣弘明集』卷10,「周祖平齊召僧敍廢立抗拒事」, 153c쪽.
41) 『三國志』「吳志」卷4,「劉繇傳」, 2-3쪽.

(좌) 석가(釋迦)열반(涅槃)성적도(聖迹圖), 대족(大足)석각, 보정산(寶頂山)제11호(號),남송(南宋). 열반이라는 것은 불교에서 "불생(不生)불사(不死), 상락(常樂)我淨"이라고 하는 최고의 경지에 들어가는 것이라고 이야기하고 있다. 이 열반상은 길이가 31m에 이르며, 머리는 북쪽으로 향하며 다리는 남쪽으로, 등을 동쪽으로, 얼굴은 서쪽으로 향하고 있다. 오른쪽 어깨가 지하에 들어가 있는 셈이라던가 하반신이 절벽안으로 감추어진 셈이라던가 하는 점에서, "意到筆伏,畵外有畵"라는 묘미를 지니고 있다고도 일컬어진다.
(우) 대족(大足)석각, 보정산(寶頂山),남송(南宋).

　　　　정광(正光)년간 이후 천하에 근심이 많아서 공역(工役)이 더욱 심하였다. 이에 백성들은 서로 불도에 들어갔는데, 겉으로는 사문을 흠모한다고 하였으나 실제로는 요역을 피하기 위해서였다. 이러한 외람의 극치는 중국에 불법이 전해진 이후 일찍이 없었다. 대략 계산하더라도 승려들의 수는 2백만 명이었다.

라 하고 있다.42) 당나라는 안록산(安祿山)의 난 이후 군비가 부족하고 징렴(徵斂)의 명목이 많아져서 백성들은 대부분 불교를 배워 징렴을 피하고자 하였다.『문헌통고(文獻通考)』에

---

42)『魏書』卷114,「釋老志」, 24쪽.

대족(大足)석각, 보정산(寶頂山), 남송(南宋).   대족(大足)석각, 남송(南宋)

지덕(至德)년간 이후 천하에 병란이 일어나서, … 과징당하는 사람이 수백 명이었다. … 혹은 부유한 사람(富人)과 정(丁)43) 이 많은 자가 벼슬(官), 학교(學), 불교(釋), 도교(老)로서 (요역을) 면제받았고, 가난하여 입도(入道)할 수 없는 자만이 정(丁)으로 남았다.

라44) 하고 있다. 사실, 이러한 현상은 안사의 난 이후에 시작된 것이 아니며, 중종(中宗) 때 이미 "정(丁)은 모두 출가하였고 병사는 입도(入道)하였다"라는 말이 있었다.45) 대개 사회가 불안

---

43) 당대의 경우 사람은 대략 나이를 기준으로 황소정중노(黃小丁中老)로 구분되어 있고, 그 가운데 정(丁)은 20세에서 59세까지의 성인남자를 가리킨다.
44) 『文獻通考』권3, 「田賦」3, 考46a.
45) 『新唐書』卷123, 「李嶠傳」, 4쪽. 또 『全唐文』卷247, 李嶠 「上中宗書」, 4쪽.

할 때, 생존 또는 스스로 보호할 힘이 없는 사람들은 자연히 어떤 강력한 집단에 의탁하게 마련인데, 사원은 당시 비교적 기댈 만한 존재였다. 더욱이 북방에서는 북조(北朝) 호족(胡族)이 도처에서 약탈과 방화·살인을 일삼았으나, 사원에 대해서는 오히려 두려움과 공경의 마음을 가지고 있었다. 북위 태조(太祖)가 처음 중산(中山)을 평정하고 조(趙)와 연(燕)을 경략하였을 때, 거쳐가는 군국(郡國)에서 승려를 보면 모두 예의와 공경을 보였고, 군대에게 범죄를 저지르지 못하도록 엄금하였다.46) 국가의 사원에 대한 보호는 의심할 바 없이 사원에게 인민을 보호하는 힘을 주었다.47) 이 때문에 사원에 들어가는 것은 안전할 뿐만 아니라 또한 생활에도 걱정이 없었으며, 심지어 빌어먹는 일조차도 속인(俗人)에 비해 쉬웠다.

『진서(陳書)』서효극전(徐孝克傳)에

> 양나라 말에 후경(侯景)이 구란(寇亂)하니, 경사(京師)가 크게 주려서 굶어 죽는자가 10에 8·9나 되었다. 서효극은 어머니를 봉양하는데 죽도 바칠 수 없었다. … 또 머리를 삭발하여 사문이 되었고, … 아울러 걸식하여 (어머니를) 봉양하였다.

고48) 한다. 이 때문에 스스로 살아갈 능력이 없는 사람들이 도

---

46) 『魏書』卷114,「釋老志」, 6쪽.
47) 何玆全,「中古時代之中國佛敎寺院」, 17쪽.
48) 『陳書』卷26,「徐孝克傳」, 13쪽.

망하여 사원에 들어가 보호를 구하였을 뿐만 아니라 왕공・귀인과 부호(富戶)・강정(强丁) 조차도 전란으로 세상이 어수선할 때 분분히 삭발하여 재화나 요역을 피하였던 것이다.49)

사회가 태평할 때라도 사원이 소유한 특권은 강한 흡인력을 가지고 있어서 사원에 들어가기만 하면 생활은 안정되었다. 진(陳)나라 때 서릉(徐陵)은 「간인산심법사파도서(諫仁山深法師罷道書)」에서 출가의 이익 열 가지를 말하여

가령 군주의 길에 가시가 생기고 다리가 긴 도랑으로 바뀌면 항리(巷吏)・문아(門兒)는 어디에 하소연하겠습니까? 1촌의 비단이 관서의 창고에 들어가지 않고 1말의 쌀이 나라의 창고에 들어가지 않으면 고부(庫部)와 창사(倉司)는 어떻게 이를 찾겠습니까? 그 이익의 네 번째입니다. … 절 앞에 근심이 많아도 나는 또 편안히 잠들고 마을 안이 웅성거려도 나는 놀라는 기색이 없습니다. 절 집에는 크고 작은 세금이 없고, 절 문에는 강하고 약한 정(丁)이 없으니, … 그 이익의 다섯 번째입니다.

라50) 하고 있다. 이와 같이 관리가 문에 이르지 않는 자유로움

---

49) 『魏書』 卷13. 「皇后列傳」, 「及無泰元年 爾朱榮稱兵渡河 太后(宣武寧皇后)召肅宗六后 皆令入道 太后亦自落髮」(18-19쪽). 또 『太平廣記』 卷485. 「柳氏傳」 「天寶末 盜覆二京 士女奔駭 柳氏(章臺柳)以艷獨異 且懼不免 乃剪髮毀形 奇跡法靈寺」(1860a쪽). 이것들은 모두 전란 때에 사원으로 도망가서 안전을 보장받았음을 나타내고 있다.
50) 『廣弘明集』 卷24. 「諫仁山深法師罷道書」, 278a쪽.

육도윤회상(六道輪廻像).
보정산(寶頂山) 대족(大足)석각

대족(大足)석각, 남송(南宋).

은 진실로 사람을 부럽게 하는 것이다. 서릉이 "출가했지만 설사 승려가 되지 못한 사람이라도 속세의 사람보다는 낫다"라고 한 것도 이상하지 않다.51)

당나라의 회신(懷信)은 『석문자경록(釋門自鏡錄)』의 서문에서 출가의 즐거움에 대해 당당히 말하였다.

> 나는 아홉 살에 출가하여 지금 육십을 넘었다. … 경작과 수확의 피폐함을 알지 못하고, 요리의 고생스러움도 알지 못한다. …

---

51) 앞의 註 49)와 동일.

내 또한 대략 계산해보니, 오십 년 동안에 먹고 마시는 데 대략 3백여 경(頃)을 소비하였고, 여름과 겨울의 옷과 약에 대략 2십여만을 썼다. 저 큰 문과 저택, 청옥의 섬돌과 붉은 기둥, 타는 수레와 하인들, 책상과 침대에 까는 요 등에 소비한 것 또한 끝이 없다. … 오래고 넓은 이 세상에 어느 집인들 나의 창고가 아니겠는가. … 불법(佛法)을 접하지 못하거나 출가하지 못한 사람은 아침 저녁으로 이슬과 서리를 밟으면서 밭에서 일하고, 이리저리 왔다갔다 하며 많은 일을 해도 생활은 어렵다. 낡은 옷 조차도 몸을 가리기에 부족하고, 좋은 음식도 입을 채우기에 충분하지 않다. 넓은 궁전을 살피고 한가로이 정원을 거닐며 돌아다니면서 청담하는 여유가 어디에 있는가!52)

'이 세상에 어느 집인들 나의 창고가 아니겠는가'라는 표현은 진실로 아래의 "넓은 하늘 아래 왕의 땅이 아닌 것이 없고, 온 나라 안에 왕의 신하 아닌 이가 없다"는 제왕(帝王)의 존엄함에 뒤지지 않는다. 그리고 그 유유자적한 모습은 더욱이 제왕이 미칠 바가 아니다. 이렇게 의식문제를 해결하기 위해 삭발하고 중이 된 자는 적지 않았던 듯한데, 한산자(寒山子)가 개탄하며

뒤에 출가한 사람들은 대부분 연고에 순서가 없었고, 먹고 입을 것을 얻지 못한 자들은 머리를 깎고 절에 들어갔다.

라고53) 말한 것도 이상하지 않다. 생활의 방도를 찾기 위해서

---

52) 唐 釋懷信, 『釋門自鏡錄』「自序」, 802a-b쪽.
53) 『寒山子詩』, 54a쪽.

뿐만 아니라 백성 가운데 법률을 어긴 자도 사원으로 도망가 숨었으며, 이리하여 사원은 도망자의 소굴이 되었다. 진실로 예를 들어 『홍명집(弘明集)』에서 언급하였듯이

    요역을 피하는 자들이 백 리에서 모였고 도망자가 사묘(寺廟)에 가득찼다. 이에 한 현(縣)은 수천 명이 마음대로 촌락을 이루었고, 읍에는 무위도식하는 무리들이 모였으며, (현의) 경계에는 구속받지 않은 무리가 가득하였다.

라는54) 상태였고, 또 송나라 무제가「사태승니조(沙汰僧尼詔)」에서 "불법(佛法)이 쇠퇴하고 사문이 혼잡하여 구제를 돕거나 부처의 가르침을 넓히기에 부족하고 오로지 도망자의 소굴이 되었다"고55) 말한 것과 같았다. 사원은 대개 도망자의 소굴이었고 또한 피역자와 무법자의 천당이었다. 이러한 상황에서 사원의 구성원은 아주 복잡하였다. 당나라 고조 무덕(武德) 9년 5월 신기(辛己)에 일찍이 불도(佛道)를 사태(沙汰)하는 조서를 내렸는데, 그 조서에는

    부처(覺王)가 불교를 전파한 이래 상법(像法)이 유행하였지만,

---

54) 『弘明集』卷12,「廬山慧遠法師與桓玄論料簡沙門書」, 85a쪽. 환현은 바로 이 때문에 세속을 등진 가짜승려를 사태시켜 소재의 관사가 그 호적을 가지고 엄격히 제한할 것을 명령하였다.
55) 『廣弘明集』卷24, 宋武帝「沙汰僧徒詔」, 272b쪽. 또『宋書』卷97,「夷蠻傳」, 大明二年詔書, 10쪽.

대족(大足)석각, 남송(南宋).

톱니바퀴 지옥; 대족(大足)석각, 남송(南宋).

말대에는 점점 쇠퇴하여 이에 … 게으른 자들이 구차하게 요역을 피해 함부로 머리를 깎고 출가하였다. 바라고 하고자 하는 일에 싫증을 내지 않고 경영하고 구함에 쉼이 없으며, 향리를 드나들고 저자를 돌아다녔다. 힘써 전답을 사고 재물을 모았으며 경작과 방직으로 생활하였고 장사를 생업으로 삼았다. 하는 일이 편호민(編戶民)와 같았고 그 자취도 제민(齊民)과 같다.

고56) 하였다. 이렇게 전답을 사고 재물을 축적하며 경작과 방직으로 생활하고 장사를 생업으로 삼은 사람들은 부호(富戶)나 강

---

56) 『舊唐書』 卷1, 「高祖本紀」, 14-15쪽. 또 『全唐文』 卷3, 「高祖」, 29a-b쪽.

정(强丁)의 무리에 속하였다. 그러므로 중종 신룡(神龍) 년간 때 이교(李嶠)가 경고하여 말하기를

> 지금 도인(道人) 가운데 사사로이 출가한 자가 거의 수십만이요. 그 가운데 고호(高戶)와 다정(多丁), 교활한 상인과 대고(大賈)들이 대부(臺符)를 위조하여 거짓 도첩(度牒)에 이름을 섞었다.

고57) 하였다. 마찬가지로 신체부(辛替否)도 그것의 엄중성을 보고 일찍이 예종(睿宗) 경운(景雲) 년간에 상소하였다.

> 지금 재산을 버리고 세력가에 의지하는 자는 모두 출가하여 사미승이 되었고, 요역을 피하고 간사한 짓을 하는 자는 모두 출가하여 사미승이 되었습니다. 그러나 출가하지 않은 자는 오직 가난한 자와 선한 사람 뿐입니다.58)

개원 2년에 요숭(姚崇)도 중종 이래로 부호·강정의 대다수가 삭발하고는 요역을 회피하는 상황을 말하여59) "권세가의 문에 의탁하여 이양(利養)의 부(府)로 삼았습니다"라고60) 하였다.

위에서 논급한 여러 가지 사회적 요인은 사원이 많은 인구를

---

57) 『唐書』 卷123, 「李嶠傳」, 4쪽. 또 『全唐文』 卷247, 李嶠 「上中宗書」 4쪽.
58) 『唐會要』 卷48, 「議釋教下」, 850-851쪽.
59) 『唐會要』 卷47, 「議釋教上」, 836-837쪽.
60) 『全唐文』 卷30, 玄宗 「澄淸佛寺詔」, 11쪽.

대족(大足)석각, 남송(南宋).　　대족(大足)석각, 남송(南宋).

소유토록 하였을 뿐만 아니라 대량의 노동자까지도 소유하게 하였다. 노동력의 많고 적음은 또 재부의 많고 적음을 결정하는 중요한 요인이다. 동시에 사원은 또 많은 토지를 가지고 있었다. 승려와 신도의 끊임없는 증가는 사원의 재산도 따라서 당연히 증가하였고, 신체부가 개탄하여 "천하의 재산은 열 가운데 불교가 칠팔을 가지고 있다"고 말할 정도였다.61) 한편으로는 백성들이 요역과 조세 등을 회피하기 위하여 사원으로 도망하여 들어갔을 뿐만 아니라 다른 한편으로는 사원도 기꺼이 이러한 무리를 흡수하여 자신의 재산과 세력을 확장했다. 하물며 이렇게 사원에 몸을 던져 승려 혹은 신도가 된 자들은 소유하고 있던 재

---

61)『唐會要』卷48,「議釋教下」, 851쪽.

산과 토지 전부를 사원에 헌납하지는 않았다고 하더라도 적어도 그 일부는 헌납하였다. 이렇게 해서 티끌 모아 태산식으로 사원의 재산도 따라서 증가하였다. 만약 사원이 이렇게 얻은 재산으로 다시 재산을 늘리려고 꾀하였다면 그 풍요로워지게 되는 것은 더욱 말할 필요가 없을 것이다. 이 점에 대해서는 아래 여러 장에서 상세하게 설명하겠다.

제 2 장 당 이전 사잇의 경제형태

제 1 절 서언
제 2 절 사령장의 상황
제 3 절 슬람과 노비의 이탈
제 4 절 돈·베·면 등의 활동
제 5 절 사잇의 공상업 방면에서의 활동
제 6 절 사잇의 사회구제 사업

제 2 장
당 이전 사원의 경제형태

제 1 절 서 언

　　사원경제의 수립은 당대에서부터 시작된 것이 아니라 멀리 남북조시기에 형성되기 시작하였으며 그 발전 속도는 사람들을 매우 놀라게 한다. 남북조시기 불교의 성행은 사원경제 기초를 다진 것과 매우 큰 관계가 있다. 사원의 건립은 도처에서 행해졌고, 왕공(王公)·귀인(貴人)이 집을 희사하여 사원을 짓는 상황은 더욱 보편적이었다. 사원은 일반 백성으로부터 토지를 사들였을 뿐만 아니라 동시에 권력계급에서도 공적·사적으로 재산을 증여하는 풍조가 성행하였다. 이밖에도 많은 노비를 사원에 의탁하는 일 또한 사원경제를 구성하는 주요한 요인이었고 또 사원재산의 주요한 원천의 하나였다. 사원이 이들 많은 의탁인구를 이용할 수 있었기 때문에 무상의 생산노동자를 확보하였던 것이다. 불사(佛寺)는 한편으로는 많은 토지를 가지고 농경에 종사할 수 있었고, 다른 한편으로는 절과 승려를 위해 일하는 많은 노동인구를 가지고 있었기 때문에 독립된 사원경제를 이룰 수 있었다. 사원 재산의 증대는 확실히 사원자체의 경제력을 확고하게 하였다. 다만 그 세력의 방대함은 국가에 대해서는 하나의 강력한 위협이 되었다. 정부가 채택한 정책은 적극적으로는 승려를 강제로 환속시켜 민호(民戶)로 편성하여 그들로 하여금 정부에 조세를 납부하고 요역에 복무하도록 하였고, 소극적으로는 사원의 신속한 발전을 제한하였는데, 예를 들면 정부가 도승권(度僧權)을 장악하여 사사로이 승려가 되는 것을 방지하기도 하였고, 혹은 승려가 되려는 수를 제한하기도 하였으며, 혹은 출가하는 날을 규정하여 제멋대로 승려가 되지 못하게 하였다.62) 사실 불교 자체의 교의는 중국 전통의 유가사상이나 전통 사회와 큰 모순관계에 있다. 예를 들어 그들이 말하는 빈도(貧道)의 경우 군왕(君王)에 대하여 예경(禮敬)을 더하지 않고, 승려가 머리를 깍는 것은 "신체와 터럭과 피부는 부모에게서 물려받은 것이니 감히 훼손해서는 안된다"는 교훈과 서로 위배되며, 승려가 처자를 버리거나 심지어 평생 결혼하지 않는 것은 더욱이 "불효는 자손이 없는 것보다 큰 것이 없다"라는 도리와 서로 배치되고,

---

62)『魏書』卷114,「釋老志」, 12·16쪽.

불가에서 자주 말하는 삶과 죽음이나 귀신이라는 것은 공자가 언급한 바의 "능히 사람도 섬기지 못하는데 어찌 귀신을 섬기겠는가", "아직 삶도 모르는데 어찌 죽음을 알겠는가"라고 한 말과 서로 거리가 있다. 또한 승려의 단복(袒服)·거식(踞食)·연재(捐財)는 더더욱 사람들에게 고운 눈으로 비치지 않았다.

飛天 〈운강석굴 제34굴〉

총괄하면 불가와 유가는 바로 이하(夷夏)와 내외의 구분을 대표하였으며, 역사상에는 단지 중화로써 이민족을 변화시킴〔用夏變夷〕이 있을 뿐이나 불교를 신봉하면 이민족으로써 중화를 변화시킴〔用夷變夏〕가 된다. 이러한 논쟁은 일찍이 후한 말 모자(牟子)의 『이혹론(理惑論)』에 이미 토론이 제기된 적이 있다.63) 그러나 가장 중요한 것은 사원경제의 형성과 확장이 이미 국가의 경제이익에 위협이 되었다는 점이다. 그러므로 경제이익의 충돌은 정부의 주의를 끌기에 충분한 일이었다. 불교가 발전하여 북위·북제 때에 이르러 사원의 권력이 이미 국가와 민중 사이에 개입하여 세 개의 세력으로 정립됨으로써 정부는 때로는 사회구제사업을 사원에 위탁하여 처리하였고, 동시에 승관(僧官)제도를 수립한 것은 더더욱 불교세력의 방대함을 설명해준다.

---

63) 『弘明集』 卷1, 「牟子理惑論」, 1c-6c쪽.

사원경제의 형성은 당시의 사회환경과 중대한 연관을 가지고 있다. 위진남북조시기의 경제형태는 이미 전국(戰國)시대 이래의 공상업(工商業) 사회경제가 자연경제로 변화하였기 때문에 교환과 분업의 생산체제는 자급자족의 장원경제로 전환되었다.64) 위진(魏晉) 2백여 년의 전란으로 백성은 유랑하였고 토지는 황폐화되었다. 동시에 전란으로 부역이 빈번해지고 사회가 혼란하고 어수선하여 스스로 지킬 능력이 없는 사람은 오직 호족대가(豪族大家)에 의탁하여 생활하였고, 토지가 없는 자도 대지주에 의탁해야 토지를 얻어 경작할 수 있었으며, 혹은 과세와 요역을 피하기 위해 역시 호강에게 의탁하여 그들의 전객(佃客) 혹은 부곡(部曲) 등이 되기도 하였다.65) 당시에는 또 일종의 새로운 사회조직이 출현하였는데, 이른바「장(莊)」과「오(塢)」가 그것이다. 이들 장과 오에는 많은 무리가 모였는데, 적은 경우는

---

64) 武仙卿,「魏晉時期社會經濟의 轉變」(『食貨』 1-2, 民國 24年 1月); 全漢昇,「中古自然經濟」(『歷史語言硏究所集刊』 10, 1943년 5월); 何玆全,「中古大族寺院領戶의 硏究」(『食貨』 3-4, 民國 25年). 이상 세 편의 글은 당시의 생산관계를 장원농노제라 일컫고 있다.

65) 武仙卿,「魏晉時期社會經濟의 轉變」; 何玆全,「魏晉時期莊園經濟의 雛形」(『食貨』 創刊號, 民國 2년 12월)은 이런 부곡·빈객·문생 등이 새로운 사회계급이 되었다고 아주 명확하게 설명하고 있다. 이 부곡은 대족과 일종의 예속관계이며 반자유민이었다. 그들은 개인의 호구에 속했지 국가의 호구에 속하지 않았다. 그러므로 그들은 국가와 어떠한 조세관계도 없었으며 국가의 호구계산에도 또한 그들을 포함하지 않았다. 金發根은「永嘉의 난 이후 북방의 호족」이라는 저서에서 부곡이나 무리[徒附]에 대하여 아주 정밀한 견해를 밝히고 있다.

천가(千家) 많은 경우는 만가나 되었다. 이들 장이나 오는 사회적인 생산조직이기도 하였고 동시에 군사적인 방어조직이기도 하였다. 모든 장과 오는 부근의 토지를 포괄하여 독립된 단위를 구성하였고, 그 지휘자는 장주(莊主)·오주(塢主)였고, 노동생산자는 부곡·전객이었다.66)

당시 전국 장원의 영주는 첫째 황실, 둘째 왕공·장수 등의 대족(大族), 셋째 사원이었다. 사원이 장원영주가 된 것은 동진 이후로서 대족에 비해 늦다. 그러나 그 발전은 오히려 상당히 빠르다.67) 인민들은 이미 요역과 부세를 회피하기 위하여 혹은 살기 위하여 대족에게 의탁하였고, 이에 자연히 사원에 의탁하는 상황도 발생하였다. 사원은 당시 특수한 단체였기 때문에 정치적 비호를 받았고, 사원에 의탁한 사람도 사원의 부곡과 전객이 되었다. 그들이 의탁하는 상황은 바로 진(晉)나라 도항(道恒)이 『석박론(釋駁論)』에서,

> 그러나 지금 모든 사문을 살펴보면, 인재는 없고 무리들은 뒤섞여 뛰어나거나 남다른 자를 볼 수가 없다. 혼탁함은 경수(涇水)와 위수(渭水)가 섞여서 출렁이는 것과 같고, 문란함은 향기 나는 풀과 악취나는 풀이 같은 상자에 섞여서 들어 있는 것과 같다.68)

---

66) 註 65)와 동일.
67) 何玆全, 「中古大族寺院領戶的硏究」.
68) 『弘明集』 卷6, 晉釋道恒 「釋駁論」, 35a쪽.

라고 한 것과 같다. 또 환현(桓玄)은 사문을 사태(沙汰)69)하는 영을 내리면서 다음과 같이 형용하였다.

> 부처는 무위(無爲)를 귀하게 여기는 바 간절함은 욕심을 끊는 데 있다. 그런데 근래에는 점점 쇠퇴하여 마침내 이 도를 잃었다. 경사(京師)에서는 그 사치를 다투고, 화려한 사관(寺觀)은 조정과 저자에 분식되었다. 천부(天府)는 이로써 기울어져 텅비게 되었고 명기(名器)는 이 때문에 더럽혀졌다. 역(役)을 회피하는 자는 백 리를 이었으며 도망자를 체포하는 이가 사묘(寺廟)에 가득찼다. 이에 한 현에도 수천 명에 이르고 (또) 함부로 촌락을 이루었다. 읍에는 놀면서 먹는 사람들이 모이고 경계에는 통제받지 않는 무리들이 넘쳐났다. 이로써 정치를 훼손시키고 불교를 더럽혀서 진실로 피차 모두 피폐시키고 실로 풍속을 더럽힌다.70)

원공(遠公)이 환현의 사문의 사태에 대하여 환현에게 답서하면서 환태위(桓太尉)라고 일컬었는데, 환현이 스스로 태위라고 한 것은 원흥(元興) 원년(402)의 일이다. 대개 동진 효문제(孝武帝) 때, 불교도가 추잡하여 정치에 간섭한 폐단은 결국 국가의 쇠망과 관련이 깊다. 효무제(孝武帝)는 뒤에 주색에 빠져 정치를 회계왕 사마도자(司馬道子)에게 맡겼다. 사마도자는 불교를 숭상하여 사치와 낭비가 극심하고 승려와 친근하며 정권을 훔치고 희롱하고 청탁하는 자들과 교통하여 뇌물이 공연히 행해

---

69) 쌀을 일어 모래를 가리듯이 사람 또는 물건의 시비나 선악을 가리는 일
70) 『弘明集』 卷12, 「廬山慧遠法師與桓玄論料簡沙門書」, 85a쪽.

지고, 벼슬아치에 대한 포상이 난잡하며, 형옥은 문란하였다. 허영(許榮)이 상소하여 간청한 말에는 "승니와 유모가 다투어 친당(親堂)에 나아갔다."라 하고 있고, 또 이르기를 "지금 불교를 믿는 사람은 여승을 더럽히고 방자하거나 아첨하며 주색에 빠져 있다."고 하였다. 그 가운데 지묘음니(支妙音尼)는 더욱이 황제와 사마도자가 공경하고 받드는 사람이었다. 사마도자는 태원(太元) 10년에 그를 위해 간정사(簡靜寺)를 세웠는데 승도가 백여 명이었고, 시주를 바치는 사람은 끝이 없어 부유함은 도읍(都邑)을 능가하고 귀천 없이 불교를 받들어 문앞에는 차와 말이 날마다 백여 승(乘)이나 되었으며, 또한 권세가 한 조정을 뒤흔들어 내외에 위엄을 행사하였다.71) 환현이 말하는 "천부는 이로써 기울어져 텅 비게 되었고, 명기는 이 때문에 더럽혀졌다."는 말이 조금도 이상하지 않다.

제 2 절 사령장원의 상황

불교사원의 장원 소유는 남북조에서 시작되고 수당대에 이르러 더욱 성행하였다.72) 이 절에서 말하는 사령장원은 사원이 소유한 전답·물레방앗간(水磑) 및 노동인구를 가리켜서 말한 것이며, 이것들을 가지고 장원을 구성하는 여러 가지 상황을 설명

---

71) 湯用彤, 『佛敎史』上冊 「晉末朝廷之佛敎」, 254쪽, 또 『比丘尼傳梁寶唱』卷一 「支妙音傳」, 936c-a쪽; 『晉書』 卷64, 「道子傳」, 16-17쪽.
72) 玉井是博著, 「唐代的土地問題(續)」(元鷹譯, 『中法大學月刊』 第3卷).

上華嚴寺 大雄寶殿 안에 있는 五方佛 〈大同市〉

할 수 있다. 당시 사원은 백성·귀족·황제 등의 시주자로부터 토지를 얻은 뒤에 그들의 경영에 의해 재산을 증식시켰고, 아울러 승려들과 노비의 의탁은 사원에 대량의 노동과 생산력을 제공하였다. 인구의 증대는 생산력의 증대로 이어지고 생산력의 증대는 재부의 증가를 의미한다. 그렇기 때문에 사원의 재산이 증가하기만 하였지, 결코 감소하는 일은 없었다. 게다가 사원은 세속과 같은 재산 승계제도나 분할제도가 없었기 때문에 사원의 재부가 누적되는 것은 날이 갈수록 많아져서 아마 당시의 왕공·귀족보다 더 방대하고 안정되었던 듯하다.73)

사원의 토지의 원천은 주로 제왕(帝王)과 대족(大族)이 자원하여 희사한 것이다. 제왕이 장원을 반사(頒賜)한 사례는 북위 효문제 때에 현중사비문(玄中寺碑文; 산서성 石壁山)에 사장(寺莊)으로서 산림토지를 특별히 하사한 4지(四至)를 기록한 것을 들 수 있다.

당시 대위(大魏:북위)의 제6대 황제 효문제 연흥(延興) 2년(472)에 석벽산의 욕란조사(峪鸞祖師)가 처음 절을 지어 승명

---

73) Twitchett, *Monastic estates in T'ang China*, pp.125-126.

上華嚴寺 大雄寶殿 안에 있는 壁畵 〈大同市〉　　上華嚴寺 大雄寶殿 〈大同市〉

(承明) 원년(476)에 절이 완성되었다. 태화(太和) 8년(494)에 이 절에서 큰 모임을 숭상하여 닦으니 이에 감응하여 단 이슬〔甘露〕이 내렸다. 그 뒤 황제는 낙양으로 천도하였다. 19년에 특별히 사장을 하사하여 야반장자(夜飯莊子)로 삼게 하였다. 이 땅의 경계로서 동쪽은 대하북야차암하소하수심대하(大河北夜叉巖河小河水心大河)에 이르고, 남쪽은 대횡령동호지룡항새남지무수구장석주분수령(大橫領東昊至龍港塞南至武遂溝掌石州分水嶺)에 이르며, 서쪽은 대하남수송령서호소구자대하북오십령분수(大河南水松領西昊小溝子大河北五十領分水)에 이르고, 북쪽은 좌엄구당후동해안수해안(左掩溝堂後東海眼西海眼)을 그 범위로 삼았다.74)

---

74) 關野貞·常盤大定, 『支那佛敎史蹟詳解冊三』「玄中寺碑文」, 6쪽.

이것은 장경(長慶) 3년(823)에 추기(追記)한 1편의 장원시주(莊園施主) 비문이다. 위(魏)나라 문제(文帝)는 도진(道臻)을 위해 곤지(昆池)에 중흥사장(中興寺莊)을 세우고 아울러 못 안팎의 도전(稻田) 백 경을 하사하였다.75) 이것은 모두 스스로 원해서 시주한 것이다. 또한 불교를 숭상하는 것이 지나쳐서 신하와 백성에게 기부를 강제한 경우도 있었는데, 예를 들어 양나라 무제가 왕건(王騫)에게 전 80경을 헌납토록 한 것이 이것이다.76) 또 『국청백록(國淸百錄)』에 기재된 바에 의하면, 개황(開皇) 8년에 일찍이 천태산(天台山)의 국청사(國淸寺)에 폐사수전(廢寺水田)을 내리고 있고, 진왕(晋王) 양광(楊廣)도 양주총관부사마(揚州總管府司馬)에게 비전량지(肥田良地)를 시주하여 기업(基業)에 충당토록 권고하고 있다.77) 그 다음은 부호의 토지로서, 신앙이 깊고 게다가 그들에게는 그러한 능력이 있어서 또 서로 다투어 장원과 사택을 희사하여 절을 만들었고 혹은 전지(田地)를 사원에 시주하기도 하였다. 오오무라(大村)씨의 『지나미술사(支那美術史)』 조소편에 인용된 나진옥(羅振玉) 탁본의 서위(西魏) 문제(文帝) 대통(大統) 3년 중흥사석상(中興寺石像)에는 다음과 같이 말하고 있다.

---

75) 『續高僧傳』 卷23, 「道臻傳」, 631b쪽.
76) 『梁書』 卷7, 「太宗王皇后傳」, 4-5쪽; 또 『南史』 卷22, 「王曇首傳 附王騫傳」, 10-11쪽.
77) 『國淸百錄』 卷3, (灌頂撰), 811a쪽(『大正新修大藏經』 1934).

아미타불(阿彌陀佛) 〈운강석굴 제3굴〉 제3굴은 운강석굴에서 가장 큰 동굴이다. 운강(雲岡)중기(中期)에 시작하여 북위말기에까지 완공되지 못했다. 이 동굴에는 전실(前室)과 후실(後室)로 나뉘어져있는데, 전실의 상부에는 동서(東西) 양쪽으로 각각 조각이 된 3층 탑주(塔柱)가 있다. 이 탑주에는 지금 당대(唐代)의 조상(造像)이 있다. 주불(主佛)은 아미타불이며 높이는 10m이다. 양측에 관세음보살(觀世音菩薩)과 대세지보살(大勢至菩薩)이 있다.

將軍 奉朝請 南陽功曹 宋達, 字는 法進이고, (闕)軍 殿中將軍 北○○城 (闕)將軍 殿中將軍 北襄州 別駕從事史 張起, 字는 次興이고 眾僧○ 檀越主는 토지 25무를 시주하였다. (闕)將軍 殿中將軍 邯鄲○○舍洛淯仕養 檀越施主는 토지 40무를 시주했다. … 절에 토지 10무를 시주했다. … 절에 토지 50무를 시주했다. … 절에 택전(宅田) 1무, 백전(白田) 6무를 시주했다. … 방정택전(方井宅田) 10무를 시주했다. … 방정택전(方井宅田) 10무를 시주했다. … 절에 원백전(園白田) 20무를 시주했다. … 절에 백전(白田) 20무를 시주했다. 절에 토지 20무를 시주했다. … 백전 40무를 시주했고, 원택전(薗宅田) 10무를 시주했다.78)

이 큰 단락 안에 열거되어 있는 단월시주(檀越施主)는 모두

---

78) 大村西崖, 『支那美術史』「雕塑篇」, 85-86쪽(大正 4年 6月, 佛書刊行會圖像部發行, 東京).

보살 〈운강석굴 제3굴〉 주불(主佛)은 아미타불이다.

관직명을 가지고 있지만 여기서는 모두 생략하였다. 그리고 문장 속에 시주한 토지의 무수(畝數)는 아주 상세하고 아울러 사택전(寺宅田)·사전(寺田)·백전(白田)·마전(麻田) 등으로 구분되어 있다79). 또 『금석췌편(金石萃篇)』에 실려있는 「경사군비(敬史君碑)」는 땅을 시주한 단월(檀越; 시주자)의 이름을 열거하고 있다.

땅을 시주한 단월 고(故) 영천태수 왕유(王儒), 단월 원유난(元囿鸞)은 땅 50무를 시주하였고, 檀越○景和儀는 땅 30무를 시주하였으며, 단월 주경략(朱景略)·식은화(息恩和)는 땅 20무를 시주하였다. 대위(大魏) 흥화(興和) 2년(540) 용집(龍集) 갑신(庚申).80)

이상은 북조 때 땅을 시주하던 상황이다. 남조 때 재산을 희사한 상황은 또한 아주 많았다. 송나라 하윤(何胤)은 불교를 믿어 죽을 때, "전지와 사택은 모두 뭇 승려들에게 바쳤다"고 하고,81)

---

79) 옮긴이 주; 寺宅田으로 되어 있으나, 저자의 오해인 듯 하다. 마땅히 "寺에 宅田…을 시주하다"라고 번역되어야 하므로, 토지의 구분은 宅田·토지·白田·麻田으로 나누어야 할 것이다.

80) 『金石萃篇』 卷30, 「敬史君碑條」, 23쪽.

영초(永初) 원년(420) 거기(車騎) 범태(范泰)가 또 과죽원(果竹園; 과일나무와 대나무 동산) 60무를 기원사(祇洹寺)에 시주하였다.82) 사원은 장전(莊田)과 과수원을 소유하고 있기 때문에 대개 주거와 정원이 아름답고 유명하였다. 예를 들어『낙양가람기』에는 보덕사(報德寺)에 대하여 언급하여

    주위에는 과수원이 있어 진귀한 과일이 나는데, 큰 계곡의 배는 무게가 10금이었다. … 승광사(承光寺)는 또 과일 나무가 많았는데, 그 맛이 아주 좋아 수도에서 으뜸이었다.83)

고 하고,

    용화사(龍華寺) … 추성사(追聖寺)는 … 모두 보덕사의 동쪽에 있고, … 경사사(京師寺)는 모두 잡다한 과일을 심었는데, 이 세 절의 과수원 숲이 가장 무성하여 비교할 바가 없다.84)

고 하며,

    광보사(光寶寺)는 … 당시 과수원의 땅이 평평하고 넓으며 과

---

81) 『南史』卷30,「何敬容傳附傳何胤」, 18쪽.
82) 『南朝寺考』卷2,「祇洹寺考證」, 18쪽. 또『高僧傳』卷7,「釋慧義傳」, 368c쪽, 范泰가 죽음에 따라 그의 셋째 아들 晏이 전에 태가 시주한 60무를 빼앗아 주지 않았다고 한다.
83) 『洛陽伽藍記』卷3, 4a-5a쪽.(『洛陽伽藍記』의 한국어 번역은 양현지 지음 / 서윤희 옮김,『낙양가람기』(눌와, 2001) 참조(이하 동일).
84) 『洛陽伽藍記』卷3, 6b쪽.

비천(飛天) <운강석굴 제6굴> 범문(梵文)으로는 Kinnara인데, "음악천(音樂天)""가신(歌神)"이라는 뜻이다. "천룡팔부(天龍八部)"의 하나이다. 항상 "건달파(乾闥婆)"와 함께 출현한다. 본래는 제석천(帝釋天)을 모시는 음악의 신으로서, 주악(奏樂)이나 창가(唱歌)를 한다.

일과 채소가 푸릇푸릇 하였다.[85]

라고 하였다. 사원이 과수원과 산림으로 이름을 날리는 것은 당연히 소수에 그치지 않지만, 여기서는 단지 몇 개만을 열거하였을 뿐이다.

장원의 경영은 승려가 스스로 경영하기도 하고,[86] 경우에 따

---

85) 『洛陽伽藍記』卷4, 4b쪽.
86) 『續高僧傳』卷9, 497a쪽,「相州演空寺釋靈裕傳」에 「便請倩村民犂

라서는 노비를 충당하기도 하였는데 불도호(佛圖戶)의 설치가 그러하다.87) 그러므로 남북조시기의 승려는 그 생활이 평민과 그다지 큰 구별이 없었으며, 도항(道恒)이 개탄하여

    사문은 … 경영하여 구하는데 부지런하여 잠시도 편안히 쉼이 없다. 간혹 밭을 개간하고 증식하는 것이 농부와 차이가 없다.88)

고 말한 것도 이상하지 않다. 진(陳)나라 석진관(釋眞觀)의 「서복야·영군에게 보내는 역승에 관하여 언급한 편지(與徐僕射領軍述役僧書)」에는 또

    오늘날 우두머리 승려를 제외하고는 … 도를 지키지 않는다. 어떤 이는 항상 저사(邸肆)에 머물거나 전원에 거처한다.89)

라 하고 있다. 이와 같이 농부와 별반 차이가 없이 밭을 개간하여 식량을 생산하는 승려의 절대다수는 사원의 비호를 받은 자들이고 참된 출가자는 아니었다. 전장 이외에 사원은 또 목축도 소유하였다.90) 다만 이러한 사례는 비교적 적어서 장원만큼 그렇게 보편적이지는 않았다.

    具 一時耕殺四十畝非 擬種穀田」라 되어 있다.
87) 『魏書』 卷114, 「釋老志」 「佛圖戶以供諸寺掃酒 兼營田輸粟」, 13쪽.
88) 『弘明集』 卷6, 晉道恒 「釋駁論」, 35b쪽.
89) 『廣弘明集』 卷24, 釋眞觀 「與徐僕射領軍述役僧書」, 277쪽.
90) 『太平廣記』 卷131, 「僧曇歡」條에 인용된 廣古今五行記, "後周武帝時 敷州 義陽寺僧曇歡 有羊數百口 恒遣沙彌及奴放於山谷", 31쪽.

제 3 절 승려와 노비의 의탁

사원의 호구에는 승니 이외에 노비도 있었다. 남북조시기 요역을 피하기 위해 출가하여 승려가 된 사람들이 많았는데, 엄격하게 말해서 그들은 진정한 출가자는 아니며 거의 대부분은 사원의 예속민일 뿐이다. 그러나 그들 모두는 도첩(度牒)을 가지고 있었다. 승려들이 사원에 의탁하는 일은 매우 성행하였다. 그래서 양나라 때 남북조에는 승려가 십여만이었지만, 북위 때는 2백만에 이르렀다. 북제 때는 더욱 많아 3백만에 이르렀으니 그 수가 적다고는 말할 수 없다.

승니 이외에도 사원에 속한 호구가 많았다. 그들은 모두 스스로 의탁한 사람들이며 대부분은 사원의 노비가 되었다. 예를 들어 양나라 때의 의탁상황은

> 승려는 또 백도(白徒)를 소유하였고 비구니는 모두 양녀를 길렀는데, (이들은) 모두 호적에 오르지 않아서 천하의 호구는 거의 그 반을 잃었다. 승니는 대부분 법을 어겼고 양녀들은 비단을 입었다.[91]

---

91) 『南史』 卷70, 「郭祖深傳」에는 祖深이 친히 상소한 밀봉한 29조가 있는데, 佛法의 비위에 관하여 언급하고 있다. 『比丘尼傳』 卷1, 「晉淨撿傳」에 이르기를 정검이 무리를 기르고 군중을 양성하였다고 하는데, 이에 따르면 晉土에 비구니가 있게 된 것은 정검에서부터 시작되었다고 한다(934c쪽).

라 하고 있다. 이러한 호적에 오르지 않은 호구는 당연히 국가의 도망호이므로 그들에게 과세와 징역을 부과할 수 없다. 그들은 사원의 보호 아래에서 생활을 강구하면서 언젠가는 승려가 될 수도 있었다. 그러나 태반은 여전히 제민(齊民)인 백성과 동일한 생활을 영위했다. 북조의 상황도 마찬가지로서

불상 〈운강석굴 제5굴〉 주불의 서쪽에 있으며, 높이는 10m이다.

> 승려는 친척과 다른 사람의 노비를 보살피고 나이가 들면 수계하여 제자로 삼았다.92)

라 하고 있다. 동시에 북위에는 또 승기호(僧祇戶)와 사호(寺戶)를 설치하였다. 이른바 승기호는 곧

> 평제호(平齊戶)와 제민(諸民) 가운데 해마다 곡식 60곡(斛)을 승조(僧曹)에 납부할 수 있는 자를 승기호로 삼고 그 곡식은 승기속(僧祇粟)으로 하였다.93)

라 하고 있다. 그리고 승기호와 사호의 발전은 널리 지방에까

---

92) 『南史』 卷70, 「郭祖深傳」과 동일.
93) 『魏書』 卷114, 「釋老志」, 19쪽.

불상 〈운강석굴 제5굴〉 제5굴의 누각(樓閣) 상층의 동쪽의 감(龕)속에 있는 좌불(坐佛)이다.

지 미쳤다. 이로써 사원세력의 강대함과 그 재산의 융성함을 볼 수 있다. 이들 승기호는 분명히 사원의 예속민이다. 이밖에 사원은 또 비교적 신분이 낮은 정인(淨人)과 시인(侍人) 등을 소유하여 전문적으로 사원에서 천한 일에 종사시켰는데, 앞서 든 불도호처럼 중죄를 범한 자와 관노(官奴)를 여기에 충당하였던 것이다.

남북조시기 사원 가운데 비록 생산노동에 참가하는 승려가 부족하지는 않았지만, 진(晉)나라의 도안(道安) 같은 사람은 12세에 출가하였으나 사승(師僧)으로부터 그다지 중하게 여겨지지 않았기 때문에 밭에서 3년 동안이나 몸을 바쳐 일했다.94) 다만 사원 가운데 잡역은 주로 사호·사노(寺奴)·정인 등이 담당하였는데, 불도호의 설치는 이것을 명확히 드러내는 사례이다. 『양서』 장효수전(張孝秀傳)에

　　(효수)가 마침내 직귀산(職歸山)을 떠나서 동림사(東林寺)에

---

94) 『高僧傳』 卷5, 「釋道安傳」, 351c쪽.

기거하였는데, 전답 수십 경을 소유하고 부곡 수백 명을 거느리고 힘써 경작하여 승려들에게 제공하니 원근에서 흠모하여 따르는 것이 저자와 같았다.95)

라 하고 있다. 이렇게 거느리는 무리를 잡역과 경작에 구사(驅使)하는 상황은 아주 많았다. 양왕조의 승려들이 기르는 백도(白徒)와 양녀들도 사원에 복역하였다. 사원의 영호(領戶)는 주로 자진하여 의탁한 자들이었다. 그러나 극소수는 국가가 하사한 호구였다. 북위의 담요(曇曜)는 승명(承明) 원년(476)에 양주(涼州) 군호(軍戶) 조구자(趙苟子) 2백 가를 사원에 하사하여 승기호로 삼게 해주도록 상주하였다.96)

장기적으로 사원을 위해 천역에 복무하는 노비 이외에도 임시로 천역을 담당하는 청신사(淸信士)와 청신녀(淸信女)의 무리들도 적지 않았는데, 비록 존귀하여 제왕과 재상이 되었더라도 면할 수 없었다. 양나라 무제는 일찍이 세 번 몸을 사원에 던져 노비가 되었다.97) 순제(荀濟)가 상소하여 강력하게 그 잘못을 말하여

> 폐하께서 바야흐로 더욱 돈을 모아 사원에 제공하니, 만 승(乘)의 나라가 부용국의 법도에 비기고 승니에게 삼가 배례하며, 삼사(三事)는 배신(陪臣)의 예를 행합니다. (이에) 총애는 융성

---

95) 『梁書』 卷51, 「張孝秀傳」, 21쪽.
96) 『魏書』 卷114, 「釋老志」, 18쪽.
97) 『北山錄』 卷9, 「異學篇」, 628b쪽, 注疏.

동굴 내부의 경관(景觀) <운강석굴 제6굴> 제6굴의 남벽·동벽과 탑주의 동쪽 일부를 보여주고 있다. 상부는 "설법(說法)도(圖)"를 새겨놓았으며, 중부에는 여러 불전(佛典)에 나오는 이야기들을 새겨놓았고, 하부에는 석가모니의 탄생에서부터 성불(成佛)하기 까지의 과정을 새겨놓았다.

해지고 업신여김이 심해졌습니다.98)

고 지적한 것도 당연하다고 할 것이다. 제(齊)나라의 소자량(蕭子良)이

행인에게 먹을 것을 줌에 이르러 몸소 그 일을 행하니 세상 사람들은 그가 재상의 체통을 잃었다고 생각하였다.99)

---

98) 『廣弘明集』 卷7, 辯惑篇 「敍列代王臣滯惑解」, 130c쪽.
99) 『南齊書』 卷40, 「竟陵文宣王子良傳」, 9쪽. 또 『南部新書』辛, 景雲 3年 8月17日, 東方에 流星이 나와 五車가 上臺에 이르렀고, 또 歲星이 左執法을 범하였다. 侍中 竇懷貞이 맡은 職官을 그만두고 安國寺의 노비가 될 것을 청하니, 직관을 그만두는 것은 따랐으나 寺院의 노비가 되는 것은 허락하지 않았다(87쪽). 이를 통하여 대

고 한 것으로서도 그가 어느정도 불교에 아첨 하고 있는지를 알 수 있다. 『위서』배식전 (裵植傳)에 그 어미가 절에 들어가 노비가 된 것을 기록하여

그 어미는 나이가 칠십여 세로 노비가 되어 스스로 삼보에 시주하였다. 허름한 옷차림에 빗자루와 쓰레받기를 손에 쥐고, 사문사(沙門寺)

불상(佛像) 〈운강석굴 제6굴〉 서벽(西壁)의 상층 남쪽에 있다. 주변에는 공양(供養) 군상(群像)이 새겨져있다.

를 청소하였다. 배식의 동생 유(瑜)·찬(粲)·연(衍)도 또한 노비의 옷을 입고 눈물을 흘리며 따랐다. … 여러 아들이 각각 면 수백으로 그 어머니의 죄를 속죄하였다.100)

고 하였다. 이렇게 절에 들어가 요역을 하는 일은 당시에 아주 성행하였을 것이다.

이상은 사원영호의 상황이다. 사원은 특수한 지위를 차지하였

략 寺奴의 보편성을 볼 수 있다.
100) 『魏書』 卷71, 「裵叔業傳附裵植傳」, 8쪽.

입불(立佛) 〈운강석굴 제6굴〉 중심(中心)탑주(塔柱)의 남면 상층에 있다.

동굴 내부 경관(景觀) 〈운강석굴 제6굴〉 중심 탑주(塔柱)의 높이는 14.4m이다. 이 사진은 남벽과 동벽을 보여주고 있다.

기 때문에 사원에 의탁한 부곡이 적지 않았다. 사원은 마침내 전국의 호구를 국가와 분할하였기 때문에 그 실력의 융성함은 가히 예상할 수 있다.

제 4 절 돈·베·면 등의 획득

돈·베·면을 사원에 시주한 사례로써 가장 유명한 경우는 양무제로서, 그는 세 번 동태사(同泰寺)에 몸을 바쳐 노비가 되었다. 그러나 국가는 하루라도 황제가 없으면 안되기 때문에 군신

석가(釋迦)·문수(文殊)와 유마(維摩)〈운강석굴 제6굴〉 가운데에 석가가 앉아있으며, 그 옆에 뾰족모자를 쓴 사람이 유마거사(維摩居士)이다. 보관(寶冠)을 쓰고 있는 사람이 문수보살(文殊菩薩)이다.

(群臣)들은 어쩔 수 없이 돈으로 봉속(奉贖; 재물이나 노동을 제공하고 죄나 형벌을 면제받음)할 수 밖에 없었다. 이것은 곧 속신전(贖身錢)으로서 또한 사원 수입의 큰 원천의 하나였다. 『남사(南史)』에 무제가 절에 몸을 바친 일을 기재하여

　　신하들이 일억 만의 돈으로 황제를 봉속하고, 승려들은 조용히 허락하였다.101)

라고 하였다.

이것은 중대통(中大通) 원년의 일로 전후 세 차례 몸을 던졌

---

101) 『南史』卷7, 「梁本紀」中, 中大通元年條, 4쪽.

기 때문에 그 봉속전 또한 적지 않았다. 마찬가지로 진(陳)나라의 무제도 일찍이 사원에 몸을 바쳤는데, 그 봉속 문서에 이르기를

> 삼가 간전(干錢)・간물(干物) 등을 바쳐 삼보 대중에게 시주하고 황제와 제왕들을 봉속하여 본래의 자리로 돌아왔다.102)

고 하였다. 이밖에도 자주 새 절을 짓고 모두 돈과 면을 시주하는 관습이 있었다. 『남조사고(南朝寺考)』에 와관사(瓦官寺)를 처음 지을 때 세속 사람들이 돈을 시주한 상황을 기재하여 말하였다. 『건강실록(建康實錄)』에 경사사(京師寺)의 기록을 인용하여 말하였다.

> 흥녕(興寧) 년간(東晉 哀帝 363-365)에 와관사를 처음 짓고 승려들이 회를 열고 조정의 현신(賢臣)과 명찰(鳴刹)을 초청하였다. 주소(注疏)하였다. … 그 때 사대부가 십만이 넘지 않았는데, 장강(長康)에 이르러 백만이 되었다. … 뒤에 절이 완성되고 승려가 구소(句疏)를 청하자 장강이 "마땅히 한 벽을 갖추어야 한다"고 하였다. 마침내 문을 잠그고 왕래한 지 1백여 일만에 유마(維摩) 거사 1구(軀)를 그렸다. 일이 끝나고 눈동자를 그리려고 하는데, 승려가 "첫 날 그림을 보는 사람은 십만전을 내야하고, 둘째 날은 오만전, 셋째 날은 임의로 내야 한다"고 하였다.

---

102) 『廣弘明集』 卷28, 悔罪篇, 陳의 江總이 지은 「陳君臣請陳武帝讖文」, 332a쪽.

좌련보살 〈운강석굴 제9굴〉 후실의 명창(明窓)의 동벽에 있다. 연못에 커다란 연꽃이 피어있는데, 보살이 연꽃위에 앉아있다. 오른손에 연꽃을 쥐고 있으며, 왼손에 정병(淨甁)을 들고 있다. 주변에는 공양천(供養天)이 수종(隨從)하고 있다.

기마보살 〈운강석굴 제9굴〉 후실의 명창(明窓)의 서벽에 있다. 보살의 머리에는 보관(寶冠)을 쓰고 있으며, 큰 코끼리의 등위에 앉아있다.

절 문을 여니, 시주자가 붐볐고, 어느새 백만전이 모였다.103)

북조에도 역시 돈을 시주하는 예가 성행하였다. 『낙양가람기』 정시사(正始寺)에 석비(石碑) 하나를 기록하고 있다.

돌비석 하나가 있는데 등 위에 시중(侍中) 최광(崔光)이 돈 사십만을 시주하였고, 진(陳)나라 유후(留侯) 이숭(李崇)이 돈 이십만을 시주하였으며, 모든 관리들이 차이는 있었으나 적게는 5

---

103) 『南朝寺考』 卷2, 「瓦官寺考證」, 21a-22a쪽.

천 이하 정도였는데, 후세 사람이 그것을 새겼다.104)

이상 열거한 사례는 신도가 사원에 시주하는 상황에 대한 것으로 평소에 그들이 소원을 빌려고만 하거나 혹 능력이 있을 때는 사원에 대량의 시주를 하지 않는 것이 없었다. 그러나 신도가 돈과 비단을 시주하는 대상은 사원 이외에도 주로 승려가 있었다. 승려가 얻은 시주물과 혹은 평소 경전을 강의하고 설법하여 얻은 보상은 모두 그들의 사유재산에 속하였으며, 사원의 공동재산과는 같지 않은 것으로 그 사유 재산의 수량은 상당히 사람을 놀라게 하였다. 더욱이 그러한 명덕고승(明德高僧) 혹은 신기도행(神技道行)을 갖고 있는 자가 얻은 재물은 더욱 많았다. 이 때문에 부유하면서도 유명한 승려는 실제로 아주 많았다. 당연히 승려의 재부는 또 다른 방법에 의지하였는데, 예를 들어 전산(田産)의 경영이나 대차등의 일로써 시주에만 전문적으로 의지하는 것은 아니었다. 그러나 여기서 우리는 단지 돈과 비단의 시주만을 들어 말하였는데, 우록(祐錄) 가운데 많은 사례를 들 수 있다.

사례1: 송효무제는 일찌기 특별히 도온(道溫)을 위해 천안사(天安寺)를 지어, 도온을 강임(講任)으로 삼고 돈 50만 냥을 하사하였다. 당시 사람들이 이를 일러 말하였다.

---

104) 『洛陽伽藍寺』 卷2, 「正始寺條」, 8a쪽.

동굴 속의 정경 〈운강석굴 제12굴〉
사진은 전실의 동벽을 보여주고 있는데, 구조는 서벽과 마찬가지이다. 상층의 북쪽에는 "정광불본생(定光佛本生)"의 고사를 조각해 두었으며, 남쪽에는 "항마성도(降魔成道)"의 고사를 새겨두었다.

칠불상 〈운강석굴 제11굴〉 여기에 나타난 불상의 모델은 태화(太和) 개제이후의 사대부들의 새로운 면모를 보여주고 있는 것이라는 설이 많다.

제왕이 재산을 바치고 온공이 그옆을 따르니, 하늘이 감탄하고, 신령이 덕을 내렸다.105)

사례2: 송명제가 천조(踐祚)하자 돈 삼십만을 도맹(道猛)에게 하사하였다. 뒤에 매월 돈 삼만, 하급관리 4명과 백부리(白簿吏) 이십 명에게 수레와 가마 각 한 대씩 내렸다.106)

105) 『高僧傳』 卷7, 「道溫傳」, 373a쪽.
106) 『高僧傳』 卷7, 「道猛傳」, 374a쪽.

사례3: 송명제는 승근(僧謹)을 천하의 승주(僧主)로 삼도록 명령하고, 법기(法伎) 일부와 친신(親信) 이십 인을 주고, 매달 돈 삼만을 주고, 사시사철에 주었고, 또 수레와 인력거꾼도 주었다.107)

사례4: 구마라집의 스승 불타야사(佛陀耶舍)는 뒤에 진(秦) 홍치(弘治) 15년에 『사분율(四分律)』과 『장아함(長阿含)』을 번역하여 베와 비단[布絹] 만 필을 받았다. (또) 『도함(道舍)』을 저술하고 『축불함(竺佛舍)』을 번역하여 각 천 필을 받았고, 명덕사문 오백 명이 역시 모두 많은 시주를 받았다.108)

신도의 시주는 크게는 토지와 돈·비단·가축·목양에서부터 작게는 일상용품에 이르기까지 시주하지 않은 것이 없었다. 그래서 승려가 재산을 소유하는 것은 아주 자연스런 일이었다. 예를 들어 북제의 도연(道硏)은 재산이 많아 군 안에서도 두드러졌다.109) 이것은 곧 분명한 사례이다. 또 북제 청주(靑州) 도준(道儁) 또한 그러하고,110) 송제(宋齊) 때 기원사(祇洹寺)의 혜의(慧義)는 덕이 높아 사서(士庶)가 귀의하였다. 제자 혜기(慧基)도 품덕이 칭찬할 만하여 같은 일을 했다. 혜의가 죽은 뒤 재산이 백만이 넘었다고 한다.111)

---

107) 『高僧傳』 卷7, 「僧瑾傳」, 373a쪽.
108) 『高僧傳』 卷2, 「佛陀耶舍傳」, 334b쪽.
109) 『北齊書』 卷46, 「蘇瓊傳」, 7쪽.
110) 『釋門自鏡錄』 卷上, 808a-b쪽; 『法華傳記』 卷7, 80c쪽.

또 위진 때의 명승 축법호(竺法護)도 도가 알려져 재산이 풍부하였고, 장안(長安)의 귀족들이 대법(大法)을 받들기를 원하여 겉으로는 도와 덕을 지키고 거짓으로 위급함을 알려 돈 이십만을 구하였으니, (이로써) 축법호의 부유함을 볼 수 있다.112)

승려가 어떻게 그들의 사유재산을 관리하였느냐에 대해 많은 방식이 있었는데 밭을 구매하거나,113) 혹은 공상업을 경영하거나, 혹은 완전히 복업(福業)을 일으켜 사원정사(寺院精舍)를 짓거나, 혹은 가난한 사람들에게 다시 시주하여 사회를 구제하는 등이 있었다. 그렇기 때문에 승전(僧傳) 가운데는 종종 특별히 사유재산을 축적하지 않는 그러한 고승이 제기되는데, 이렇게 덕을 행한 사람은 그다지 많지 않았을 것이다. 그렇지 않다면 대서특필할 필요가 없었을 것이다.114)

마찬가지로 우리들이 비록 절에 몸을 담고는 있으나, 뜻은 천하고 용렬하며 계행을 닦지 않고 주로 이익을 꾀했다는 것을 어렵지 않게 찾을 수 있다. 아래 몇 가지 사례를 인용한다.

사례1: 북제 안통(晏通)은 어느 곳 사람인지 모른다. 비록 불

---

111) 『高僧傳』 卷8, 「慧基傳」, 379a쪽.
112) 『高僧傳』 卷4, 「竺法乘傳」, 347b쪽.
113) 『高僧傳』 卷4, 「竺潛(法深)傳」에 支遁이 剡의 仰山 부근 沃州의 小嶺을 사서 깊이 거처하는 곳으로 삼고자 하였다. 法深이 회신하여 「모여드는 까닭이 어찌 산을 사서 거기에 은거하는 것이겠는가?」하고 하였다(348a쪽).
114) 道猛·僧瑾·慧基 모두 사재를 축적하지 않고 얻는대로 모두 복업과 구휼에 썼다고 한다.

가에 몸을 두고 있으나 뜻은 우둔하고 비굴하며, 공덕에 의탁하여 윤택하기를 기원하여 재산을 얻어 스스로의 소유로 만들었다.115)

사례2: 북제 제천(齊川) 석도혜(釋道慧)는 속가의 성이 장(張)이고, 계행에 실수가 많고 주로 면·재물을 구했다. 수십 년에 2천 5백 관이 되었다.116)

사례3: 북제 청주(青州) 도준(道儁)은 계행은 닦지 않고 밭을 경영하고 비단·베를 짜고, 탐욕하고 아껴 한 푼도 내놓지 않았다. 뒤에 병을 얻어 같은 절의 법사가 그에게 재산 1/3을 기부하도록 권유하였다. 병이 낫자 도준은 재산 잃은 것을 애석해하며 승려들이 자기 재산을 강탈했다고 떠들었다.117)

사례4: 담량(曇亮)은 어려서 출가하여 공부는 잘 하지 못하였다. 먼저 복리(福利)로써 품위를 기르고 비단을 모아 만이 넘었다. 그러나 인색하게 숨기고 자신은 입고 먹지 않았다. 북주 선사가 그 부유함을 듣고 따라 다니며 구걸하니 담량은 오히려 화를 내며 욕하였다. "너희도 옷이 있으면서 어찌 나를 화나게 하는가." 혹은 가난한 사람이 따라 다니며 구걸하면 또 욕하였다. "너희가 게으르고 근면하지 않아 가난한 것이다"라고 하고는, 어려서부터 늙을 때까지 한 푼도 내놓지 않았다.118)

---

115) 『釋門自鏡錄』 卷上, 「關中風俗記」, 805쪽.
116) 『釋門自鏡錄』 卷上, 808b쪽.
117) 『釋門自鏡錄』 卷上, 808a-b쪽: 『法華傳記』 卷7, 80c쪽.
118) 『釋門自鏡錄』 卷上, 808b쪽.

동굴 속의 정경 〈운강석굴 제11굴〉
중앙에 중심 탑주를 새겼다. 사진에서는 탑의 남면에 입불(立佛)을 보여주고 있는데, 옆에는 협시보살 둘을 새겨놓았다. 그런데, 이 협시보살은 조각한 인상이 다르기 때문에 어쩌면 요대(遼代)에 보충하여 새긴 것이 아닐까 추측한다. 청대에 다시금 새로이 채색하였을 것이다.

보살 〈운강석굴 제11굴에 부속한 제8굴〉 띠를 복부(腹部)에서 십자로 맨 것이 눈에 띄인다. 이 보살의 조상은 운강석굴의 제3기 조각 가운데 상승적인 작품이라고 할 수 있다.

사례5: (북주 익주의) 혜민(慧旻)은 성이 고씨(顧氏)였고 어려서 출가하였는데 도를 닦지 않고 장사에 능했다. 주방장이 되어서 식비를 사사로이 사용하였으며 재산만 알고 도적질을 했다.119)

---

119) 『釋門自鏡錄』卷下,「徵驗傳」, 819a쪽.

이상 열거한 사례들은 모두 출가의 길을 빌어 편리한 방도를 택한 것이다. 안통은 공덕에 의탁하여 윤택함을 기원하였고, 도혜는 오직 비단과 재물만을 구하였으며, 도준은 널리 전산을 경영하고 베와 비단을 축적하여 계산하니 만전을 훨씬 넘었다. 담량은 또한 축적된 소득을 사유재산으로 간주하였고, 혜민은 간단명료하게 말해서 장사를 잘하였다. 이러한 몇개의 사례들은 모두 승려가 사유재산을 축적하여 자신이 이용하였다는 것을 명확히 드러낸 것이다. 그러므로 즐거이 광범위하게 경영하였다.

위에서 우리가 토론한 것은 신도들이 사원과 승려에 대해 돈을 시주한 행동이 사원 재산을 풍부하게 했고, 동시에 승려들로 하여금 많은 자산을 가지게 한 것이다. 그러나 만약 이러한 돈을 시주하는 행동이 신도 스스로 원해서 한 일이라면 말할 것이 없다. 그러나 종종 특수한 상황이 발생하여 상위자가 인민의 생활을 돌보지 않고 백성에게 강제로 헌납하여 공덕을 쌓도록 한다면 이것은 본래의 취지를 잃는 것이다. 이러한 사례는 역사상에서 드물지 않게 보인다. 남제(南齊) 때의 명제(明帝)가 상동사(湘東寺)를 지은 것은 백성의 자식과 아내를 판 돈으로 지은 것이다.120) 북위 호태후(胡太后)는 더욱이

봉록의 10분의 1을 감하여 영녕불사(永寧佛寺)를 지었다.

---

120)『南齊書』卷53,「盧愿傳」, 3쪽.

고121) 하고 있는데, 영녕불사의 규모의 장대함과 웅장하고 화려함은 사람을 감탄케 한다. 이것은 『낙양가람기』에 아주 명확하게 진술되어 있다. 상동사와 영녕사와 같은 절은 결국 이러한 상황 아래에서 건축된 것이므로 더욱 타당하지 않은 것이다.

    총괄하면, 당시 백성・사대부 혹은 귀족과 제왕(帝王)・황실을 막론하고 또 남조나 북조를 막론하고

    재산을 다하여 승려에게 달려가고 파산하면서도 절로 뛰어간다.

라고 하는 모습이 아닌 것이 없었는데, 양현지가 당시 북위의 숭불(崇佛)에 대해 비평하여 말하였다.

    왕・제후(諸侯)・귀신(貴臣)이 코끼리와 말을 버리기를 신발 벗듯이 하고, 서민・부호(富豪)가 재산을 버리기를 발자국을 남기듯이 하였다.122)

당연히 또한 과녁없이 화살을 쏘는 것처럼 사실을 과장하거나 알맹이 없는 말만 하는 것이 아니라 아주 명확한 역사적 사실이다. 위에서 논급한 사원 혹은 승려가 신도로부터 대량의 돈과 비단을 시주받아 얻어서 때문에 누적된 재산은 상당히 볼 만한

---

121) 『北史』 卷21, 「寇儁傳」, 27쪽.
122) 『洛陽伽藍記』 卷1, 「序言」, 1a쪽.

것이었을 것이다. 이러한 재산은 바로 사원의 공상업 방면의 활동과 발전에 제공되었다.

제 5 절 사원의 공상업 방면에서의 활동

사원 자체가 거대한 자산을 소유하고 있기 때문에 그것을 이용하여 영리를 구하는 것은 매우 자연스런 일이다. 이것은 바로 사원이 공상업 방면에서 활동하는 원인이다. 공상업방면의 활동상황에 대해 가장 주의해야 할 것은 이른바 「질고(質庫)」 곧 우리가 일반적으로 말하는 전당업으로, 가장 먼저 남북조의 절에서 시작된 것이다. 이러한 문제에 관해 양련승(楊聯陞) 선생이 그의 『중국제도사 연구』라는 저서에서 「불사(佛寺)와 4가지 돈의 갹출방식 고찰」이라는 부분에서 일찍이 토론을 더하였는데,123) 여기에서 그 내용을 일부 생략하거나 덧붙여서 전달하고자 한다.

양련승씨의 글에서 남조 불사의 경우 최초에는 구제를 명목으로 하지만 실제로 고리대금업을 행하는 「질고」 혹은 「장생고(長生庫)」를 세워, 귀중한 황금에서부터 한 묶음의 마(麻)까지 모두 불사의 질고에 저당잡힐 수 있었던 점을 거론하였다. 『남사(南史)』 「견법숭전(甄法崇傳)」에서 말하였다.

　　법숭의 손자는 빈(彬)이다. 빈에게 행업(行業)이 있자, 향당

---

123) S.Y. Yang, Buddhist Monasteries and Four Money-raising Institutions in Chinese History 198-202쪽.

(鄉黨)들이 선인(善人)이라 불렀고, 일찍이 한 묶음의 모시를 가지고 주(州)의 장사사(長沙寺) 사고(寺庫)에 가서 돈을 빌렸다. 뒤에 돈을 갚고 모시를 돌려받았다. 그런데 모시다발 속에서 5량의 금이 나왔는데 수건으로 싸여져 있었다. 빈이 이를 보자 사고(寺庫)에 다시 돌려보내니, 도인이 놀라 말하였다. "최근 어떤 사람이 이 금으로 돈을 빌리려고 했는데, 당시에 사정이 있어서 돈을 빌리지 못하고 이 금을 잃어버렸습니다. 시주(施主)께서 이를 찾아 돌려주시니 금 반으로 사례를 하겠소." 십여 차례 권하고 사양하는 것을 되풀이하였으나 손빈은 기어코 받지 않았다.124)

이 단락에 기재된 내용은 남조 사원의 질업(質業) 경영을 명확하게 드러내어 준다. 이러한 질업은 자못 근대의 전당업과 유사하다. 또한 특별히 「질고」라고 일컫고 있는데, 육유(陸游)의 『노학암필기(老學庵筆記)』에서 말하였다.

지금 절은 함부로 고질전을 만들어 이익을 얻는데, 이것을 장생고라 부른다. 양나라 견빈이 일찍이 녕(薴) 한 묶음으로(아래는 『남사』와 동일함)….125)

육유는 질고가 양조 불사에서 시작됐다고 생각하였고, 청나라

---

124) 『南史』 卷70, 「甄法崇傳」, 10쪽; 『太平廣記』 卷16, 「甄彬條」에 인용된 談藪, 6쪽.
125) 陸游, 『老學庵筆記』 卷6, 52쪽(叢書集成簡編本). 『續高僧傳』 卷5, 「梁僧旻傳」에 따르면 「旻이 사신으로 什物을 시주하였는데, 헤아려 大堂을 세웠다. 慮未周用 付庫生長 傳付後僧」이라 하고 있다(463a쪽). 이것은 곧 장생고와 관련있는 좋은 사례이다.

사람 적호(翟灝)도 여기에 동의하여 『통속편(通俗篇)』「당조(當
條)」에서 말하였다.

> 이른바 질보(質鋪)는 당(當)이라고 하는데, … 당(唐) 이전에
> 이 일은 오직 절[僧寺]에서 시행되었고, 『남사』 순리전(循吏傳)
> 에 견빈이 한 묶음의 마(麻)로 장사(長沙) 질고전에 나아가[就長
> 沙質庫錢]…, 『노학암필기』에 절이 질고전을 만들어 이익을 취
> 했으며, 이를 장생고라 하는데 모두 이것이다.126)

여기에서 토론할 필요가 있는 것은 적호가 말한 질고인데, 당
나라 이전에는 오직 절[僧寺]만이 이것을 하였다고 한 것은 정
확한 말이다. 그러나 견빈의 "장사에 나아가 고전(庫錢)을 빌렸
다."(就長沙質庫錢)라고 한 것이 가장 빠른 질고라고 여긴다면
아마 잘못일 것이다. 왜냐하면 현존하는 사료로 보면 질고의 기
원은 견빈보다 더욱 이른 시기로 거슬러 올라갈 수 있는데, 『남
제서』 저징전(褚澄傳)에 이러한 한 단락의 기록이 있다.

> 저징의 형 저연(褚淵)이 죽자, 저징은 돈 만 천으로 초제사(招
> 提寺)에 가서 태조(太祖)가 저연에게 하사한 백 담비[白貂] 방
> 석, 갑옷과 갖끈으로 속죄하고, 또 저연의 갑옷・두건, 저연이
> 자주 탄 황소로 속죄하였다.127)

저징의 형 저연이 제(齊)나라 고제(高帝) 건원(建元) 4년

---

126) 『翟灝通俗篇』 卷23, 貨財 「當條」, 16쪽.
127) 『南齊書』 卷23, 「褚澄傳」, 8쪽.

(482)에 죽자 저징은 초제사에 저당잡힌 것을 돌려받았는데, 이것은 시기가 더욱 이전으로 소급할 수 있는 질고와 관련된 아주 믿을만한 증거이다. 그러나 건원 4년보다 이른 기록이 있을 수 있는데, 곧 북위 태무제(太武帝)가 불교를 멸할 때 사원에서는 부자나 지방관료(牧守)가 돈과 물건을 기탁하였던 것을 가지

좌불(坐佛) 〈운강석굴 제17굴〉 주불의 동쪽에 있다. 주불과 함께 삼세불(三世佛)의 제재를 구성하고 있다.

고 있었는데 이로 보아서 이미 질고의 작용을 갖고 있었던 듯하다. 그리고 개오(蓋吳)128)가 행성(杏城)에서 반란을 일으켰기 때문에 태평진군(太平眞君) 7년(446) 2월 태무제가 서쪽으로 개오를 정벌하러 나가면서 장안에 이르러 불사(佛寺)가 큰 병기를 숨기고 있는 것을 우연히 보고 크게 성내어 개오와의 공모를 의심하여 모든 절 승려를 죽이도록 명하고, 또

그 재산을 살펴보니, 술을 만드는 기구와 주군(州郡)의 지방장

---

128) 개오는 안정(安定) 노수호(盧水胡)로, 태평진군 6년(445) 반란을 일으켰는데, 많은 호가 여기에 호응하였다. 개오는 이어 스스로 천태왕(天台王)이라 하고 백관을 두기에 이르렀다.

관이나 부자들이 맡기거나 숨긴 재물이 많이 나왔는데, 그것을 헤아려보니 만을 넘었으며, 또 굴실(屈室 : 밀실)129)을 만들어 귀족의 여자와 몰래 음란한 행위를 하고 있었다

고 하였다.130) 위에서 열거한 사실은 질고의 기원이 양(梁)나라 보다 이른 시기임을 증명할 수 있지만, 가장 이른 시기가 언제 인지는 확실한 년대를 알 수 없다. 그러나 적어도 우리는 일찍 이 5세기 초 무렵에 사원이 이익을 꾀하기 위해 질고에 종사하 였음을 확실히 말할 수 있다. 이 때문에 5세기 초 무렵에 질고 업이 절에서 먼저 그 바람을 일으키면서부터 당송 때에 이르러 교환경제의 발달과 대차(貸借)의 성행으로 질고업이 더욱 큰 이 익을 얻었다. 이 때문에 이익이 있는 곳이면 집오리가 우루루 몰려가듯이 정부와 관리 그리고 부자와 상인도 분분이 일어나 이를 흉내내게 되니 민간에도 유행이 미쳐 마침내 이러한 업종

---

129) 굴실은 『좌전』 양공 30년에 있는 '窟室'과 동일하며, 掘室, 密室 로도 쓴다. 사람의 눈에 띄지 않는 밀실을 말한다.
130) 『魏書』 卷114, 「釋老志」, 10쪽, 이밖에 또 보충을 한다면 질고와 관련이 있는 사료가 있다. 『弘贊法華傳』 卷6, 「庾詵傳」에 「유선 이 책으로써 돈 2만을 빌렸다고」 한다. 그리고 유선의 연대는 425~533년 사이이다. 비록 유선이 사원에 책을 저당 잡힌 것이 었는지 여부는 알 수 없지만 그 가능성은 아주 크다. 만약에 앞 에서 언급한 적호(翟顥)의 견해가 받아들여진다면 그가 책을 저 당 잡힌 것은 바로 사원에 대한 질고이다. 더구나 그 자신은 또 한 특별히 건실한 신봉자였기에 그가 죽었을 때, 그가 살던 원택 10무를 절에 바쳤던 것이 아니었겠는가?(『弘贊法華傳』 권6, 30c 쪽).

이 성행하게 되었다. 그리하여 많은 질보(質鐴)가 거대한 자산을 가질 수 있게 되었다.131)

사원의 공상업 방면에서의 경영은 상술한 질고 이외에도 금전과 벼(粟)의 대차가 있다. 이러한 것은 잉여의 돈과 벼를 사람들에게 대차하여 그 이익을 얻은 방법으로, 그 작용은 근대의 은행업과 유사하다. 남북조 시기의 사원은 거대한 자산을 소유하고 있기 때문에 유송(劉宋)에는 이미 누적된 재산 백만을 가진 부승(富僧)이 있었다. 『송서』 왕승달전(王僧達傳)에 일찍이 당시의 부승을 기록하여 말하였다.

> 오곽(吳郭)의 서대사(西臺寺)에 부유한 승려가 많았는데, 왕승달은 의(義)를 구하지 않고 주부(主簿)인 고광(顧曠)을 의겁사(義劫寺) 안의 승려 축법요(竺法瑤)에게 보내어 수백만을 얻었다.132)

축법요는 당시의 유명한 부승이었기 때문에 결국 정로장군(征虜將軍)이며 오군(吳郡) 태수인 왕승달이 분수에 넘치게 바라며 재물을 억지로 요구하기에 이르렀던 것이다. 이것으로 그가 얼마나 풍부한 재산을 가지고 있었는지 알 수 있다. 또한 『남제서』 권38, 소영주전(蕭穎冑傳)에도 또한 부유한 승려에 대해 기

---

131) 『東洋歷史大辭典』 卷3, 「質庫」, 471쪽(平凡社, 昭和 14년 11월 再版, 東京).
132) 『宋書』 卷75, 「王僧達傳」, 4쪽.

재하였다.

> 장사사(長沙寺)의 승업(僧業)은 부유해서 황금으로 용(龍) 수천 량을 주조하여 땅에 묻었다. 이러한 이야기가 역대로 전해내려 오면서 하방(下方)의 황금과 철이라고 일컬어졌지만 아무도 본 이가 없었다. (穎胄가) 이에 이 용을 취하여 군비에 충당했다.133)

절은 이미 이렇게 풍부한 자산을 가지고 있었기 때문에 남조 정부는 재정이 곤란하고 군비가 부족할 때, 결국 그들에게 빌리는 사정이 되었다. 『송서』삭로전(索虜傳)에 명백한 기록이 있다.

> 관리가 또 군비가 부족하다고 아뢰었다. 양주(揚州)·남서주(南徐州)·연주(兗州)·강주(江州) 4주,…승니의 재산이 2천만이 넘는 경우에는 4분의 1을 돌려주었고, 이 비율이 넘는 경우에는 이자를 쳐서 돌려주었다.134)

이러한 대차는 실재로 흥미가 있다. 정부는 결국 그러한 재산이 풍부한 승려에게 대차할 수 밖에 없었다. 이것은 절 자산의 풍부함과 동시에 이러한 부유하기로 유명한 승려의 수가 적지 않았다는 것을 반영한다. 만약 그렇지 않다면 사람들이 이

---

133) 『南齊書』卷38,「蕭穎傳」, 7쪽.
134) 『宋書』卷95,「索虜傳」, 31쪽.

일을 상주할 필요가 없고, 정부 또한 이러한 승려들에게 주의를 돌릴 필요가 없었을 것이다. 이것은 이미 근세 대은행가의 풍격이 있었다. 사원은 정부에게 돈을 빌려 주고 이자를 얻을 수 있었을 뿐만 아니라 민간에도 대량으로 파고들었다. 그렇기 때문에 절이 대출하고 이자를 얻는 일이 아주 통용되고 보편적인 일이었고 중간에서 얻은 이윤

공양천(供養天) 〈운강석굴 제17굴〉 두 손으로 물건을 받들어 가슴에 품고 있다.

은 아주 대단한 것이었던 것이다.

　남조 사찰(寺家)의 상황도 이와 비슷하였다. 북조의 불사(佛寺)도 남조 불사와 마찬가지로 같은 기능과 효과를 갖추고 있었다. 혹은 돈을 혹은 벼(粟)를 대출하여 이익을 얻었다. 북위 세종(世宗) 영평(永平) 2년(509)에 내린 조서에 "근래 승려나 삼보(三寶; 佛·法·僧)가 대출한 사유재산이 전국에 흩어져 있다"라는135) 것이 있다. 동시에 북조에는 또한 이른바 승기속(僧祇粟)이라는 것이 있는데, 이는 구제를 한다는 명목이었으나 실

---

135) 『魏書』 卷114, 「釋老志」, 17쪽.

제로는 고리대를 하는 대차였다. 승기속은 승조(僧曹)의 관리 아래에 설치되었는데, 승조는 기타 관료기관과 비슷하여 빌려준 돈과 속은 또한 관물(官物)이지 사원의 재산이 아니었다. 정부의 의도는 본래 구제의 용도로 삼기 위해서 승조에 위탁하여 대출을 하게 하였다. 그러나, 승조가 책임을 맡은 뒤에는 결국 승려가 이익을 만들어내고 이자를 취득하는 자본으로 바뀌었다. 세종 영평 4년(511)에 검사하여 내린 조서의 내용을 보면 아주 명료하다.

> 승기속은 본래 구제를 위한 것으로, 흉년에는 대출하고 풍년에는 거두어들인다. … 그러나 주사(主司)가 이익을 만들어내고 이자를 꾀하여 얻어내었다. 그리하여 그 빚을 거두어들이는데 있어 수해를 입은 때나 한해를 입은 때인지를 문제 삼지 않았다. 이자가 본전을 넘어서기도 하였고 어떤 때는 계약서를 고치기도 하였다.136)

승기속이 처음 설치될 때 본래 의도는 좋은 것이었으나 날이 갈수록 폐단이 발생하는 것을 면할 수 없었다. 승기속은 승조가 이익을 꾀하여 얻는 대상으로 바뀌었으므로, 세종이 명령을 내려 자사(刺史)와 승조가 함께 감시하도록 하고, 사승(寺僧)에게만 전문적으로 위임하지는 않았다. 츠카모토(塚本善隆)씨의 말에 의하면, 북위 때 십송률(十誦律)과 승기율(僧祇律)이 통용되

---

136) 『魏書』 卷114, 「釋老志」, 18쪽.

었고, 교율(敎律)의 규정에 의하면 삼보를 융성하게 하기 위한 이자 사업을 허락하였다. 그래서 승기속을 빌려주고 이익을 취하는 것은 제대로 말하자면 그다지 교율에 위배되는 것이라고 볼 수는 없다.137) 이 때문에 만약 주사승(主司僧)이 지나친 방법을 쓰지 않거나, 이자가 본전을 넘거나, 이자가 지나치게 과중하거나, 심

감상(龕像)군 〈운강석굴 제16굴〉 명창의 동벽에 있다. 2개층으로 나뉘어져 있다.

지어 계약서를 고쳐서 채무자가 참고 견딜수 없도록 하지 않았다면, 정부 또한 그 존재를 허락하였을 것이다. 그러나 그 방법이 지나쳤으므로 승기호 조구자(趙苟子) 등 200가구가 이 때문에 자식을 버리거나 다치게 하였으며, 스스로 물에 빠져 익사한 자가 50여 명이 넘는 사건이 발생하였다. (이에) 비로소 정부의 불만과 간섭을 받게 되었다. 역사 문서에 기재된 바에 의하면, 북위의 승기호와 사호는 주진(州鎭)에 두루 퍼져 있었다.138) 절

---

137) 塚本善隆,「北魏之僧祇戶與佛圖戶」(周乾榮譯)(『食貨』 5-12, 民國 25年 6月), 28쪽.
138) 『魏書』 卷114,「釋老志」, 13쪽.

의 이와 같이 이자가 본전보다 높은〔償利過本〕방법 때문에 사원이 얻은 이익이 많았던 것은 사람을 놀라게 할 정도이다. 이 밖에도 불도호(佛圖戶)는 더욱이 반드시 "해마다 밭 경영과 곡식(粟) 운반을 겸하여" 사원에 충성을 다하였다. 이것은 지나친 충성이었다.139) 그래서 부유한 사문은 아주 많았다. 남조의 부유한 절은 정부에게 돈을 빌려 줄 수 있었고, 북조 때는 그 재산으로 관작을 살 수 있었다. 한편으로는 일부의 승려가 이러한 능력이 있었고, 다른 한 편으로 그들은 정치세력이 그들의 비호역량이 되어 주기를 원했다. 『위서』 식화지(食貨志)에 장제(莊帝:528-530)가 승관을 팔되, 높은 가격으로 판 일을 기재하여 말하였다.

> 승려 가운데 곡식 4천 석(石)을 경창(京倉)에 내는 경우는 본주통(本州統)을 주고, 본 주가 없는 경우는 대주도통(大州都統)을 주었다. 만약 경창에 내지 않고 외주군(外州郡)의 창고에 내는 경우는 3천 석이면 기군(畿郡)의 도통(都統)을 주었다. 주격(州格)에 따르면 5백 석을 경창에 내는 경우는 본군의 유나(維那)를 준다. 그런데 본군이 없는 경우에는 외군의 유나를 준다. 곡식을 외주군(外州郡)의 창고에 7백 석을 낸 경우나 경창에 3백 석을 낸 경우는 현유나(縣維那)를 주었다.140)

이것은 아주 재미있는 역사적 사실인데 깊이 연구한다면 어렵

---

139) 『魏書』 卷114, 「釋老志」, 13쪽.
140) 『魏書』 卷110, 「食貨志」, 14쪽.

지 않게 그 속의 진의가 도대체 무엇인지 알 수 있다. 당연히 한 편으로는 사원자체의 거짓과 남용을 반영한다. 그러나 더욱 중요한 것은 승려가 축적한 재산이 아주 많은 현상을 설명한 것이다. 그렇지 않다면 당국이 이렇게 높은 가격으로 승관을 팔 필요가 없다. 정부가 이 일에 대해 인정하지 않을 수 없었을 것이고, 동시에 정부도 또한 사찰 승려들의 부유함이 이용할 만한 것이라고 보았을 것이다. 승려들도 정치세력의 보호를 얻기를 깊이 희망하였기 때문에, 쌍방은 서로간에 유리한 상황하에서 협력적 태도를 취할 수 있었다. 이로써 승려들도 이미 경제활동에서 정치활동을 겸하였고 사회민간에서 정치무대에 올랐다. 당연히 이것은 그들이 정치무대에 오른 유일한 방식은 아니었다. 예를 들어, 승려들은 왕왕 왕후귀족들과 사귀고, 사대부들과 놀며 노래불렀고, 개인의 영향력이 커서 정치도 변화시켰다. 이러한 일은 가령 동진 왕실에서 낭야왕(琅琊王) 도자(道子) 시기에 아주 명확한 사례가 있는 것이다. 승려가 왕실을 추잡하게 하거나 정치를 어지럽힌 사건은 역사상 적지 않다고 볼 수 있다. 그들은 정치에 대해 약간의 역량을 가지고 있었는데, 이것이 또한 그들의 정치무대에서의 활동으로 되었다.

 북제의 사원과 북위의 사원은 아주 비슷하다. 부유한 사문은 역시 대차업에 종사하였고, 한층 더 나아가서는 군현 관부의 힘에 의존하여 대신하여 이익을 거두어 들이게 하였다. 북제 소경(蘇瓊)이 남청하(南淸河) 태수가 되었을 때, 일찍이 이러한 일을 만났다. 소경의 열전에 말하고 있다.

> 승려 도연(道硏)은 사람을 구제하는 사문통(沙門統)이고, 자산이 거부였는데 군(郡) 안에서 이자놀이를 하는 경우가 많았으며 자주 군현으로 하여금 대신 징수해 주도록 하였다. 도연이 소경을 알현하기를 원하자, 소경이 그 뜻을 알고 매번 만날 때마다 현리(玄理)를 얘기하고 엄숙하고 경건하게 대하였다. 도연이 비록 빚 때문에 왔으나 입을 열지 못하였다. 제자가 원인을 묻자 도연이 말하였다. "매번 부군(府君)을 뵐 때마다 나를 청운간(靑雲間)으로 들여보내시니 어찌 지상의 일을 논하겠는가?"141)

승려가 주군(州郡)에 돈을 빌려주고 이자를 취하는 일은 당시에 통용되는 보편적인 일이었다. 그러나 도연과 같은 이러한 사례는 명확한 의의가 있다. 도연은 사문통이 되어, 줄곧 군현(郡縣) 부군의 힘에 의지하여 이자를 대신 거두어 들이게 하였다. 소경은 속 사정을 알고 비록 적극적으로 청탁을 거절하지는 않았지만 소극적으로 심오한 도리를 고의로 논의하기도 하여 도연이 빚을 독촉하지 못하게 하였다. 도연은 이미 주현의 힘에 의지하여 이자를 대신 거두어들이게 할 수 있었으니 만치 다른 유력하고 부유한 승려들도 당연히 다른 의향이 있을 수 없었다.

승사(僧寺)의 부유함은 민간이 그들에게 돈을 빌리게 할 뿐 아니라 정부도 또한 때때로 그들에게 빚을 얻어서 재정상 한 때

---

141) 『北齊書』 卷46, 「蘇瓊傳」, 7쪽.

의 어려운 일을 해결하게 하였다. 그러나 그들의 부유는 결국 정부의 질투심을 일으켰으며 가벼운 경우에는 세금을 징수하고 심한 경우에는 무력으로 제재를 가하게 하였다. 이주영(爾朱榮)이 병사를 일으켰을 때, 일찍이 "승려에게 세금을 징수하여 군비를 충당하고, 먼저 엄격한 형벌을 세워 감히 간하는 자는 참수하라"고 명령을 내렸다.142) 이 일은 결국은 이루어지지 않았으나 흐름의 일 부분은 볼 수 있다. 똑같이 북제 후주(後主)도 승려에게 세를 거둔 일이 있었다.

> 승려는 가만히 앉아서 공양을 받고, 사방에서 무위도식하여 손해가 적지 않다. 비록 약간이라도 세금을 받아낸다고 하더라도 무엇이 이상하리오?143)

승사(僧寺)의 부유함이 하나의 공인된 사실임을 알 수 있다. 그래서 징세를 가하는 것도 당연하게 여겨졌다. 이것은 소극적인 방법이었고, 적극적으로는 무력의 방식으로 해결한 것이다. 왜냐하면 사원은 종종 대량의 자산과 인구를 소유하고 앉아서 공양을 받으며 사방에서 무위도식하였으므로 사원과 정부가 이해충돌이 발생하여 정부는 강력한 수단을 취하지 않을 수 없었다. 사원이 소유한 자산과 인구를 빼앗아서 정부의 세입을 증가시키기를 희망하였다. 역사상 유명한 삼무일종(三武一宗)의 화

---

142) 『續高僧傳』 卷21, 「齊鄴下大覺寺釋惠光傳」, 607c-a쪽.
143) 『通典』 卷11, 「食貨典」 雜稅條, 典63a쪽.

복국사(福國寺) 오봉루(五鳳樓) <여강(麗江)지산(芝山)> 명대(明代) 희종(熹宗)으로부터 장경(藏經)을 하사받은 것으로 유명하다.

는 그 기본적 요인이 경제문제로 귀결된다. 사원과 국가가 조세를 분할하는 상황은 북제 때 가장 엄중하였는데, 이로써 북제는 승려 3백만이라고 호칭하는 것을 『광홍명집』 권24, 불교와 도교를 사태할 것을 의논하는 조서(議沙汰釋李詔竝啓)」에서 제기하였다.

> 검은 승복을 입은 무리가 평속(平俗:평민)의 반을 넘고, 황복(黃服)을 입은 무리의 수가 정호(正戶)를 넘는다. 국고가 이 때문에 부족하니, 이로써 정당한 방법으로 부족할 수밖에 없노라.144)

북제 문선제(文宣帝) 천보(天保) 3년에 역시 표시하였다.

> 지금 나라의 재산은 세 부분으로 나뉘었는데, 이른바 국용(國

---

144) 『廣弘明集』 卷24, 「議沙汰釋李詔竝啓」, 273c쪽.

用)과 자용(自用) 그리고 삼보(三寶)에 쓰임이다.145)

　사원의 비용은 결국 나라의 재산의 3분의 1을 점유할 수 있었다. "검은 승복을 입은 무리가 평속(平俗; 평민)의 반을 넘고, 황복을 입은 무리의 수가 정호를 넘었다"는 상황은 국가의 입장에서 말하면 경제 혹은 정치·사회 등의 방면을 막론하고 모두 위험한 사정이었다. 그래서 북주 무제의 불교 배척의 목적은 여기에 있었다.

　8주(州)에 절이 4만여 개가 넘으니 왕공에게 주어 저택으로 충당하였다. 3방(方)에서 승려 3백만을 감하여 모두 군민(軍民)으로 되돌리거나, 편호(編戶:일반민중 호적)로 되돌렸다.146)

　그러므로 북주 무제가 북제를 무찌른 뒤에 일찍이 사문 임도림(任道林)에게 불교를 폐한 뒤의 효과에 대해 추술(追述)하였다.

　불교를 폐지한 이후로 민역이 줄어들고 조조(租調)가 해마다 증가하며 병사가 날로 성하였으므로, 동쪽으로 제나라를 평정하고 서쪽으로는 요사한 융적(妖戎)을 바로 잡고 나라가 평안하고 국민이 즐거우니 어찌 그 이익이 없으리오?.147)

---

145) 『續高僧傳』 卷16, 「齊鄴西龍山雲門寺僧稠傳」, 554b쪽.
146) 『續高僧傳』 卷23, 「周終南山避世峰釋靜藹傳」, 626c쪽.
147) 『廣弘明集』 卷10, 「周高祖巡鄴珍佛法有前僧任道林上表請開法事」,

소안탑(小雁塔) 〈서안〉

북주 무제의 말에는 그의 폐불의 동기와 목적이 과연 무엇인지가 명확하게 설명되어 있다.

제 6 절 사원의 사회구제 사업

사원의 재산이 풍부하게 축적됐기 때문에 때때로 본래 불교의 자비심을 품는 취지로 사회의 빈궁과 흉작을 구제하는 사업에 참가하기도 하였다.148) 북위 문성제(文成帝)는 승기호와 승기속의 제도를 설립하여 매년 납세로 빈궁과 흉작을 구제하는데 사용하도록 하였다. 『위서』 석로지에 이 제도가 처음 설치된 경과에 대해 말하고 있다.

담요(曇曜)가 아뢰었다. "평제호와 제민 가운데 해마다 곡식

154c쪽.
148) 何玆全, 「中古時代之中國佛敎寺院」, 18쪽.

60곡을 승조에 낼 수 있으면 승기호로 삼고, 곡식은 승기속으로 하여, 흉년에는 굶주린 백성을 구휼토록 하십시오" 하니 고종(高宗)이 이를 허락하였다. 이에 승기호와 승기속 및 사호(寺戶)는 주군(州郡)에 두루 퍼졌다.149)

그러나 이 제도는 영평(永平) 4년 세종이 내린 조서에서 승기속(僧祇粟)의 남용을 엄격하게 꾸짖고 있다.

  승기속은 본래 구제와 시주를 위한 것이다. 흉년에는 대출하고 풍년에는 거두어 들인다. 산림의 승니는 이에 따라서 지급하고 시주하며, 백성이 곤궁하고 피폐하면 구휼하여야 한다. 최근에 들어와서는 주사(主司)가 이익을 도모하고 이자를 취하기 위해서 그 빚을 독촉함에 수해와 한해를 문제삼지 않고 있다. 혹은 이자가 본전을 넘거나 혹은 계약서를 고치고 있는 것이다.150)

동시에 상서령 고조(高肇)가 올린 상주문에도 이르기를, 승기호와 승기속은 본래 "과(課)를 세우고 곡식을 모아 굶주림을 구제하는 것은 승려이거나 민간이거나에 국한되지 않고 모두 구제합니다"고151) 하였다. 사문통 담요가 상주하여 설치한 승기속은 원래 정부의 재산으로 승조가 관리하여 흉년에는 제민을 구제하고 곤궁한 승려들에게까지 이르렀다. 그러나 나중에 승려들이 그것으로 이익을 취하였던 것이다. 그래서 영평 4년 조서를 내

---

149) 『魏書』 卷114, 「釋老志」, 13쪽.
150) 『魏書』 卷114, 「釋老志」, 18쪽.
151) 『魏書』 卷114, 「釋老志」, 18쪽.

려 또 말하였다.

> 이제부터는 오로지 유나(維那)·도위(都尉)에게만 맡길 수는 없다. 그래서 자사로 하여금 함께 감독·검괄토록 하라. 상서(尚書)는 모든 승기속이 두어진 주(州)를 검토하여 따로 원래의 수와 이자가 증감하는 것이라든지 구제를 많이 하고 적게함을 열거하고 아울러 상환하는 기간에 대해서 조사하라.152)

북위는 이러한 구제사업을 사원에 위탁하여 처리하였기 때문에 사원과 사회·국가와의 관계가 더욱 밀접하게 형성되었다. 종교의 이름을 빌려 선행을 하였는데, 그 구상은 본래 아주 의의가 있었으나 뒤에는 오히려 불교교단이 이를 규제하고 이용하게 되었다. 결국은 영리를 주로 하고 구제는 겨우 빈 이름일 뿐이었다. 그 결과 비록 사원의 경제기초가 견고해졌으나 이미 그 본래 취지를 잃었고 동시에 종교의 정신에도 위배되었다.153)

북제 무평(武平) 6년(576), 대홍수로 백성들은 기근에 시달리자 7년 정월에 후주(後主)가 특별히 사원에게 조서를 내려 유랑민을 구제하도록 하였다.154)

(이로써 보면) 사원이 여전히 사회구제기구로 인정되었음을 알 수 있다. 남제 경능왕(竟陵王) 자량(子良)과 문혜(文惠)태자는 모두 불교를 좋아하여 육질관(六疾館)을 세워 궁핍한 백성을

---

152) 『魏書』 卷114, 「釋老志」, 18쪽.
153) 塚本善隆, 「北魏之僧祇戶與佛圖戶」(周乾榮譯), 15쪽.
154) 『北齊書』 卷8, 「後主紀」, 10쪽.

봉양하였는데, 그 일은 『남제서』에서 볼 수 있다.155) 남조 불사는 또한 구제사업에도 참여하였다. 양무제는 일찍이 수도에 고독원(孤獨院)을 설치하여 가난한 노인과 곤궁한 사람을 보살폈다.156) 어떤 자비심이 풍부한 승려들은 사유재산을 내어 궁핍한 사람을 구제하였는데, 유송의 도맹(道猛)과 같은 사람은 소득을 모두 궁핍한 사람에게 베풀었다.157) 또 남제 석법원(釋法願)은 승전(僧傳)에서 이르기를, 그 소득이 날로 많아져서 하루에 만전을 넘었는데, 복을 닦기를 원해 일찍이 재산을 축적한 적이 없었다. 사람을 고용하여 예불하거나, 혹은 사람을 빌어 정진결재(육식을 끊고 몸을 깨끗이하다)하고 혹은 미곡을 사들이거나 혹은 음식을 교환하고, 죄수를 구휼하고 공로자를 발탁하여 덕을 세웠는데 그 수를 하나하나 헤아릴 수 없었다고 한다.158) 이밖에도 나련제려야사(那連提黎耶舍)와 같이

대흥선사(大興善寺) <서안> 진대(晉代) 태시(泰始)·태강(泰康)년간에 만들기 시작하였다. 당대에는 이곳에 인도 승려들이 와서 역경(譯經)하기도 하고, 밀종(密宗)을 전수(傳受)하기도 하였다.

향적사(香積寺) 선도(善導)상(像). <서안>. 당대의 유명한 승려인 선도(善導)가 이곳에서 정토종(淨土宗)을 널리 펼치는 데에 힘썼다.

---

155) 『南齊書』卷21, 「文惠太子傳」, 5쪽.
156) 『梁書』卷3, 「武帝紀下」, 2쪽.
157) 『高僧傳』卷7, 「道猛傳」, 374a쪽.

『속고승전(續高僧傳)』에 말하였다.

> (야사는) 획득한 소득을 오로지 자신만이 가지지 않고 자비심을 발해서 즐거이 복업을 쌓고, 반승(飯僧; 승려에게 식사대접을 하는 일)하도록 마련하거나 궁핍한 자에게 베풀었으며, 감옥에 있는 사람들도 모두 구제하였다. 사람이 많이 모여드는데 우물(義井)을 많이 만들어 몸소 물을 길어 중생에게 주었다. 급군(汲郡) 서산(西山)에 3사(寺)를 지었는데, 샘·계곡을 끼어 극히 아름답게 지었다. 또 역병에 걸린 사람을 맡아 돌보고, 남녀는 별실을 두었으며, 사사(四事)159)를 공급하고 힘써 널리 퍼뜨리도록 애썼다.160)

위에서 든 도맹·법원이나 나련제려야사 세 사람은 모두 자신의 힘으로 구제사업에 종사한 사람으로서, 그 가운데 나련제려야사의 규모가 제일 커서, 반승(飯僧)하거나 의정(義井)을 만들거나 또 남녀질병자를 거두어 봉양하였고, 또 남녀는 별실에 두었는데 이것은 당대(唐代)의 양병방(養病坊; 병을 돌보는 곳)과 같은 것이었다. 비록 사원의 구휼이 북위의 승기호와 같은 악습을 면하기 어려웠으나 사원이 구제사업에 참가한 것은 사실이며 처음에는 성심성의껏 일을 처리했다.161)

위에서 사원의 부유함에 대해서 토론하였는데, 사원자체의 생

---

158) 『高僧傳』卷13,「(南齊)法院傳」, 417b쪽.
159) 4가지 종류의 공양물을 말한다. 즉, 침구(臥具)·의복·음식·탕약(湯藥)이다.
160) 『續高僧傳』卷2,「那連提黎耶舍傳」, 432c쪽.
161) 何玆全,「中古時代之中國佛敎寺院」, 19쪽.

활비용은 많은 경우에 있어서 자신이 책임을 질 필요가 없었다. 예를 들어 오대산(五臺山) 청량사(淸凉寺)의 비용은 북제 때 팔주(八州)의 조세로 공급하였고,162) 그밖의 사원도 대부분 백성들에게서 공급받았다.163) 심지어 절 안의 갖가지 공구와 수리비도 또한 태반이 남에게서 나온 것이지 자신이 처리한 것은 아니었다.164) 그러므로 곽조심(郭祖深)이 상소에서 "수도에 불사는 5백여 곳이 있는데, 극도로 웅장하고 화려하며, 승려가 십여만이 있고, 자산이 풍부하다. 모든 군현에서 이에 견줄 수는 없습니다."는 등의 말을 하였다.165) 그래서 사원경제의 발전은 동진 도항(道恒)의 『석박론(釋駁論)』에서 다음과 같이 말하였다.

승려가 출가하여 속세를 떠나면 그 뜻이 높고 … 어찌 고원한 곳에 머물면서 하는 일이 비근하겠는가. 부지런함을 추구하고 잠시도 쉬지 않았으며 농부처럼 밭을 갈고 돌아다니며 장사하면서

---

162) 『全唐文』 卷264, 李邕 「五臺山淸凉寺碑」, 6쪽.
163) 『洛陽伽藍記』 卷2, 「瓔珞寺」條. "건양리 안에는 영락사·자선사·희화사·통각사·휘현사·종성사·위창사·희평사·숭진사·인과사 등 십여 군데의 사찰이 있었다. 건양리 안에는 2천 남짓의 호에 사서인(士庶人)이 살고 있었는데, 불교를 깊이 믿고 있었다. 승려들의 양식을 그들이 모두 공급해 주었다."(양현지 지음 / 서윤희 옮김, 『낙양가람기』(눌와, 2001) 76쪽 참조.)
164) 『洛陽伽藍記』 卷3, 「秦太上公二寺條」. "매달 육재일(六齋日)에는 항상 중황문(中黃門) 한 사람이 승려들의 거처를 돌보며 필요한 물건들을 보시하였으니, 다른 절이 미칠 바가 아니었다."(양현지 지음 / 서윤희 옮김, 『낙양가람기』(눌와, 2001) 76쪽 참조.)
165) 『南史』 卷70, 「郭祖深傳」, 26쪽.

백성들과 이익을 다투었다. 혹은 의술에 자신을 가지고 추위나 더위를 가볍게 해주거나, 혹은 교묘하게 생업을 구하고, 혹 외롭거나 허한 사람을 현혹시켜 망령되이 길흉을 논하거나, 혹은 궤변이나 권력을 등에 업고 시사를 넌지시 비추거나, 혹은 모여서 수양하거나, 혹은 공담을 하면서 무위도식하였다. 이 모든 것은 덕이라 말할 수 없고 행동도 대부분 법에 어긋났다. 비록 잠시 한 가지 선행을 했다고 하더라도 어찌 고승의 미덕이라 하기에 족하겠는가! … 법을 집행하는 사람과 나라에서 근심하는 바였다.166)

이 단락의 말은 승려생활의 각 단면을 명백하게 설명하고 있는데, 예를 들어 관부와의 내통, 전장의 경영, 공상업에 종사하여 이익을 얻는 일, 혹은 의술로써 백성에게 신용을 얻는 등등의 일, 그리고 사원 안에서의 유유자적한 생활영위 등을 조금도 남김없이 말했다. 마찬가지로, 『석문자경록(釋門自鏡錄)』에 「정토혹문(淨土或問)」을 인용하여 승려 자체의 난잡함을 언급하여 기록하였다.

원여여(元如如)가 경계하여 이르렀다. "근세에 출가자들은 비록 속세를 떠났다고 하나 세속의 습관을 버리지 않는다. 속세를 떠났다고 모두 말하지만 속세와의 인연은 끊지 않았다. 경전의 가르침은 알지 못하고, 참선도 할 수 없다. 마음은 산란하여 정신이 한 곳에 집중되지 않는다. 큰 무리를 지어 소란을 일으키며 지낸다.…실제로 신도들이 불문에 들어가 헛되이 살다가 객사한

---

166) 『弘明集』卷6, 「釋駁論」, 35b쪽.

다. 아! 그대에게 묻노니‥출가한 원인이 무엇이뇨? 의식(衣食) 때문인가? 부귀를 탐해서인가? 안락을 추구해서인가?"167)

출가한 사람의 동기는 결국 의식을 위해서이거나 부귀를 탐하거나 안락을 추구하기 위함이었으니 그 추잡함을 알수 있다. 소란을 피우며 살아가는 것만 알았으니 그 품격이 낮음을 알수 있다. 사원에서 사문이 영위한 생활이 이러하였으니, 많은 정통파 유학자들이 비방하고 풍자한 것이 이상하지 않다. 실로 『석박론』에서 다음과 같이 말하였다.

    사문은 세상에서 진실로 현재 고과(考課; 관리나 고용인의 성적을 평가하는 일/옮긴이)의 공적이 없다. 명분과 교화 이외에 실제로 저승에 이익이 있다. 가깝게는 오계(五戒)·훈물(訓物)을 취했으나, 육경(六經)의 범주에 들지 않았고, 멀게는 팔난(八難)168)과 지옥에 빠졌더라도 형법을 저지른 도적은 아니었다. 삼장(三藏)을 청해 죄를 저울질하는 것은 율령의 유창함이 아니다. 반야로써 미혹한 것을 변론하는 것은 노장의 말이 아니다.169)

---

167) 『釋門自鏡錄』 卷下, 「引淨土或間傳」, 825c쪽.
168) 부처를 보지 못하고 불법을 들을 수 없는 여덟 가지의 곤란.
169) 『弘明集』 卷6, 「釋駁論」, 35b쪽.

제 3 장 당대의 사령장원

제 1 절 서언
제 2 절 사령장원의 형성
제 3 절 사령장원의 규모와 범위
제 4 절 사령장원의 경영
제 5 절 사령장원과 주가사회

제 3 장
당대의 사령장원

제 1 절 서 언

장원은 당대에 가장 통용된 토지소유 형식이다.170) 정부 주현(州縣) 등에는 이른바 관장(官莊)이라는 것이 있었는데, 그것을 관리하는 관리를 장택사(莊宅使) 혹은 궁원사(宮苑使)라고 불렀다. 황제는 또 사유 장원이 있었는데, 그 관리자는 대부분 환관이었고, 내장택사(內莊宅使) 혹은 내궁원사(內宮苑使) 등으로 불렸다.171) 그밖의 귀족·대지주도 또한 대량의 토지를 소유하

---

170) 麴淸遠, 『唐宋元寺領莊園硏究』, 1쪽.
171) 陶希聖·麴淸遠著, 『唐代經濟史』 第3章, 「莊宅使 內莊宅使屬下的 莊田」, 38쪽; 또 「內莊宅使考」, 加藤繁著(『支那經濟史考證』 上卷, 昭和 40년 4월 再版, 東洋文庫), 261-281쪽.

고 있었는데, 그 토지는 장(莊)·서(墅)의 형식으로 존재하였다. 그들은 토지를 사들이는 일을 급선무로 여겼기 때문에, 그 토지와 주택이 도성 근처에 두루 퍼져 있었고, 온 천하에 널려 있어 「다전옹(多田翁)」이라고 불렸고, 심지어 제왕을 경탄시켜 「족곡옹(足穀翁)」이라 부르기도 하였다.172) 당대의 귀족들은 비록 우월한 정치·경제·사회적 지위를 가지고 있어서 그들이 이름난 땅을 차지할 수 있었으나 소유한 장택은 그들이 죽은 뒤에 종종 무뢰한 자식들의 주색의 비용이 되어 버렸다.173) 이러한 불초한 귀족자손들은 또한 「삼식(三食)」이라는 비난을 받았다.174)

---

172) 『太平廣記』 卷495, 「宇文融條」에는 『明皇雜錄』을 인용하여, 玄宗은 盧徒愿을 지목하여 「多田翁」이라고 불렸다(중화서국판, 제10책, 4060쪽). 盧가 刑部尙書가 되었는데, 토지 百 頃을 가지고 있었으므로 이와 같이 일컬었던 것이다. 『兩京新記』 卷3에는 "鄭氏의 나귀·邸店·田宅이 海內에 두루 넘쳤다"고 하였고, 『北夢瑣言』 卷3에는 "大中 때에 상국 위주(韋宙)가 이재에 뛰어나서 江陵府 동쪽에 別業·良田·美産이 있었는데, 최고로 기름진 땅이었으므로 곡식을 쌓는 것이 坻와 같았다. 宣宗이 말하기를 '이는 足穀翁이라 일컬을 수 있다'"(8-9쪽)고 하였는데, 江陵莊에 따라 7천 堆 이상의 곡식을 축적하였을 것으로 생각된다.
173) 『舊唐書』 卷99, 「張嘉貞傳」에는 "최근 朝士를 보니 양전을 많이 가지고 있다. 결국은 죽은 뒤에 모두 무뢰자제의 주색의 비용이 되어버리니, 말할 바가 못된다. 듣는 이가 모두 한탄하는구나"(6-7쪽)라 하고 있다. 『資治通鑑』 卷213, 開元 17년 8월 庚辰 條도 대체로 이와 비슷하다.
174) 『太平廣記』 卷256, 「唐五經條」에는 『北夢瑣言』을 인용하여 "唐 咸通 년간에 荊州 書生 唐五經이라 불리는 사람이 있었다. … 항상 사람들에게 말하기를 '不肖子弟는 三變이 있는데, 제1변은 蝗蟲으로 장을 팔아서 밥을 먹는 것을 이르고, 제2변은 蠻魚로 책

당대 장원의 성질·유래·발전과 관련해서 가토시게시(加藤繁)의 저작에 전문적인 글이 많이 있는데, 깊이있고 상세하게 논술하고 있다.175)

장전의 약탈에 대해서 사원은 바로 귀족·대지주의 적수였다.176) 당대의 사령장원은 세속의 장원제도와 큰 차이가 없었다. 당대 비명(碑銘)이나 서적 가운데 종종 사령장원의 기록을 볼 수 있다. 때때로 세속의 기록보다 더욱 상세하여 우리들이 그 당시 장원의 규모와 경영방식과 형성의 원인을 이해할 수 있도록 해준다.177) 당대 사원 장원경제의 중요성은 등한시 할 수 없는 것이다. 때문에 아래로 가장 기층의 사읍(社邑)조직(일종의 사회·경제의 서로 도우는 조직)에서부터 무진장(無盡藏)·장생고(長生庫) 등과 같이 이미 근대 자본주의 성격을 띠는 공상업과 영리 사업에 이르기까지 모두 장원과 밀접한 관계가 있다. 때문에 장원은 장생고를 위해 대부분의 자본을 제공할 뿐 아니라 동시에 일체의 사원경제활동의 기초가 되었다.178) 사원

을 팔아서 밥을 먹는 것이다. 제3변은 大蟲으로 노비를 팔아서 밥을 먹는 것을 '말한다'라고 하였다. 三食의 무리가 어찌 역대로 없겠는가?"〔45쪽 (『北夢瑣言』 卷3, 13쪽)〕.
175) 加藤繁, 「唐시대의 莊園의 性質 및 그 由來에 대해서」, 208-229쪽; 「唐宋時代의 莊園의 組織 및 그 聚落으로서의 發達에 대해서」, 231-259쪽(이상 2篇은 모두 『支那經濟史考證』 上卷에 실려 있음); 周藤吉之, 「唐末五代의 莊園制」 『中國土地制度史研究』.
176) 陶希聖 等, 『唐代經濟史』 第3章 第4節, 「寺院之莊田」, 58쪽.
177) 麹清遠, 「唐宋元寺領莊園研究」, 1쪽.
178) Twitchett, *Monastic Estates in T'ang China*, 113쪽. Kenneth

명왕당(明王堂) 〈운남성 대리(大理)백족(白族) 자치주〉. 석종산(石鍾山) 석굴의 조상(造像). 八大明王을 새겼다. 구조는 중경시 大足의 석각과 유사하다.

장원은 그들이 세습한 재산이 세속에서처럼 승계라든가 재산을 나누어 가지는 일이 없기 때문에 그 토지와 재산은 속세의 왕공귀족들에 비해 안정되고 더욱 쉽게 누적될 수 있었다. 동시에 그들이 합법적 특권을 가졌으며 왕공귀족과의 밀접한 관계를 가졌으므로 사원의 유리한 지위를 조성할 수 있었다.179)

비록 사령장원의 대부분이 황폐한 산림이거나 혹은 미개척된 땅이고 비옥한 구역은 아니었지만,180) 토지를 시주하여 사원에 바친 역사 기록을 보면, 확실히 황폐하고 돌이 많아 경작할 수 없는 땅이 있으면 그것을 사원에 시주하는 상황이 있었다. 대종(代宗) 영태(永泰) 원년(765) 3월 난주(蘭州)의 『당시산전기(唐施山田記)』에,

ch'en: *Buddhism in China*, Chap. 9, 267쪽.
179) Twitchett, *Monastic Estates in T'ang China*, 126쪽.
180) Kenneth ch'en, *Buddhism in China*, Chap. 9, 269쪽.

영태 원년 3월 1일, 시주인이 노비와 돌이 많고 험준한 산을 시주하였지만, 오랫동안 황폐하여 밭으로 일구기 어려웠다. (이에) 시주하여 ○○공덕을 닦았다.181)

라고 하였고, 또 소종(昭宗) 경복(景福) 원년(892) 유분(劉汾)의 『대사암기(大赦菴記)』에는,

광계(光啓) 2년에 창건하다. 황폐한 산에 있는 땅(山田) 1단을 획득하였는데, 약 800여 무이고, 이름을 남산(南山)이라 하였다. … 숭산(崇山)의 험준한 봉우리 가운데 있고 사람은 보이지 않았다. … 전지는 적고 황폐한 것이 많다. 사람을 불러 경작시키면 대략 一夫만으로도 될 만 하였으므로, 여러차례 佃人을 불러 경작시키고자 하였으나, 모두 "할 수 없다"라 하고 사양하였다. … 문덕(文德) 원년(888) 유분이 앞산의 전지를 시주하였다.182)

라고 하였다. 그러나 실제로 좋은 밭과 토양이 적지 않았는데, 적인걸(狄仁傑)이 일찍이 사원이 영유한 전지에 대해 한탄하여 "비옥하고 좋은 땅에서 그 소득을 배로 취하는 경우가 많다"고183) 하였다. 대종 때 또한 경기(수도 주변)의 좋은 땅이 승사(僧寺)에 귀속된 상황이 많았다.184) 이 때문에 무종(武宗)이 불교를 멸할 때, 마침내 "비옥한 상급의 전답 수천만 경을 거두어

---

181) 『金石苑』 卷2 (淸 劉喜海撰, 『石刻叢書』 甲編, 13).
182) 『全唐文』 卷793, 「劉汾大赦菴記」, 17쪽.
183) 『舊唐書』 卷89, 「狄仁傑傳」, 10쪽.
184) 『資治通鑑』 卷224, 「大曆二年條」, 12쪽.

들일" 수 있었다.185) 사원이 소유한 전지가 모두 경작할 수 없는 땅은 아니었음을 또한 알 수 있다. 사령장원의 면세여부는 내내 해결할 방법이 없는 문제였다. 법률적으로 말하면 그들도 똑같이 정부에 대해 납세를 해야 했다. 이 때문에 헌종(憲宗) 원화(元和) 6년(811) 수도에 있는 모든 승려들은 일찍이 장원(莊園)・연애(碾磑)에 대해 조세를 면해줄 것을 요청했으나 허락을 얻지 못하였다. 그러나 어떤 큰 사원은 아마도 충분한 역량을 가지고 있었으므로 조세를 납부하지 않을 수 있었을 것이다. 이것 또한 가능한 일이었다.186) 불공(不空)이 일찍이 상소를 올려 태원부 태숭복사(太崇福寺)의 일체의 차과(差科)와 지세(地稅)를 면제해주기를 요청하였다.187)

이렇게 볼 때 특별한 사례를 제외하고 사원의 장원은 보통 장원과 같이 납세를 하여야 했고, 이것은 일본의 사사전원(社寺田園)의 성질과는 큰 차이가 있었다.188) 현존하는 사료는 당대 사원의 장원이 상당히 발달했음을 보여준다. 승려 이외에도 장원에는 이른바 기탁해 온 사호(寺戶)가 있었는데, 통상 상주백성(常住百姓)이라고 불렀다. 사호는 사원에 곡식과 씨앗을 빌릴 수 있었으나 사원에 노동을 제공하여야 했다. 사원의 입장에서

---

185) 『唐會要』卷47,「議釋敎上」, 841쪽.
186) Twitchett, *Monastic Estates in T'ang China*, p.144.
187) 不空, 『表制集』卷2,「請太原號令堂安像淨土院推僧」, 837a쪽.
188) 玉井是博著, 『唐代的土地問題』(元鷹譯, 『中法大學月刊』, 第3卷, 第2-5期, 民國 22년 10월).

감로관음(甘露觀音) <운남성 대리(大理)백족(白族)자치주>. 석종산(石鍾山) 석굴. 위에 티벳어로 된 제기(題記)가 있다. 아마도 티벳의 초기 관음 숭배와 관련이 있을 것이다.

석종사(石鍾寺) <운남성 대리(大理)백족(白族)자치주 석종산(石鍾山)> 남조(南詔) 대리(大理)시기에 이 주위 17곳에 걸쳐서 석굴을 만들었으며, 불교(佛敎)·본주(本主)등 139구(軀)의 조상(造像)이 있다.

보면 사호는 독립된 경제력을 가지고 있는 자유고용인이었다.189)

사원은 필요할 때 마찬가지로 고용하는 제도를 가지고 있었는데 세속의 고용관계와 같았다.190) 돈황사원의 장전은 사원이 직

---

189) 仁井田陞, 『唐末五代의 敦煌寺院佃戶關係文書』 第4節, 83-84쪽에 寺戶와 관련있는 토론이 있다(『敦煌·吐魯番社會經濟資料』上, 西域文化硏究收); 那波利貞, 『千佛巖莫高窟과 敦煌文書』, 47쪽에는 페리오씨의 5522호 문서, 「梁戶史記三雇工文書」를 인용하고 있다.
190) 「梁戶考」에는 페리오씨의 2415호 문서 뒷면 「乾元寺僧寶香雇百姓等件子契文」, 6쪽 인용; 『五總志』에서 말하기를 「駱賓王이 아직 영달하기 전에 杭州 梵天寺에 고용되어 종일 역을 맡고 밤에

접 관리하거나 고용인이나 노예가 경영하였다. 문서에 노예매매 증서와 고용증서가 있기 때문에191) 이러한 것들은 모두 사령장원에 관한 매우 진귀한 사료이다. 이 문제에 대해서는 아래 장에서 다시 토론하기로 한다.

장원은 보통 사택장전 이외에 밀가루를 빻는 물레방앗간(水碾)과 유량(油粱)의 설비가 있고 거승우마(車乘牛馬)의 도구도 있다.192) 사원의 재산제에는 공유재산과 사유재산의 구분이 있는데, 대개 각 사원의 상주전은 승려들의 공유재산으로 사원에 속하였고, 승려들은 사유재산으로 전장을 사들이기도 하였는데, 그 전장은 당연히 상주장(常住莊)과는 달리 자유롭게 지배하고 특별용도로 지정할 수 있었다.193) 당대에는 또한 많은 부민(富民)이 요역을 피하기 위해 절에 들어갔는데, 그들의 전지는 당

이르러서 쉬었다」라 하고 있다〔12쪽(宋 吳坰, 『筆記小說大觀本』)〕.
191) 仁井田陞, 「唐末五代의 敦煌寺院佃戶關係文書」, 第四節, 83쪽; 劉復, 『敦煌掇瑣』 卷54 「吳慶順質身契」, 227-228쪽; 那波利貞, 『梁戶考』에 페리오씨 2415호 뒷면 「乾元寺僧寶香雇百姓等件子契」, 6쪽 인용.
192) 金祖同, 『唐代域官文書續輯』, 761쪽, 「蒲昌縣帖」 眞容寺車牛一乘(『說文月刊』 제1권); 金祖同, 『唐西域官文書佚書』, 754쪽, 「開元二十九年六月十日眞容寺於于諶城買牛一頭四歲」(『說文月刊』 제1권) 이상 두 조는 모두 中村不折씨의 소장본에서 번역하였다; 『全唐文』 卷920, 義叶 「重修大像寺記」, 7쪽; 『全唐文』 卷257, 蘇頲 「唐長安西明寺塔碑」, 高宗賜玄奘車五十輛, 2쪽.
193) 陶希聖, 「唐代寺院經濟槪說」(『食貨』 5-4, 民國26年 2月), 33쪽; 麴淸遠, 「唐宋寺領莊園硏究」, 1쪽.

연히 상주장전이 아니었다. 『선실지보유(宣室志補遺)』에 인증한 바를 보면

하남(河南) 용문사(龍門寺) 승려 법장(法長)은 정주(鄭州) 원무(原武) 사람이다. 보력(寶曆) 년간(825~826)에 일찍이 용문사에서 원무로 돌아 왔는데, 집에 밭 수 경이 있어 농작물이 익어도 다 벨 수 없었다. 하루는 저녁에 말을 타고 밭에 갔다.194)

라 하고 있다. 이 용문사 승려가 소유한 전지는 완전히 사유재산으로서 사후에는 여전히 자신의 가속에게 돌아갔다. 이러한 상황은 서역에서도 아주 보편적이었는데, 이른바 백성승(百姓僧)은 토지를 사람들에게 소작으로 주거나 혹은 사람과 토지를 서로 교환하여 완전히 사유재산의 성질을 가지고 있었다.195)

이밖에 귀족부호는 자기의 장원으로 사원을 세워「가산(家産)」혹은「공덕원(功德院)」이라 일컬었다. 이러한 사원은 시주 쪽에서 보면, 어떤 사람은 사원이 독립된 것이라 인정하고, 어떤 사람은 아직도 자기의 장전이라 인정하고, 또 보호정책하의 일종의 투자로 재산 지배의 권리를 가지고 있다고 여겼다.196)

---

194) 『宣室志補遺』 2쪽.
195) 那波利貞,「唐抄本・唐令의 一遺文」(「支那西陲出土의 契」)(『史林』 21-4)에 인용하여「天復四年 神沙郷百姓僧令法性以口分地八畝租佃給人」라고 하였다; 仁井田陞, 『唐宋法律文書의 研究』第2章 交換文書에 뻴리오씨의 3394호「唐 大中 6年 10月 27日,「僧張月光以所有園舍地道池井水共二十五畝 交換僧 侶智通的土地十一畝」라 하고 있다(195쪽).

신주(信州) 군압위도단련토격사(軍押衛都團練討擊使) 유분(劉汾)의 『대사암기(大赦菴記)』에 이르기를,

> 무릇 모든 승려는 절에 머물며 각자 본분을 지키는데 힘써야 하고, 술과 여색을 허락하지 않고, 함부로 전지를 바꾸거나 몰래 파는 것 같은 행위를 허락하지 않았다. … 일상적인 음식·동·철 그릇은 모두 갖추어져야 하고 하나라도 빠져서는 안되며 만약 그렇다면 승려는 배상해야 한다. … 이후로 승려가 나의 말을 듣지 않는다면 곧바로 쫓아버리겠다.197)

라 하고 있다. 이 기록은 당나라 소종(昭宗) 경복(景福) 원년(892) 유분이 산을 시주하여 사전(寺田)으로 삼은 상황인데, 공덕원이 당나라 말에 이르러 이미 규모를 갖추었고, 송나라에 들어서는 완비되어 거의 개인투자사업의 하나로 변하였다.

제 2 절 사령장원의 형성

당대 사령장원의 원천의 중요한 것은 4가지이다. 첫째, 황제

---

196) 陶希聖, 「唐代寺院經濟槪說」, 33쪽; K.Ch'en, The Hui-c'hang Suppression of Buddhism, 98-99쪽; 『佛祖統記』 卷39, 高宗調露元年. "권문(權門) 요인(要人)에 이르기까지 과보(果報)라는 것이 무슨 뜻인지 몰랐다. 산을 차지하여 묘소로 삼았으며, 호적을 팽개치고 사찰에 살고 있었으니, 주인 같기도 하였고 손님 같기도 하였다. 이들 모두가 죄문(罪門)에 들어간 것이었다." 이 또한 공덕원에 속한다(369b쪽).
197) 『全唐文』 卷793, 「大赦菴記」, 18쪽.

의 하사. 둘째, 신도·승려의 시주. 셋째, 구매(사들이기)와 저당. 넷째, 수전제(授田制) 가운데 승려의 급전이다. 여기서 아래와 같이 나누어 서술한다.

첫째, 황제의 하사
 황제가 자신의 신앙을 위해 혹은 승도를 장려하기 위해 토지를 하사한 사례가 있는데, 그 사례가 적지 않다. 배최(裵漼)의 『소림사비(少林寺碑)』조에 의하면,

 개황 년간의 조서에, 2교가 처음에 흥성하자 사방에서 모여들고 귀의하는 사람이 많았다. 백곡둔지(栢谷屯地)의 백 경을 소림사에 하사하였다. … 태종(太宗) 문황제(文皇帝)가 … 토지 40경, 물레방앗간(水磑) 한 구(具)를 하사하였는데, 백곡장(栢谷莊)이 바로 이것이다.198)

라 하고 있다. 또 소림사의 『백곡오장비(栢谷塢莊碑)』에,

 소림사에 토지 40경을 하사하고 물레방앗간(水磑) 1구(具)를 하사하였다.
 앞의 절의 토지와 물레방앗간은 절을 폐하는 날에 국사(國司)가 취하여 장(莊)을 두었다. 절이 지금 이미 세워졌으니 토지 등은 마땅히 절에 돌려주어야 한다.

---

198) 『金石萃編』卷77,「少林寺碑」, 16-17쪽;『全唐文』卷279, 裵漼「少林寺碑」18쪽.

대리국(大理國) 경당(經幢)의 국부(局部) <운남성 곤명시 지장사(地藏寺)> 칠층(七層) 팔면(八面)으로서, 석가모니의 좌상(坐像)이나 보살(菩薩)·불상(佛像)·사신상(四神像)등이 조각되어있고, 범문(梵文)경문(經文)과 한문(漢文) 당기(幢記)가 있다.

무덕(武德) 8년 2월 15일 겸기실참군(兼記室參軍) 임치후(臨淄侯) 방현령(房玄齡)이 선포하다.199)

라 하고 있다. 소림사에 땅을 하사한 것이 모두 두 차례였는데, 개황 년간에 백 경을 하사하고, 무덕 8년에 사십 경을 하사하였다. 무덕 년간에 토지를 하사한 의도는 주로 소림사 승려가 왕세충(王世充)에 항거하여 당왕조에 귀순한 공덕을 고무하기 위해서였다. 그 뒤 개원 15년, 명령을 내려 온 나라의 사관전(寺觀田)을 찾아내어 따질 때, 소림사의 경우에는 하사 받았던 토지 40경을 사원과 승려에게 돌려주고 관부가 거두어들이지 않았다.200) 고종이 현장(玄奘)에게 전원 100경을 하사한 것은201) 또한 구성원 다수를 장려하기 위함이었다. 지덕(至德) 원재(756년), 현종이 성도(成都)에 잠시 피난해 있을 때,202) 대성자사(大聖慈寺)에 토지 1,000무를 하사하였고,203) 또 선종(宣宗)도 일찍이 장안 만수사(萬壽寺)에 향지

---

199) 『金石萃編』卷74,「少林寺柏谷塢莊碑」, 1쪽; 同卷「少林賜田勅條」, 3-4쪽; 『金石萃編』卷41,「秦王告少林寺主敎條」, 4-5쪽(潛研堂金石文跋尾).
200) 『金石萃編』卷77,「少林寺碑」, 18쪽.
201) 『全唐文』卷257, 蘇頲「唐長安西明寺塔碑」, 2쪽.
202) 군주가 行幸하는 도중에 車駕를 잠시 머무르거나 經宿하는 것.
203) 『佛祖統紀』卷40,「至德元載條」, 376a쪽.

(香地)를 하사하였다. 이러한 일은 『금속췌편(金石萃篇)』에서 볼 수 있다.

만수일사(萬壽一寺)는 선종이 몸소 가서 사액을 내리고 관리로 하여금 관리하도록 명령하였다. 전우랑무방장산문(殿宇廊廡方丈山門)은 모두 197간이었다. 좌우로 원림(院林) 2곳이 있고 향지(香地) 2경 60여 무가 있었다.204)

이 문장의 앞 부분에서 대중(大中) 6년 영태사(永泰寺)를 만수사로 고쳐 불렀다. 영태사는 당시 신룡(神龍) 때, 중종이 영태공주(永泰公主)를 위해 복을 빌 때 연흥사(延興寺)를 영태사로 고치고 하사한 땅은 모두 관전(官田)에 속하였으나, 또한 주(州)의 토지를 징발하여 사원의 상주전(常住田)을 충당하기도 하였다.205) 이것은 백곡장이 국가 둔전지가 사원의 재산이 된 것과 비슷하다. 더욱이 감목폐전(監牧廢田)을 여러 사관(寺觀)에 하사하는 것이 있는데, 그 총수가 천여 경에 이를 정도로 많았다.206)

이밖에 장안의 서명사(西明寺)·자은사(慈恩寺) 등의 관사에도 또한 국가가 장전을 하사하였다.207) 남당(南唐) 때 여산(廬

---

204) 『金石萃編』 卷118, 「萬壽寺記」 1-2쪽;『全唐文』 卷816, 柳玭 「大唐萬壽寺記」, 8쪽.
205) 『山西通志』 卷57, 古蹟考, 「壽寧寺條」에 「唐…昭宗命重修 撥州田百頃充常住」라 하고 있다(5b쪽).
206) 『唐會要』 卷65, 「閑改變條」, 1129쪽, 此爲寶應中之事.

山)의 원통사(圓通寺)에 토지를 하사한 것이 천 경에 달하였다.208) 민(閩; 복건성의 다른 이름)에는 더욱 "복건(福建) 팔군(八郡)을 3등 분으로 나누어 비옥한 토지는 승사(僧寺) 도원(道院)에 주었고, 중하 정도의 토지는 토착하는 종족(流宗)에게 주었다"는 일이 있다.209)

둘째, 신도·승려의 시주

신도와 승려의 시주는 사원장원을 구성하는 가장 큰 원천이라 할 수 있다. 더욱이 신도의 시주는 그 가운데 가장 큰 부분을 차지하였다. 승려가 사유재산으로 장원을 사들여 상주(常住)를 위해 희사한 사례는 많이 보이지 않는다. 현존하는 대표성있는 것은 선종(宣宗) 대중 3년(849) 4월 비구니인 정언(正言)이 언급하기를,

> 적은 양은 시주하여 여러 승에게 충당하는 것을 허락하는 일 이외에, 스스로 돈을 내어 사들여 안치되어 있는 만년현(萬年縣) 산천향(滻川鄕)과 광장(光庄)에 소재한 폐허가 된 안국사를 사들이고, 사원 안의 가구나 물건을 원내의 것이든 밖의 것이든 가볍든 무겁든 간에 보성사(報聖寺)에 바쳤다.210)

---

207) 『法苑珠林』 卷77, 祭祀篇 「獻佛部」, 2a쪽.
208) 『獨醒雜誌』 卷1, 8쪽(宋, 曾敏行撰, 知不足斎本).
209) 『續文獻通考』 卷6, 「田賦」6, 官田條, 考2829a쪽.
210) 『金石萃編』 卷114, 「比丘尼正言疏」; 『全唐文』 卷920, 正言 「病中上寺主疏」, 10-11쪽.

라 하고 있다. 또「내장택사첩(內莊宅使牒)」에 의하면, 정언이 사들인 전원은 아래와 같다고 말하고 있다.

안국사(安國寺) 금경(金經) ○ 1곳인데 가격을 계산하면 138관 5백1○문이 된다. 39간을 시주하고, 잡다한 나무는 모두 49근이고, 땅 ○무 9분이다. 장원은 동쪽에는 길(道)와 채원(菜園), 서쪽으로 이숙화(李叔和), 남쪽으로 용도(龍道), 북쪽으로 길(道)에 이른다.211)

신도가 장원을 시주한 상황은 더욱 보편적이었다. 여기서 몇 가지 사례를 들면, 왕수태(王守泰)의「기석부도후(記石浮屠後)」에 말하였다.

개원(開元) 18년 금선(金仙) 장공주 … 또 상주하여 말하기를, 범양현(范陽縣) 동남쪽 50리에 상벌촌(上垡村) 조양자전(趙襄子淀)에 보리밭과 과원 한 곳이 있는데, 또 울창한 수풀이 둘러싸고 있는 산기슭에까지 다다릅니다. … 이 모두를 절에서 필요한 바를 공양할 수 있도록 충당하고자 합니다.212)

선종(宣宗)조에 이빈(李蠙)이 일찍이 스스로 봉전을 내어 선

---

211)『金石萃編』卷114,「勅內莊宅使牒」, 1쪽.
212)『金石萃編』卷83,「記石浮屠後」, 27쪽;『全唐文』卷353; 王守泰「記山頂石浮屠後」, 6쪽;『舊唐書』卷190下,「王維傳」, 5-6쪽;『奏其輞川別墅爲寺』;『新唐書』卷202,「王維傳」, 17-18쪽;『全唐文』卷324, 王維「請施莊爲寺表」, 16쪽.

권사(善權寺)가 저당잡혀 팔았던 전산(田産)을 보상하며 말하였다.

> 회창(會昌) 년간에 사원이 철폐된 이후의 혼란한 틈을 타서, 하음원(河陰院)의 관이던 종리간지(鍾離簡之)가 샀던 곳입니다. … 신이 지금 스스로 돈을 내어 원래 산 가격에 의거하여 收贖하였습니다. 사원에 전산을 收贖한 뒤에 모두 절에 바쳐 영원히 공양에 충당하도록 했습니다.213)

또 승려 징옥(澄玉)의 「소산백운선원기(疎山白雲禪院記)」에 의하면, 소종 건녕(乾寧) 원년(894)에 신도가 선원(禪院)과 전토를 시주한 상황을 기록하여,

> 상요군(上饒郡) 태수가 … 이에 봉록으로 받은 수전장(水田莊) 한 곳과 소나 송아지 등을 시주하여 상주(常住)에 보충하여 승려들의 식사를 위해 시주했다. 또 심양(潯陽)태수는 강 서남쪽에 1리마다 장 2곳을 설치했다. … 군사 압아(押衙) 이훈(李勛)은 … 소장(小莊)이 있었는데 상주에 시주했다. 농서(隴西) 이공(李公)은 산 동쪽에 장 1곳을 설치하고 상주의 식사를 위해 시주했다.214)

라 하고 있다. 이러한 것들은 모두 부호들이 시주한 사례로서 가장 명확한 것은 대력(大曆) 2년 어조은(魚朝恩)이 통화문(通

---

213) 『全唐文』 卷788, 李蠙 「請自出俸錢收贖善權寺事奏」, 4-5쪽.
214) 『全唐文』 卷910, 澄玉 「疎山白雲禪院記」, 19-21쪽.

化門) 밖 장전[賜莊]을 시주하여 절로 만들었는데 장경태후(章敬太后)의 명복을 빌기 위하여 장경사(章敬寺)로 이름짓도록 주청하였다.215) 또 소종 광화(光化) 3년(900) 「초제정원(招提淨院) 시전기(施田記)」에,

　　다시 나누어 요긴한 양식으로 구제하는 밭을 희사하고 … ○○○상주는 원(院)의 급한 의복·양식에 충당하여 영원토록 고치지 않았다. 조수가 높아짐에 따라서 무거운 돌을 진 호노(胡奴)가 산 서쪽에 가득하고… 이 땅을 원(院)에 희사하였다. … 미타감(彌陀龕)은 서쪽의 작은 개울을 건너 큰 길가에 있었으며, 20무의 땅이 있었다. … 위의 양덕(楊德)과 그 아들 양황(楊晃)은 구분전(口分田) 20무를 감원(龕院)에 시주하여, 일체의 모든 사승에게 공양하여 영원히 상주로 하였다. … 한 번 시주한 뒤에 형제·백숙·아질(兒姪) 및 외인(外人)이 마음에 탐욕이 생기는 경우가 있다면, 원컨데 내생(來生) 내세에 백우대병(百牛大病)을 받을 것이다고 하였다.216)

라 하고 있다. 이것은 백성이 토지를 시주한 것으로서 글 중에서 사원재산의 독립을 성명(聲明)하고 있다. 한 번 시주한 이후에는 영원히 상주로 삼고 자손이 이를 다시 침탈하는 것을 허락하지 않는다고 선언한 것이다. 그러나 이러한 시주문서(捨帖)의

---

215) 『舊唐書』 卷184, 「魚朝恩傳」, 12쪽; 『資治通鑑』 卷224, 「大曆二年條」, 10-11쪽.
216) 『八瓊室金石補正』(『石刻史料叢編』 甲編之九) 卷77, 「招提淨院施田記」, 31a-32a쪽.

문안을 통해서 볼 때 동시에 시주했던 사람의 자손이 사원 재산을 다시금 되찾으려고 노린 일이 많았음을 잘 설명하고 있다.217)

셋째, 구매와 저당

당대 사원이 재산을 사들이는 일은 매우 보편적이었다. 어느 정도 유능한 주지와 직세(直歲)는 종종 사원 장원을 사들인 것 때문에 여러 곳에서 이름을 날렸다. 사원이 이러한 능력을 가지고 있는 것은 사원이 공상업 방면에서의

서안 자은사(慈恩寺)에 있는 대안탑(大雁塔). 높이 64.1m. 서안을 상징하는 탑이라고 할 수 있다.

영리로 장원을 사들임으로써, 사원이 경영하는 공상업과 장원이 아주 큰 관련이 있기 때문이었다. 이러한 상호관련은 위집의(韋執誼)의 「선견선사에게 보내는 첩(與善見禪師帖)」에서 일찍이 언급하였는데, 첩에 말하였다.

---

217) 陶希聖, 『唐代寺院經濟槪說』, 33쪽
218) 『全唐文』 卷455, 韋執誼 「餘善見禪師帖」, 10쪽

선견선사(善見禪師)가 관리하여 이자를 낸 본전은 뒤에 수입을 계산하여 쌀을 사들이고, 9월까지 지탱하고 남은 돈은 여럿이 의논하여 가을에 쌀을 사들입니다. 수입의 저축이 다하면 보고한다. 해당 기관에서는 돈 300관 가운데 280관을 장(莊)을 사는데 충당하고 나머지는 채소밭(菜園) 1곳을 사들였습니다. 이것은 또한 첩구(帖勾)로서 절을 지을 때 군의 장수가 문장을 만들어 첨삭을 마친 것으로서 선견선사께서 동의하였던 것으로 생각됩니다.218)

위의 문장은 돈으로 이자를 받아 장원을 사들인 사례이다. 또 오나라 서지고(徐知誥) 대화(大和) 4년(932) 「선거동 영안선원기(仙居洞永安禪院記)」에 또 이르기를,

그 본원의 모든 산림은 그 넓이가 사방에 미쳤으며, 또한 상주의 신구(新舊) 전원과 부동산을 사들이기에 이르렀다.219)

라고 하였다. 사들여서 장원을 두는 방식 이외에, 또한 장원을 저당잡았다가 압수하는 방식으로 얻은 경우가 있는데, 예를 들어 『태평광기(太平廣記)』 권454 「요곤(姚坤)」조에 이르기를,

태화(太和) 년간(문종)에 처사 요곤이 있었는데, … 요곤은 예전에 장(莊)이 있었으나 숭령(崇領) 보리사(菩提寺)에 저당잡혔다. 요곤은 그 가격을 가지고 가서 갚았다. 그 지장승(知莊僧)

---

218) 『全唐文』 卷455, 韋執誼 「餘善見禪師帖」, 10쪽
219) 『全唐文』 卷869, 陸元浩 「仙居洞永安禪院記」, 11쪽

혜소(惠沼)가 나쁜 짓을 행하였다. 인기척이 없는 곳에 깊이 수 장(丈)에 이르는 우물을 파서, 황정(黃精)220) 수 백근을 던져 넣어 놓았다. 사람을 불러 이를 마시게 하고서는 그 변화를 살폈다. 요곤에게 마시게 하여 요곤이 취하자 우물 속에 던져 넣고 방아돌로 그 우물을 덮어 버렸다.221)

라고 하였다. 승려가 오로지 자신의 능력에 의지하여 장전을 사들인 일도 있었는데, 그 획득의 방식은 분명히 말하기는 어렵지만 틀림없이 저당 잡아서 압수하는 방식이거나 구매해서 장원을 두는 방식이라는 두 가지 가운데 하나이거나 경우에 따라서는 두 가지를 아우른 것이리라. 소주(蘇州) 형산(硎山) 도준(道遵)은 일찍이 상주장(常住莊) 2구(具)를 사들였다.222) 당나라 초기 혜주(慧冑)는 장안 청선사(淸禪寺) 승임을 40여 년동안 맡아서 드디어 그 절을 "대나무가 무성하고 농장이 주위를 둘러싸며 수륙장전 곡식창고 물레방아 창고가 가득찼다. … 수도에서 부유함이 이 절보다 나은 것이 없었다"고 하였다.223) 천태산(天台山) 국청사(國淸寺) 문거법사(文擧法師)는 태화 년간에 장원 42경을 사들여서 음식이 모자라는 것을 면했다.224) 항주 도표(道

---

220) 약초의 하나인데, 매우 달짝지근한 맛을 내고 있다. 과실은 다갈색을 띠고 있으며, 독약으로 쓰인다.
221) 『太平廣記』 卷454, 「姚坤條」, 59쪽. 이 부분은 황민지씨가 인용한 것만으로는 논지를 이해하기 어려워서 원사료에 따라 약간 보충해 두었다.
222) 『宋高僧傳』 卷27, 「道遵傳」, 879a-b쪽
223) 『續高僧傳』 卷29, 「慧冑傳」, 697쪽.

소안탑   대안탑

標)는 영태(永泰) 정원(貞元) 년간에 절의 사무를 12년 동안 맡아서 전무(田畝)를 사들이고, 해마다 만 곡씩을 거두어들였다. 또한 무진장(無盡藏)을 설치하여 많은 재산을 모아서 승려들의 비용에 충당하였다.225) 토지를 사들이는 양은 아주 많았는데, 보력(寶曆) 년간의 항주 용흥사(龍興寺)의 남조(南操)가 가장 많았다. 토지 수천 경을 사들여서 재용(齋用; 제를 올리는 데 사용하는 비용)으로 사용하였다.226)

넷째, 수전제 가운데 승니에 대한 급전

---

224) 『宋高僧傳』 卷16, 「唐天臺國淸寺文擧傳」, 808b쪽; 『佛祖統記』 卷22, 「國淸文擧法師」, 240b쪽.
225) 『宋高僧傳』 卷15, 「唐杭州靈隱山道標傳」, 803c쪽.
226) 『佛祖統記』 卷42, 384c쪽.
227) 森慶來著, 「唐代均田法中僧尼的給田」(高福怡譯 『食貨』 5-7,

당대 수전제 가운데에는 승려에게 토지를 나누어주는 규정이
있었는데, 이러한 제도는 당나라 이전에는 없었다. 당나라가 이
제도를 시행한 기간은 사실상 아주 짧다. 이 문제에 관해서 일
본 학자 다마이(玉井是博)와 모리(森慶來) 두 선생이 모두 글을
써서 토론하였다.227) 여기서는 대략 그들이 말한 것을 아래와
같이 소개한다.

모리씨는 승려급전제와 승적(僧籍)의 편성은 아주 긴밀한 관
계가 있다고 말했다. 승적의 편성은 개원 17년에서 26년 사이에
만들어졌다. 수전의 방법은 승려에게는 토지 30무를 주고 비구
니에게는 20무를 주고 또한 도사와 여관(女官)에게도 같이 토지
를 주었다. 수전의 동기는 사원의 전지가 과다하게 팽창하는 것
을 방지하기 위한 출발점이었다. 승려는 수전법이 있기 이전에
이미 대량의 토지를 소유하고 있었기 때문에 특정한 법률로써
제한하여 그들이 정액의 전산만을 소유할 수 있게 하였다.228)
급전제는 『당육전』 권3, 호부조(戶部條)229)・『당회요』 권59,
사부원외랑조(祠部員外郞條)230)・『승사략(僧史略)』 권중, 승주
질봉조(僧主秩俸條),231) 그리고 『백씨육첩사류집(白氏六帖事類

---

227) 森慶來著,「唐代均田法中僧尼的給田」(高福怡譯 『食貨』 5-7, 35-
   39쪽, 1937年 4月). 〈역자주〉 이밖에도 諸戶立雄, 『中國佛敎制度
   史의 硏究』(平河出版社, 1990)의 第3章에 몇 편 관련된 논문이
   실려있다.
228) 『佛祖統記』 卷42, 384c쪽.
229) 『唐六典』 卷3, 「戶部」, 66 a-b쪽.
230) 『唐會要』 卷59, 「祠部員外郞條」, 1028쪽.

集)』권26, 도사조(道士條) 등에서 볼 수 있다.232) 그밖의 사료에서는 급전제에 대한 기록을 볼 수 없다. 급전제를 시행했던 기간의 시간은 사실상 아주 짧았다. 안록산의 난이 일어나자 수전제도가 파괴되어 정지되었고, 그래서 그다지 큰 효과가 없었다고 말할 수 있다. 그러나 적어도 승려의 장원소유에 대한 정부의 태도가 어떠했는지를 설명할 수는 있다.

제 3 절 사령장원의 규모와 범위

사원의 장원은 아마도 한두 곳이 아니었을 것이다. 석도영(釋道英)은 장원 3곳을 사들였다.233) 오대산(五臺山)의 10사도 예전에 42장원을 관리하였다.234) 장과 장 사이는 아마도 서로 연관되어 있었을 것이나, 대부분은 독립된 것으로서, 장의 크고 작음 또한 일치하지는 않았다. 대상사(大像寺)를 다시 수리한 기록에 일찍이 회창(會昌) 원년 농서(隴西) 대상사가 관리한 장원의 경(頃)과 무(畝)의 수를 아래와 같이 기록하고 있다.

> 관리하는 장원은 크고 작은 것이 모두 7곳이며, 도가 관할하는 토지는 총 53경 56무인데, 황숙(荒熟) 및 시랑(柴浪) 등 8경 38무는 반언덕이고, 측면의 45경 18무는 기름진 땅이다. … 와

---

231) 『僧史略』卷中, 「僧主秩俸條」, 245b쪽.
232) 『白氏六帖事類集』卷26, 「道士條」, 991쪽.
233) 『續高僧傳』卷25, 「道英傳」, 654b쪽.
234) 『續淸凉傳』卷下, 1131b쪽.

남선사(南禪寺) 대전. 산서성 오대산 서남의 이가장(李家莊)에 있다. 본래의 창건년대는 확실치 않으나, 지금의 건물은 建中 3년(782)에 새로이 세워진 것이다. 중국에서 현존하는 가장 오래된 목조건축이다.

옥(瓦屋; 기와집)은 12칸이며 초사(초가집)는 20칸이고 과수원 1곳이 있다. 동시(東市)나 선화방(善和坊)의 점포가 모두 6간 반이었다. 또 와풍백장(瓦風伯莊)이 황숙 모두 11경 50무였다.235)

그 장원은 모두 7곳이었는데, 각 장원에는 모두 황숙과 치랑(柴浪)의 구분이 있었다. 또 와옥·초사(草舍)·점포(店舍)도 있었는데, 그 기재가 아주 상세하다. 기록된 문장에는 더욱 상세하게 몇몇 광(垙)이나, 단의 무수와 동서남북의 4주변에 대해서 기재되어 있다. 에닌(圓仁)의 『입당구법순례행기』 권2, 개성(開成) 5년 4월 6일 치주(緇州) 장산현(長山縣)에,

> 예천사(醴泉寺) … 절의 장원이 15곳, 지금까지도 적지 않다.236)

라고 하였다. 또 후진(後晉) 천복(天福) 2년(937) 「용천선원전토벽기(龍泉禪院田土壁記)」에 그 선원이 소유한 장전을 아래와 같이 기록하고 있다.

---

235) 『金石萃編』 卷113, 義叶 「重修大像寺記」, 48쪽.
236) 圓仁, 『入唐求法巡禮行記』 卷2, 「開成五年四月六一條」, 211a쪽.
237) 『山右石刻叢編』 卷11, (山西陽城縣) 『龍泉禪院田土壁記』, 20a-b

강남쪽의 토지 1곳, … 절 뒤편 땅에 1곳, … 절 서쪽에 1곳, … 절 동쪽에 1곳, … 북쪽 땅에 1곳, … 유가언(劉家堰)에 있는 땅 1곳, 모두 땅 5경 60무이다. … 또 백수령(柏樹嶺)의 산지(山地) 1단은 그 무수를 헤아릴 수 없다. … 그 다음 상지(上地)는 각 1곳, 사방을 경계로 하고, 뒤쪽으로 토지를 개척하였다.237)

소안탑

그러므로 용천선원은 모두 장지(莊地) 6곳, 그밖에 산지 1단과 기타 상지(上地)를 더하여 그 범위가 아주 컸을 것이다.

사원은 종종 그 장원이 있는 곳에 비석을 세워 뒷날 침범해오는 일이 발생하는 것을 면하기 위해 장원의 처음과 끝, 사방의 주위를 기록하였다. 그래서 사원의 장원 기록은 왕왕 속계보다 정확하였다. 그 사방은 항상 산과 물을 경계로 삼았다. 대상사를 다시 수리할 때에 기록하였던「중수대상사기」에서 사방에 대해 아래와 같이 열거하였다.

제1광(垙)은, 동쪽과 연결된 장거(莊居) 1단은 73무반, 동쪽 도랑, 서쪽 길, 남쪽은 막혀 있고, 북쪽은 절의 벽으로 막혀 있다.
1단은 서쪽 장거와 연결된 땅은 1경 23무, 동쪽 길, 서쪽 장용(張用), 남북이 막혀 있다.

---

237) 『山右石刻叢編』 卷11, (山西陽城縣)『龍泉禪院田土壁記』, 20a-b쪽.

1단 2무는 동남쪽이 막혀 있고, 서쪽은 군전(軍田), 북쪽은 궐문이다.

1단 0무는 동쪽이 막혀 있고, 서쪽 길, 남쪽은 군전, 북쪽은 부이준(傅耳俊)의 땅이다.

제2광지 1단은 18무이고, 동쪽은 장필(張弼), 서쪽은 장양(張讓), 남쪽은 변승(邊昇), 북쪽은 강이다.

땅 1단 9무는 서쪽은 강, 남쪽도 강, 동쪽은 장진양(張進讓), 북쪽도 장진양이다.

1단 2경 24무는, 동쪽 길, 서쪽 관전(官田), 남북은 맥(陌).

1단 1경은 동쪽 부이헌장(博耳憲莊), 서쪽 길, 서쪽 천(阡), 서쪽 맥.

1단 14무는 동쪽 설오휘(薛烏暉), 서쪽 부의(符義), 남북은 길.

(중 략)

호도곡(胡桃谷)은 장지(莊地)와 연결되어 있다. 동쪽은 사치곡(奢馳谷)·북령(北嶺)에 이르고, 북쪽으로 섬전령(閃電嶺)과 파라령(波羅嶺)에 가깝고, 서쪽으로는 간(澗)에 이르며, 신추령(神搥嶺)에 가깝고, 남쪽으로 사치곡구(奢馳谷口)의 동서 방향으로 난 길에 이르고 북쪽으로는 장영(張英)의 토지인데, 안쪽으로 후점흥(侯漸興)과 니곡(泥谷)에 이른다. 사지(四至)의 경계 안으로 관숙지(管熟地) 7단 정도가 있고, 황폐한 비탈자락이 있다.238)

국청원 선생은 호도곡의 사지(四至) 주변은 아주 넓고 또한 내지(內至)가 있어서 이 장원의 내부에서 다른 사람의 토지를 볼 수도 있다고 분석하여 말하였다.239) 또「대사엄기」의 사지

---

238)『金石萃編』卷113,「重修大像寺記」, 49-51쪽.

(四至)는,

> 동쪽으로 익양고계배(弋陽高界培)에 이르고, 물이 나뉘는 지점을 경계로 하며, 서쪽으로 풍락풍문령(豊樂風門嶺)에 이르고, 홍학산(洪鶴山) 입구를 경계로 하며, 남쪽으로 귀계향(歸桂鄕) 동원갱(東源坑)에 이르며 물이 합류되는 지점을 경계로 하고, 북쪽으로 풍락향(豊樂鄕) 홍학산(洪鶴山) 반령(盤嶺)에 이르고, 물이 나뉘는 지점을 경계로 한다.240)

라 하고 있다. 그밖에 사지(四至)의 기록이 있는 것은 상세하고 소략한 것이 일정하지 않은데241) 여기서는 하나 하나 사례를 들지 않기로 한다.

제 4 절 사령(寺領)장원의 경영

위의 절에서는 사원의 장원이 단지 한두 곳이 아니라 장원 내부에 전지 이외에 장사(莊舍)·연애(碾磑)·거승(車乘)·임지(林地)·과원·채원 등이 있다고 언급하였다. 이 때문에 사원이 그가 소유한 장원을 어떻게 관리하고 경영하는가에 대해서는 토론할 가치가 있는 문제이다.

당대 사령장원 내부의 분업은 아주 상세하여 장원을 관리하는 특정한 승도는 「지장(知莊)」 혹은 「지서(知墅)」라 불렸다.242) 『태평

---

239) 麹淸遠, 『唐宋寺領莊園硏究』, 8쪽.
240) 『全唐文』 卷793, 「大赦菴記」, 17쪽.
241) 『八瓊室金石補正』 卷77, 「招提淨院施田記」, 31a-32a쪽.

佛光寺 大殿 内景

광기』 요곤(姚坤)조에 「그 지장승(知莊僧) 혜소(惠沼)가 흉악한 일을 하다」라고 되어 있다. 지장승·지서승에 대해서 약간 상세하게 기록한 것은 월주(越州) 아육왕사(阿育王寺) 상주전비(常住田碑)이다.

혜거(惠炬)라는 승려는 … 지서를 10년 동안 맡았다. 우선 염밭을 미처 개조하지 않았으며 길 못도랑의 토사도 미처 쳐내지 않았다. … 무릇 그 마음이 제도를 꾀하여 스스로 복잡한 까닭을 품고있었으므로, 겉으로는 삼태기를 메고 속세를 떠나 사는 사람처럼 도도한 척 하였지만, … 이에 호수에는 ○○(천금)이라는 이름이 있다.243)

왕창(王昶)의 고증에 의하면 이 비석은 개원 26년 이전에 세워졌는데,244) 「지서임(知墅任)」이라는 말은 『전당문』에 「지사임(知寺任)」이라 쓰여있다. 지서는 아마도 모든 장원의 책임자였거나 단지 한 장원의 관리자였을 것이다. 당나라 초기 혜주(惠胄)는 본전에 "시종 감독 보호하고 한 사람이 담당했다, 나이

---

242) 麴淸遠, 『唐宋元寺領莊園硏究』, 12쪽; 陶希聖 等, 『唐代經濟史』, 60쪽.
243) 『金石萃編』 卷108, 「阿育王寺常住田碑」, 24쪽; 『全唐文』 卷335, 萬齊融 「阿育王寺常住田碑」, 4쪽.
244) 『金石萃編』 卷108의 27쪽.

가 이순(60)에 이르러 마침내 승임을 사임하였다"라 하고 있다. 아마도 이 승임이 바로 지서를 가리키는 것일텐데 명칭이 같지 않을 뿐이다. 도영(道英)도 또한 포주(浦州) 보제사(普濟寺)의 직세(直歲)로 있었다(『법원주림』에서는 「知事」라고 일컬었다). 장원이 아직 제도화되기 이전에 사원의 관리는 아직 확정되지 않았다. 그러므로 종종 실제로 같은 것이었지만 이름이 달랐다. 지장(知莊)·직세(直歲)·지사(知事)는 당연히 동일한 직무였다. 그러나 백장회해(百丈懷海)가 총림(叢林) 제도를 설립한 이후에, 장원은 조직화·제도화되어 모든 것이 책임을 나누고, 강유(綱維)·전좌(典座)·직세·장주(莊主)·고두(庫頭) 등이 설치되어 뒤섞여 분간할 수 없게 되지는 않았다.245)

백장회해가 설립한 총림제도에 의하면, 사원장원 안의 분업[分工]의 상세함을 알수 있다. 지금 그 중요한 것을 골라 설명하면 아래와 같다.

① 직세(直歲): 무릇 사원에서 책임을 지고 주도하고, 사원 문의 수리개조, 숙사의 문·창·담, 잡물 이동 등 때에 맞게 고치고 바꾸고, 방앗간·전원·장사·유방(油坊)에 대해서 감독한다.246)

② 감원(監院): 대차·반환·사원의 연간 수지 계산, 전곡(돈·

---

245) 『勅修百丈淸規』卷8,「楊儀序(古淸規)」, 1158a쪽.
246) 『禪苑淸規』卷3,「直歲條」, 1053a쪽;『勅修百丈淸規』卷4,「直歲條」, 1132c쪽.

복건성 장주(漳州)의 남산사(南山寺). 당대에 창건된 오래된 사찰.

곡식)의 유무, 지출 수입, 해마다 필요로 하는 곡식을 준비하고 때맞추어 사는 것을 관리.247)

③ 고두(庫頭): 상주의 전곡 지출·수입, 연간 수지 계산을 주지한다. 얻어들인 전물을 즉시 달력에 기재하고 관리한다. 정확하게 구분하고, 곡식이 얼마나 있는지 살피고 때맞추어 사들인다. 열흘에 하루씩 계산하고, 먼저 지사와 서명하고, 한 달에 한 번 통계를 낸다.248)

④ 장주(莊主): 두 가지 종류의 세와 땅갈고 파종하기, 논밭 고르기, 풀베기, 경계선을 확실히 세우기, 전곡 기록, 수입·지출을 분명히 하는 것을 주관한다.249)

---

247) 『禪苑淸規』 卷3, 「監院條」, 1054a쪽; 『勅修百丈淸規』 卷4, 「監院條」, 1132a쪽.
248) 『禪苑淸規』 卷4, 「庫頭條」, 1056a쪽; 『勅修百丈淸規』 卷4, 「副寺條」, 1132b-c쪽.
249) 『禪苑淸規』 卷4, 「磨頭園頭莊主解院主條」, 1057a쪽; 『勅修百丈淸規』 卷4, 「莊主條」, 1133b쪽.

사령장원과 귀족의 별장은 그 다지 큰 구별이 없고, 똑같이 부곡·장객(莊客)·노비 등이 경작에 종사하였다. 그러나 승려들 스스로 경작한 사례도 있다. 『태평광기』 권220, 강주승(絳州僧) 조에,

복건성 하문(廈門). 남보타사(南普陀寺) 경내의 불자암(佛字巖).

영휘(永徽) 년간 … 때는 여름, '쪽[藍]'이 익어 절의 승려들이 물가에서 '쪽'을 땄다.250)

라하고 있다. 또 『입당구법순례행기』 개성(開成) 4년 9월 28일에,

처음 사원에 당도했을 때 … 순무나 무를 캐고, 절의 상좌(上座)들도 모두 잎을 주웠다. 창고에 장작이 없을 때, 승려들이 노소를 가리지 않고 가서 땔감을 지어 날랐다.251)

라하고 있다. 또 "복전의(福田衣)를 입고 밭을 경작하여 생활을 강구하다"라고 한 한산(寒山)과 같은 경우는 승려 스스로 경작한 실례이다. 그러나 이러한 경작의 사례는 아마도 많지 않았을 것

---

250) 『太平廣記』 卷220, 「絳州僧」, 38쪽.
251) 『入唐求法巡禮行記』 卷2, 197b쪽.

이다. 중요한 일은 여전히 고용인이 대신 하였다.『태평광기』 권250, 등현정(鄧玄挺)조에 계안록(啓顔錄)을 인용하여,

> 당나라 등현정이 절에 들어가 분향하고 예배할 때, 모든 승려들과 장원에 도착하여 식소(植疏)를 관찰하고, 수거(水車)를 보고 … 가인(家人)을 시켜 그것을 잡아당기게 했다.252)

라고 하였다. 자각대사(慈覺大師) 종이(宗頤)가「귀경문(龜鏡文)」에서 또 이르기를,

> 승려를 위해 노동하기 때문에 원두(園頭)·마두(磨頭)·장주(莊主)가 있고, 승려를 위해 세탁하기 때문에 정두(淨頭)가 있고, 승려에게 시중들기 위해 정인(淨人)이 있다.253)

라고 하였다. 장원은 또 고용의 상황이 있었는데, 나바(那波利貞)가 뻴리오 2415호 문서「건원사 승려 보향이 백성 등오자를 고용한 계약문〔乾元寺僧寶香雇百姓鄧件子契文〕」을 인용하여,

---

252)『太平廣記』卷250,「鄧玄挺條」, 16쪽.
253)『禪苑淸規』卷8, 龜鏡文, 1078a쪽;『雲谿友議』卷中, 衡陽遁條에「徐永(安貞)侍郎이 중서성에 있을 때, 常參 李右丞과 의논하였는데, 그 죄가 연루되는 것을 두려워하여 마침내 형산의 嶽寺로 도피하여 은둔하여 뒤에 李巳이 돌보아 주어 그를 따라 돌아올 수 있었다. 그렇지 않았으면 절에서 죽었을 것이다」라 하고 있다 (16a-b쪽).

을유년 2월 12일, 건원사 승려 보향이 인력이 적어 백성 등오자를 8개월간 고용하여 매월 고용의 대가로 보리와 속 일태(一馱)를 주었다. … 고용되어 들어온 이후, 날마다 일을 하도록 재촉하여 쉴 수 없었다. 예를 들어 망월(농번기)에 하루를 쉬면 늑물(勒物) 5두, 한월(농한기)에는 하루에 늑물 1두이다.254)

라하고 있다. 이러한 고용에 관련된 문서는 아주 많아서 일일이 셀 틈이 없으므로 여기서는 하나하나 설명하지 않는다.

장원의 작업을 승려나 고용인이 맡아서 경작하는 이외에 소작인에게 빌려주는 경우도 있었다. 의정(義淨)의 「남해기귀내법전(南海寄歸內法傳)」에 인도의 소작의 상황에 대해 언급하기를,

율법에 의거하여 승려가 밭을 갈 때는 정인과 함께 하여야 그 분수에 맞다. 혹은 잉여 인호(人戶)를 제공하거나 그 중의 1/6을 뽑고, 승려는 소나 땅을 주었다. 이런 일은 모두가 다 알 수는 없다. 서쪽(인도)의 절들도 대부분 이와 같았다. 혹 탐욕을 하면, 그 분수에 맞지 않아 스스로 노비가 되어 허리를 굽혀 농사를 지었다.255)

라고 하였다. 사원의 밭을 소작인에게 주어 경작하게 하는 상황에 대하여 여기서 슈토 요시우끼(周藤吉之)의 「소작인 문서의

---

254) 那波利貞, 「梁戶考」에 페리오의 2415호 문서 「乾元寺僧寶香雇百姓等件子契」 인용(6쪽).
255) 『南海寄歸內法傳』 卷2, 「衣食所須條」, 213b쪽.

연구(佃人文書의 硏究)」라는 글 가운데 열거한 표를 인용한다.256)

만수사(萬壽寺) 2무 승지ㅇ(僧智ㅇ) 3364호문서
만수사 3무 반 스스로 경작[自佃]
등애사(等愛寺) 6무 소작인[佃人] 조자덕(趙子德)
ㅇ장사(ㅇ張寺) 2무 소작인 신(대)신신[辛(大)神信]
인왕사(仁王寺) 6무 소작인 장군(창)[張君(昌)]이 속(粟)을 심다
ㅇ수사(ㅇ壽寺) 2무 소작인 범문(대)[汎文(大)]가 속을 심다. 2373문서
묘덕사(妙德寺) 2무 소작인 주구미(화)[周苟尾(化)]가 속을 심다. 2373문서

사원은 매년 승려 한 사람이 직세 혹은 사주를 담당하여, 수지(수입과 지출)를 총감독하고, 또한 각종 이윤·장원·양과(梁課)·물방앗간의 수입을 상세히 기록하며, 섣달 그믐날 밤 승려들 앞에서 발표하여 기타 승려들의 인가를 얻어야 했다. 『입당구법순례기』권1, 개성 3년 2월 29일조에 이르기를,

대당(大唐) … 사원에서 늦은 밤에 종을 치면, 승려들이 식당에 모여 예불을 올렸다. 예불할 때 승려들은 모두 단에서 내려와 땅에 좌구를 깔았다. 예불이 끝나면 다시 단에 앉았다. 그 때 고사 전좌승(典座僧)이 승려들 앞에서 그 해의 경작의 여러가지 용

---

256) 周藤吉之, 「佃人文書의 硏究-唐代前期의 佃人制寺田의 小作關係」, 112쪽 (『敦煌吐魯番社會經濟資料』上 수록). 원문에 의하지 않았다.

도 장부를 읽어서 승려들에게 듣고 알게 하였다.257)

라 하고 있다. 또 『입당구법순례행기』 권3, 개성 5년 12월 25일조에 이르기를,

승려들은 당(堂)에 올라 죽·혼돈(餛飩)·잡과자를 먹는다. 승려들이 죽을 먹을 동안, 유나·전좌·직세가 일년 내 사원의 모든 교역, 각 지출 전물 장부를 승려들 앞에서 읽었다.258)

라 하고 있다. 또 서역에서 발견된 사원의 파제력(破除曆; 수입과 지출의 보고)으로 예를 들어보면 더욱 명확하게 장원 경영의 상황을 알 수 있다. 아래에 안국사(安國寺) 상좌(上座) 승정(勝淨) 등이 관리하고 있던 입파력(入破曆)을 인용한다.259)

안국사 상좌 승정등 보고함.
광계(光啓) 2년 병오년, 12월 15일 승정(僧政) 법률 판관 도중(徒衆) 승정(勝淨)이 관리하고 있는 바입니다. 용해(辰年) 정월 이후부터 5년 정월 이전까지 중간 3년에 애과(磑顆)·양과(梁顆)·주전(廚田)과 이전 장부의 잔물(殘物)·곡두(斛㪷)·유장(油醬) 등 물건 348석 9두 3승이 들어와야 한다.

---

257) 『入唐求法巡禮行記』 卷1, 177a쪽.
258) 『入唐求法巡禮行記』 卷3, 233b쪽.
259) 那波利貞, 「梁戶考」에 뻴리오의 3207호 문서 「安國寺上座勝淨等手下入破曆」, 23-24쪽 인용.

泉州의 開元寺에 있는 大雄寶殿이다. 현판에 쓰여 있는 桑蓮法界라는 글의 뜻은 이곳에 본래 넓은 뽕밭이 있었는데 그 자리에 사찰을 지었음을 의미한다. 실제로 경내에는 천년이 지났다고 하는 뽕나무가 몇 그루 지금도 남아 있다.

이것은 희종(僖宗) 중화(中和) 4년(884)에서 광계 2년(886) 사이의 3년동안의 장부목록이다. 아래에서 다시 희종 중화 4년 정월 「상좌비구체원등첩(上座比丘體圓等牒)」을 다시 예를 들면,260)

(앞머리 빠져 있음)

지정(智淨)이 쓴 비용을 보면, 보리 3두, 기름 1승, 기름 1승 반, 속(粟) 3두이며,

강나라 승정(康僧政) 장판관(張判官)이 쓴 비용을 보면, 보리 1석 8두, 속 1석 4두, 기름 7승. 9월 1일부터 남전(南殿)을 수리하는데 기름 5승, 속 3두를 썼으며, 포시하는 날(箄儭日)의 비용므로 속(粟) 6두, 보리 3두, 기름 2승을 썼다.(아래 119행 생략)

33석 6두 3승 곡두유(斛㪷油) 등의 지출 이외에는,

현재 남아 있는 것으로서 7석 6두의 보리와 22석 3두의 속(粟)과 2석 4두의 황마(黃麻)와 1석 3두 3승의 기름이 있습니다.

위에서 말한 곡두 지출과 현재 잔량은 모두 이전과 같습니다.

처분을 기다립니다.

---

260) 「梁戶考」에서는 뻴리오의 3204호 문서 「上座比丘尼體圓等謀」, 23-24쪽 인용.

첩문에 실린 내용은 앞쪽의 첩문과 같다.
중화 4년 정월 일 상좌 비구니 체원(體圓)등이 보고합니다.
조사해 보니 위의 기록과 같았다.
정월 19일
도승통(都僧統) 오진(悟眞)

　이 첩문 끝에 도승통 오진이 실제로 조사하고 계산했던 부기가 있는데 확실히 착오가 없음을 보여준다. 그 신중한 정도는 아마도 사원의 입파력을 담당한 사람이 제출한 이후에 모두 다시 조사할 것이 요구되고 있으므로 착오가 없음을 보여주고 있는 것이다. 일본 승려 엔닌(円仁)은 등주(登州) 문등현(文登縣) 적산(赤山) 법화원(法花院)에서 "장전(莊田)이 있으므로, 식사끼니에 충당할 수 있었다. 그 장전에서 1년에 5백 석의 쌀을 얻었다"고[261] 한다. 위에서 인용한 것은 모두 사원장전의 수입 상황이다. 그러나 그 가운데서 서역에서 발견된 입파력이 가장 상세하여 많이 인용된다.
　사원 장원의 경영은 이미 위와 같이 기술하였다. 그러나 사원의 재산은 반드시 영구히 보존될 수 있는 것은 아니었다. 때때로 국가가 승려를 단속하여 그것을 몰수하였다. 예를 들어 회창(會昌)폐불 때에 사원 재산 양전(良田) 수천만 경을 거두어들였다. 또 『입당구법순례행기』에 기록한 것처럼,

---

261) 『入唐求法巡禮行記』卷2, 193a쪽.

사주(泗州) 보광왕사(普光王寺)는 천하의 유명한 곳이다. 지금은 장원·전물·노비 등이 모두 관가에 의해 몰수되어 버렸으므로 사원은 적막하다.262)

라 하고 있다. 사원을 폐하고 재산을 거두어들여 관 소유로 하는 것은 앞에서 인용한 소림사의 사지(賜地; 하사한 땅)와 같고, 승려들이 팔고 저당잡히는 것은 『전당문』에 숙손거(叔孫矩)가 사주(泗州) 개원사(開元寺) 승려 명원(明遠)이 원화(元和) 8년에 양주(揚州) 영거사(靈居寺)에 머물고, 9년에 마침내 상주(常住)의 예전에 저당 잡히거나 빌려준 토지 3,000여 경을 다시 찾은 것을 기록한 것과 같다.263) 『중수대상사기(重修大像寺記)』에 또 그 사원이 뒤에 기울어, 절에는 기거하는 승려가 없고 그 장전은 향리에게 저당 잡혀 팔리고 수림은 초동(樵童)에 의해 파괴되었음이 기록되어 있다.264) 이것은 모두 사원 재산이 저당 잡혀 팔린 실례이다. 이렇게 저당 잡혀 팔리거나 침탈된 상황은 아마도 적지 않았을 것이다. 사원이 비석을 세워 경계를 명확히 하여 침월(侵越)을 막고자 한 그 뜻은 여기에 있다.

---

262) 『入唐求法巡禮行記』 卷2, 會昌 5年 3月3日, 246b쪽.
263) 『全唐文』 卷45, 叔孫矩 「大唐揚州六合縣靈居寺碑」, 18쪽.
264) 『全唐文』 卷920, 「重修大像寺記」, 7쪽.

제 5 절 사령장원과 국가 사회

사령장원은 칙사(勅賜)하거나, 시사(施捨)하거나, 사들이거나, 점취(佔取)하는 등의 방식으로 구별된다. 그 장원의 누적되어서 그 규모가 컸기 때문에 정부로부터 중시받기도 했지만, 한편으로는 견제를 받기도 했다. 정부는 한편으로는 증가함을 금지할 필요성을 느끼고 다른 한편으로는 또 사원의 수중으로부터 토지를 탈취하고자 하였다. 그리하여 이러한 거대한 전장(田莊)을 이용하여 사회를 안정시키고 호구의 도망을 방지하는데 쓰고자 하였다.265)

사원이 점유한 장택(莊宅)에 대해 성력(聖曆) 3년(700) 적인걸(狄仁傑)이 그 실황을 말하여,

> 시골에는 툭하면 경방(經坊)이 있고, 시가(市街)에도 역시 정사(精舍)가 세워져 있습니다. 감화하고 교화하는 곳이 갑자기 많이 늘어나게 되니, 그만큼 경제적인 여력이 관가의 징세로부터 벗어났으며 법사(法事)를 하여야 하는 것에 관해서는 칙령으로 더욱 엄격히 하여야 합니다. 비옥한 토지를 많이 얻고, 물레방아나 장전 또한 그 수가 적지 않았습니다. 도망간 정인(丁人)이 죄를 피하여 절에 모이고 무명의 승려가 무려 몇만이나 됩니다.266)

라 하고 있다. 『자치통감』에서도 또한 이르기를 "모든 공사(公

---

265) 陶希聖等, 『唐代經濟史』, 62쪽.
266) 『舊唐書』卷89, 「狄仁傑傳」, 10쪽 ; 『唐會要』卷49, 「像條」, 857쪽 ; 『全唐文』卷169, 狄仁傑「諫造大像疏」, 7쪽.

私)의 전택 가운데 승려 소유가 많았다"라267) 하고 있다. 널리 점유하는 이러한 상황은 마침내 예종(睿宗)이 당륭(唐隆) 원년(710)에 관인(官人)과 백성이 그 장전·택사를 사원에 시주하는 것을 금지하는 칙령을 내렸다. 칙령에 이르기를,

태산(泰山) 경석곡(經石谷)의 금강경(金剛經). 문자 하나의 크기는 사방50㎝나 된다.

　사관(寺觀)이 전지(田地)와 물레방앗간(水碾磑)을 널리 점유하고 백성을 침탈하고 있으니, 마땅히 본주 장관으로 하여금 조사하여 거두어 들이게 하라. 규정(令式)에 의한 것 이외에 관인과 백성이 장전이나 건물을 시주하는 경우에 수도에서는 사농(司農)으로 하여금 거두어들이게 하고, 지방에서는 가난한 과호(課戶)에게 나누어 주도록 하라.268)

라 하고 있다. 그러나 이 명령은 그다지 효과가 없었다. 전택을

---

267) 『資治通鑑』卷205, 天冊萬歲元年正月, 21쪽.
268) 『唐大詔令集』卷110, 「誡勵風俗勅」(唐 隆年 7월 19일), 6a-b쪽; 『全唐文』卷19, 睿宗, 「申勸禮俗勅」3쪽.

시주하는 일은 여전히 증가하였다. 그 뒤 현종이 또한 누차 사원의 장전을 조사하여 거두어 들이라고 명령을 내렸으나 거의 효과가 나타나지 않았다. 개원 10년 사부(祠部)에 명령하여 이르기를,

산동성 역성(歷城) 유부(柳埠)의 천불애 조상(千佛崖造像).

> 천하의 사관전(寺觀田)은 법에 따라 마땅히 승려·도사에게 주어야하는 것 이외에는 모두 정부가 거두어 들어서 가난하고 토지가 없는 정(丁)에게 빌려준다. 그 사관의 상주전(常住田)은 승려·도사·여관이 퇴전(退田)한 것으로 충당한다. 백 명 이상은 10경을 넘지 못하고, 50명 이상은 7경을 넘지 못하며, 50인 이하는 5경을 넘지 못한다.269)

라 하고 있다. 이 칙령은 승려가 보유할 수 있는 사전(개인의 밭)의 규모를 규정하고 있는데 법정 수량을 초과하는 사람은 몰수하고, 가난하고 토지가 없는 정(丁)에게 주었다. 곧 사관의 상주전은 또한 사찰마다 승려 수의 많고 적음에 따라 일정한 규정

---

269) 『唐會要』卷59,「祠部員外郎條」, 1028쪽.

항주(杭州)의 육화탑(六和塔). 목탑으로서 높이 약60m이며, 전당강(錢塘江)의 상징적인 불교유적이다. 정상까지 올라갈 수 있다.

이 있었다. 그러나 대종(代宗) 때 여전히 "경기 지방의 양전(良田)은 대부분 승려와 절에 귀속되었다"라270) 하고 있다. 덕종(德宗) 정원(貞元) 년간에, 사관(寺觀)은 널리 양전을 점유할 뿐 아니라 부상대고(富商大賈; 부유한 상인과 장사꾼)와 같이 양식을 많이 저축하여 두고 앉아서 높은 가격을 구했다.271)

사원의 경제역량은 이미 이와 같이 풍부하여, 정부는 당연히 법률의 힘에 의지하여 제재를 가하려고 하였다. 무종(武宗)이 불교를 멸한 것은 주로 경제적 요인에 연유한다. 신앙의 문제는 그 다음이었다.272) 이 때문에 폐불 이후에 사원의 장원과 전물·노비 등을 거두어 들이라고 명령하였다.273) 그 결과 양전 수천만 경, 노비 15만 명, 승

---

270) 『資治通鑑』卷224, 「大曆二年7月條」, 12쪽.
271) 『唐大詔令集』卷117, 「遣使宣撫諸道記條」, 6a-b쪽; 『舊唐書』卷48, 「食貨志」, 20쪽.
272) K. Ch'en: Economic Background of the Hui-ch'ang Suppression of Buddhism, pp.67-105.
273) 『入唐求法巡禮行記』卷4, 246b쪽.

려 귀속자 26만 500명을 얻었다.274) 그 가운데 양인(良人)으로서 사령(使令)에게 의탁하게 된 사람은 병관(笄冠)의 수의 두배였다.275) 당대 사원의 부유함과 번성함을 알 수 있다.

---

274) 『唐會要』 卷47, 841쪽;『新唐書』 卷52,「食貨志」, 11쪽;『全唐文』 卷76, 10쪽; 萬國鼎「中國田制史」 215쪽에서 수천만은 수십만의 착오를 확인하였다.
275) 『樊川文集』 卷10,「杭州新造南亭子記」, 91a-b쪽.

제 4 장 당대 사회인의 경영한 공상업

제 1 절 무진장과 삼계교
제 2 절 금전의 대차
제 3 절 곡식·수마·콩·비단 등의 대차
제 4 절 영업의 경영
제 5 절 체우업의 경영

제 4 장
당대 사원이 경영한 공상업

　　당대 사원의 경제방면에서의 활동은 아주 여러 방면이었다. 앞에서 기술한 사령장원 이외에도 공상업 방면에서 사원의 경영도 또한 주의할 만한 일이다. 제2장에서 일찍이 남북조시기에 이른바 질고(質庫)라는 것을 경영했고, 동시에 사원은 금전·속·곡 등을 민간과 심지어 정부에 빌려준 일에 대해서 언급하였다. 이러한 경영이 비록 보편적이라고는 하지만 그 규모와 재력 및 보편적인 상황이라는 것을 당대에 비교해 본다면 작은 무당이 큰 무당을 보는 것과 마찬가지였다고 표현할 수 있다. 당대 사원이 공상업 방면에서 경영하던 상황은 우리들이 당대의 경제제도와 승려의 경제생활, 사원과 민간의 관계, 그리고 사원경제의 변화과정을 이해하는데 자못 도움이 된다.

당대 사원의 경제활동 방면은 상당히 깊고 넓었다. 동시에 이미 조리화(條理化)되고 제도화되었다. 사원의 활동은 단체성의 집단을 배경으로 한 것이지 개인의 힘으로 된 것은 아니었다. 비록 승니들이 사유재산으로 공상업 활동에 종사한 것은 어느 것이나 모두 그렇지만, 대외적으로 말하면 그들의 활동은 여전히 일치된 것이었다. 그들은 공동의 목표와 이익에 기초하였기 때문이다. 동시에 사원의 재부는 또 나누거나 승계하는 일이 없었고 또한 바깥에서 그들에게 시주한 것 또한 많았다. 게다가 법률상의 특권으로나 종교상의 특수성 때문에 그 재산은 나날이 누적될 뿐 아니라 비교적 확고하고 안정되었다. 그러므로 사원이 공상업 방면에 종사하는 것은 왕공·귀족에 맞먹는 경쟁자였을 뿐 아니라 아마도 약간 우위를 차지했을 것이다. 그 상황은 장원 방면에서와 마찬가지로 사원은 귀족의 경쟁자처럼 되었다.

제 1 절 무진장(無盡藏)과 삼계교(三階敎)

무진장과 삼계교에 관한 문제에 대해 일본학자 야부끼(矢吹慶輝)씨와 츠카모토(塚本善隆)씨 및 미치바타(道端良秀)씨는 모두 전문적인 저술을 내어서 이를 토론하였다. 그 가운데 야부끼씨의 삼계교 연구에 대한 한 권의 책은 대단한 거작이나 애석하게도 아직 빌려 읽지 못했다. 무엇을 무진장이라 하는가? 송나라 도성(道誠)의 『석씨요람(釋氏要覽)』에서는 「무진장」에 대해 다음과 같이 설명하고 있다.

사원에서 돈을 늘리는 것을 율에서는 무진장이라 부른다. 원금과 이자가 여러 손을 거치는 것이 끝이 없기 때문이다. … 『십송률(十誦律)』에 이르기를 … 불탑물로 이자를 내니 부처가 그것을 허락하였다고 한다. 승기(僧祇)에 이르기를 … 불화(佛華)에 공양하기 위해서 향유(香油)를 전매·매매하는 것을 허락하니 많은 사람이 전매하여 부처의 무진재(無盡財)에 넣었다고 한다.276)

강소성 남경시에 있는 靈谷寺의 靈谷塔. 탑위에서 紫金山이 바라보인다.

『십송률』 원문에 따르면 아래와 같다.

> 탑물무진(塔物無盡)이라는 것은 비야리(毘耶離)이다. 객용탑물(客用塔物)을 팔아 번전(翻轉)하여 공양탑(供養塔)을 얻었다. … 부처가 말하기를 승방(僧坊) 정인(淨人) 및 우바새(優婆塞)가 탑물에 이자를 내어 탑에 공양할 수 있도록 허락한다. 이것을 일컬어 탑물무진이라 한다고 하였다.277)

---

276) 『釋氏要覽』 卷下, 「寺院長生錢條」, 204b쪽.
277) 『十誦律』 卷56, 415c쪽(後秦의 弗若多羅와 鳩摩羅什 공역, 『大正藏』 1435)

무진재에 관한 기록은 그밖에 『근본설일체유부비내야(根本說一切有部毘奈耶)』 권22에 보인다.

> 세존(世尊)이 말하기를 ‥ 승가(僧伽)를 위해서는 마땅히 이윤을 구해야 한다. 불어(佛語)를 들으면 신심이 있는 바라문(婆羅門) 거사(居士) 등이 불법승을 위해 무진물을 시주하라. 이 삼보물도 또한 회전해서 이익을 구하고 소득물을 삼보에 되돌려 공양으로 삼으라고 하였다.278)

또 『근본살바다부율섭(根本薩婆多部律攝)』 권6에 이르기를,

> 삼보에 바치기 위해 혹 시주하여 무진장이 되었다. … 그러나 이러한 물건을 이자를 받고 빌려줄 때에는 반드시 배의 저당물을 내야하고, 보증을 하고 계약서를 분명히 쓰고, 연말에 상좌(上座)와 수사인(授事人)에게 알려 모두 함께 알게 하였다.279)

라 하고 있다. 위에서 인용한 여러 문장들은 무진재가 사원에 시주한 불탑물(삼보물)이었음을 알 수 있다. 원금과 이자가 돌아 이익을 얻고, 그 이익을 다시 삼보 공양에 시주하였다. 돌고 다시 돌면 그 이익은 끝이 없었다. 이러한 무진재를 송대에는

---

278) 『根本說一切有部毘奈耶』 卷22, 743b~c쪽(唐 義淨譯, 『大正藏』, 1442).
279) 『根本薩婆多部律攝』 卷6, 「出息求利學處」第19, 561a쪽(唐 義淨譯, 『大正藏』 1458); 『四分律刪繁補闕行事鈔』 卷中1, 57c(唐 道宣撰, 『大正藏』 1804)

장생고·장생전이라 불렸고, 당대에는 무진장이라 불렸다.280) 무진장은 사원의 공유재산이지, 사유재산이 아니었다. 사원은 이 물건을 빌려줌으로써 이익을 취했는데, 삼보를 공양하는데 쓰거나 혹은 사회구제사업의 경제적 기초로 삼았다.

무엇을 삼계교라고 하는가? 각각 다른 의견이 있다. 대체로 말하면, 불교가 폐멸한 뒤 5백 년 동안을 정법(正法)시대라고 하고, 이것이 제1계가 된다. 또 5백 년은 상법(像法)시대이고, 이것이 제2계이다. 또 5백 년은 말법(末法)시대가 되고, 제3계(어떤 경우에는 말법시대를 1만년 동안이라고 하기도 한다)라고 한다. 시기가 말법시대에 해당함으로서 삼계교인은 당시에 이미 말법시대에 접어들었다고 믿었으며 맹인이 살아가듯이 안색도 구분할 수 없다고 하였다. 이것이 삼계교에서 이야기하고 있는 논리인데, 마침 남북조의 혼란된 사회 민심과 부합한다.281) 이 때문에 삼계교는 크게 성행하였다. 현종 개원 13년에 이르러서 삼계교의 무진장을 금지하도록 칙령을 내렸는데, 이 시기가 바로 삼계교가 가장 발전한 시기였다. 개원 13년 칙령이 내린 뒤에 그 세력은 조금 쇠퇴하였다. 또한 무진장을 분산시킨 까닭에 경제적으로 의지할 곳을 잃었고, 종교상에서도 또한 이 때문에 큰 타격을 받았다.282)

---

280) 塚本善隆,「信行의 三階教團과 無盡藏에 관해서」,(『宗教研究』新3卷 4호).
281) 위와 같은 논문, 67쪽: 湯用彤,「漢魏兩晋南北朝佛教史」第19장, 290-261쪽.

鎭江에 있는 金山寺와 慈壽塔

    삼계교의 발흥은 시조 신행선사(信行禪師)에 의해 힘을 얻었다. 신행선사는 수왕조의 대신 고경(高熲)의 지지를 얻어 장안에 진적사(眞寂寺)를 지었는데(무덕 3년 화도사[化度寺]로 개명), 이 절이 바로 뒤에 삼계교의 중심이 되었다. 신행의 시대에 화도사는 광명사(光明寺)·자명사(慈明寺)·혜일사(慧日寺)·홍선사(弘善寺) 등의 절과 더불어 삼계교 5사라고 불렸다. 고경이 죽은 뒤, 삼계교는 순식간에 의지할 곳을 잃었기 때문에 마침내 무덕 년간에 무진장을 설치하고 그 활동을 지탱하는 경제기초로 삼았다.283) 무진장을 설치함으로써 삼계교의 경제를 더욱 안정시킬 수 있었고, 되게 하고 뒤의 활동에 큰 도움이 되었다. 태종 때, 삼계교의 승려 옹(邕)과 광명사의 승려 혜(慧)를 믿고 존경하

---

282) 위와 같은 논문, 77쪽(塚本氏).
283) 위와 같은 논문, 71쪽(塚本氏).

였다.284) 측천은 정역사(淨域寺) 법장선사(法藏禪師)를 신임하여 아울러 복선사(福先寺)의 무진장 검교(檢校)를 맡도록 하였다.285)

　이러한 제창(提倡)을 거쳐 그 삼계는 마침내 크게 성행하게 되었다. 무측천 때, 화도사의 무진장은 특별히 크게 성공했는데, 이에 이 무진장을 동도(東都) 복선사(이 절은 측천이 어머니 양씨 집을 희사하여 건립한 것으로, 때는 서기 675년)로 옮겨 화도사와 더불어 똑같이 재물을 축적할수 있도록 희망했음을 알수 있다. 그러나 결과는 거꾸로 나타난 듯, "천하의 물산이 다시 모이지 않아, 이에 예전의 장소로 옮겼다"라286) 하고 있다. 『금석췌편(金石萃篇)』 권71, 「대당정역사고대덕법장선사탑명(大唐淨域寺故大德法藏禪師塔銘)」에도 또한 이 일을 기재하였다. 비문에,

　여의(如意) 원년에 대성천후(大聖天后)가 선사 해행(解行)이 정최(精最)한 것을 듣고 동로(東路) 대복선사(大福先寺)에 무진장을 검교할 것을 청하였다. 장안 원년에 또 화도사 무진장을 검교하도록 청했다. … 신행선사를 따라 세상에서 배를 만들어 다리로 삼아, 보경인악(普敬認惡)의 종지를 크게 열어 약으로 병을 고친 이야기를 수십 권을 편찬하여 『3계집록(三階集錄)』이라 불렀다. 선사는 심오한 도리를 추구하고 깊이 숨겨져 있는 것을 찾아내어 도리를 깊이 궁구하며, 약속을 지키고 예를 지키며 규범을 따랐다.287)

---

284) 위와 같은 논문, 73쪽(塚本氏).
285) 위와 같은 논문, 74쪽(塚本氏).
286) 『兩京新記』 卷3.
287) 『金石萃編』 卷71, 全休光 「大唐淨域寺故大德法臧禪師塔銘」 2-3

라 하고 있다. 이 비문은 개원 4년 5월 27일에 찬한 것이다. 동도 복선사와 장안 화도사는 삼계교의 2대 명사인데, 두 절의 무진장 또한 가장 유명하였다.

　탁발(托鉢; 보시·동냥)을 확충하고 무진장을 세우는 것은 삼계교의 특색이었다.288) 신도 또한 성행하여 성시를 이루었고, 그 교의는 재물을 기꺼이 시주하여 큰 덕을 쌓는 것이었다. 그러므로 승려와 신도들은 물건을 모두 무진장에 시주하였다.289) 당시 삼계교가 설치한 무진장은 이전에 없었던 성황을 누렸다. 『태평광기』 권493에 이르기를,

　무덕(武德) 년간에 승려 신의(信義)·습선(習禪)이 삼계를 업으로 삼았으며 화도사에 무진장을 설치하였다. 정관(貞觀) 이후에 돈과 비단·금·옥을 시주한 것이 쌓여 그 수를 헤아릴 수 없어, 승려로 하여금 감독하게 하였다. 세 부분으로 나누었는데, 하나는 천하의 사찰 증수 비용으로 공양하고, 하나는 천하의 굶주림의 고통을 덜고, 하나는 무애(無碍)290)에 공양하는 데 충당하였다. 사녀(士女)가 삼보에 예배하여 죄를 참회하고, 가득히 시주하였다. 더군다나 수레를 이어서 돈·비단을 싣고 와서 시주하고 가도 아무도 그 이름조차 몰랐다.291)

　　쪽.
288) 湯用彤, 『漢魏兩晋南北朝佛敎史』 下冊, 291쪽.
289) 塚本善隆, 「信行의 三階敎團과 無盡藏에 관하여」, 73쪽.
290) 무애(無碍)라는 것은 부처의 德號이다. 佛이 生死卽涅槃이라는 무애의 길을 증명하기 때문이라고한다.
291) 『太平廣記』 卷493, 「裴玄智條」에 인용된 「辨疑志」, 7쪽 ; 『兩京新記』 卷3 ; 『全唐文』 卷28, 玄宗「分散化度寺無盡藏財物詔」, 15쪽.

소주(蘇州) 계당률사(戒幢律寺)의 오백(五百)라한(羅漢). 생동적인 표정으로 유명하다.

라 하고 있다. 이것은 삼계교가 성행한 시기의 정황이다. 위술(韋述)의 『양경신기(兩京新記)』에 또 당시 화도사 무진장을 설명하여 말하기를,

　　연(燕)·양(涼)·촉(蜀)·조(趙)에서 모두 와서 공급을 받아 갔다. 매일 대출한 것 또한 헤아릴래야 헤아릴 수가 없다. 혹 대출을 하더라도〔或有擧便〕또한 계약서를 작성하지 않았다. 단지 기한이 되면 돌려주기만 하면 되었다.292)

라 하고 있다. 여기서 이른바「혹유거편(或有擧便)」이라는 것은 실제 이자가 있는 대차를 이르는 말이다. 그 대차의 범위는 멀리 연(燕;北京)·양(涼;甘肅)·촉(蜀;四川)·조(趙;河北)에까지 이르렀다.

---

292) 『兩京新記』 卷3.

천불산(千佛山) 천불애(千佛崖). 산동성 제남시의 남쪽에 있는 산이 천불산이다. 흥국사(興國寺)의 문을 지나면 이 천불애가 있는데, 큰 것은 3m 남짓이며, 작은 것은 20cm되는데, 약 60여 구(軀) 남아있다. 문화대혁명 기간 동안에 완전히 파괴되어 천불산이 졸지에 무불산(無佛山)이 되어 버렸다. 지금은 많이 수복되었다.

그 대차의 방법은 상당히 간편하였는데, 어떤 문서계약 없이 단지 기한이 되어 되돌려 주면 되는 완전히 신용대차였다.293) 또 현종의 「금사녀시전불사조(禁士女施錢佛寺詔)」에 이르기를,

　　화도사(化度寺)와 복선사(福先寺)에 삼계승이 무진장을 창립하여 매년 정월 4일 천하의 사녀가 돈을 시주하여, 불법을 옹호하고 가난하고 약한 자를 구한다고 하였다.294)

라하고 있다. 정월 4일은 신행(信行)의 기일이어서, 이 날 시주한 돈을 호법(護法)295)이라는 명목으로 가난하고 약한 자를 구

---

293) 道端良秀, 『唐代佛敎史의 硏究』 제5장 제4절, 「佛敎寺院의 金融事業으로서의 無盡」, 521쪽.
294) 『全唐文』 卷28, 玄宗 「禁士女施錢佛寺詔」 12쪽.
295) 여기에서 護法이라는 의미는 ① 佛法을 충실히 지키는 일, ② 악

제하는 용도로 전적으로 사용하였다. 이러한 사료에서 모두 다 삼계교가 설치한 무진장의 의의와 기능을 알 수 있다.

　삼계교의 무진장 가운데 특히 화도사는 한 때의 성행을 다하였다고 말할 수 있다. 그러나 그 뒤 갖가지 요인으로 인해 쇠진하였다. 예를 들어 감사승(監寺僧) 배현지(裴玄智)가 스스로 도둑질한 사건이 있었다. 이 일은『태평광기』권493,「배현지」조에 상세하게 말하고 있다.

　　정관 년간에 배현지가 계율을 잘 지키면서 절에서 청소하기를 십 수년 하였다. 절 안의 승려들이 그가 결점이 없는 것을 보고 무진장을 지키게 했다. 뒤에 몰래 황금을 훔쳐서, 전후로 얻은 것이 그 수를 알 수 없을 정도였으나 승려들은 아무도 알아채지 못했다. 결국은 승려가 그를 쫓아 버렸기 때문에 끝내 되돌아오지 않았다. 마침내 그가 한 바에 놀라고 의아스럽게 여겨서 침실에 가보니, 시를 써놓았는데 "이리 턱에 양을 놓고, 개 머리 앞에 뼈를 놓아두었네. 내 자신이 아라한이 아닌데 어찌 훔치지 않을 수 있겠는가"라고 하니, 더욱 어찌할 바를 몰랐다.296)

　무측천 시대의 증성(證聖) 원년에 삼계교를 이단이라 하였고, 성력(聖曆) 2년 삼계교를 위법이라고 칙령을 내려 개혁을 하게 하였다.297) 개원 원년에 이르러 명령을 내려 전국의 사원의 장

　　마나 질병을 물리치는 법력을 의미한다.
296)『太平廣記』卷493,「裴玄智條」, 25b-a쪽.
297)『開元釋敎錄』卷18, 679a쪽.

병령사(炳靈寺) 석굴(石屈).
감숙성 영정(永靖)에 있다. 높이 27m에 이르는 대불상(大佛像)이다. 하류 50km에 유가협(劉家峽) 댐이 있는데, 황하에서 가장 큰 댐이다.

사(莊舍)를 검사하도록 하고 동시에 화도사 무진재를 해체했다. 조서에 이르기를,

> 화도사 무진장의 재물·전택·육축(六畜)은 경성의 관사(觀寺)에 나누어 주라. 먼저 파괴된 존상(尊像)·당전(堂殿)·교량을 수리하는데 쓰고, 남는 것이 있으면 상주재물로 하도록 하되 사방(私房)에 나누지 말라.298)

라고 하였다. 또 어사(御史)·예부시랑(禮部侍郞)·경조윤(京兆尹)과 경성대덕(京城大德)으로 하여금 함께 처리하도록 지시하

---

298) 『전당문』권28, 玄宗「分散化度寺無盡藏財物詔」, 15쪽.

였다. 그 재산을 나눈 동기는 명목적으로 삼계교의 무진장이 가난한 사람을 구한다는 것을 내세우면서도 실제로는 간사하게 속였기 때문이다. 그러므로「금사녀시전불사조(禁士女施錢佛寺詔)」에 이르기를,

　겉으로는 불법을 지키고 가난하고 약한 사람을 구한다고 하면서, 간사하게 남을 속이는 것은 참된 일이 아니기 때문에 마땅히 금지하여야 한다. 그 모아둔 돈을 어사대·경조·하남부에 교부하여 그 수를 알수 있게 하였고, 장부에 명기하여 뒤에 처분한다.299)

라고 하였다. 그 뒤 현종은 그 경제적 원천을 차단하려고 하였을 뿐 아니라, 근본적으로 삼계교를 금지하고자 하였다.『개원석교록(開元釋敎錄)』권18에 이르기를,

　개원 13년 을축년 6월 3일 모든 절의 삼계원(三階院)의 벽을 허물게 하여서 대원(大院)과 서로 통하게 하고 승려들이 함께 거주하며 다른데서 머물지 말도록 하라. 행한 바의 집록은 모두 훼손을 금한다. 강유(綱維)가 그 행화(行化)를 따르더라도 사람을 유혹하거나 바로 잡지 않는 경우에는 강제로 환속시켰다.300)

라고 하였다. 삼계교는 이 금지 때문에 비록 큰 타격을 입었지

---

299)『全唐文』卷28, 玄宗「禁士女施錢佛寺詔」12쪽.
300)『開元釋敎錄』卷18, 679a쪽.

上海의 玉佛寺에 있는 玉佛.
먐마産의 白玉으로 다듬어진 불상이다.

만 남은 실마리는 여전히 존재하였다. 경종(敬宗)은 일찍이 「화도경원(化度經院)」이라는 칙액(勅額)을 하사하였고,301) 회창 6년에 또 화도사를 숭복사(崇福寺)로 개명하였는데,302) 그때까지 여전히 화도사가 한결같이 보존되고 있었음을 알 수 있다. 단지 그 세력이 이전과 같지는 않았다.

일반적으로 사원도 또한 모두 무진장을 설치하였는데, 삼계교가 설치한 무진장이 가장 유명하였던 것이다. 이것으로써 전당포〔質庫〕의 경영·택사·장전매매 등 영리사업의 자본으로 삼았

---

301) 『金石萃編』 卷71, 「大唐淨域寺故大德法臧禪師塔銘」 王昶의 按語, 5쪽.
302) 『唐會要』 卷48, 853쪽. 그런데 『全唐文』 卷816, 柳玭 「大唐萬壽寺記」 8쪽에는 이것을 大中 6년에 화도사를 숭복사로 바꾼 것이라고 하고 있다. 두 설 가운데 어느 쪽이 옳은지 분명하지 않으므로, 앞으로 검토의 여지가 있다.

맥적산(麥積山)석굴(石窟). 감숙성 천수(天水)에 있으며, 중국 4대 석굴의 하나이다. 이름 그대로 보리를 쌓아놓은 듯한 형태이다.

던 것이다. 그리고 장전택사 등의 수익도 또한 모두 무진장에 들어갔다. 사장(寺藏)을「무진(無盡)」이라 일컬은 것은 명실상부하다고 하겠다.

제 2 절 금전의 대차

당대 중국의 고리대차에는 세 가지가 있다. 첫번째는 질(質)인데, 곧 현재의 전당포와 같은 것으로 당시에 수질(收質)·납질(納質)·질고(質庫)라고 불렸다. 두번째는 거(擧)인데, 일종의 이자가 있는 대차로서 출거(出擧)·방거(放擧)라고 불렸다. 질고라는 것은 반드시 담보물품을 제공하는 대출인데,303) 이러한 업을 경영하는 자를 또한 다음과 같이 세 가지로 구분할 수 있

---

303) 陶希聖等,『唐代經濟史』, 114쪽.

다. ①개인의 민영고리대(호상[胡商]을 포괄함), ②승계(僧界)의 사원고리대, ③정부의 관영고리대이다.304) 사원과 정부 및 귀족·호족 세력이 마찬가지로 돈을 빌려주고 이자를 받는 일을 하였음을 알 수 있다. 당시의 공사(公私) 대차에 의하면 이자가 아주 높았고 심지어 5분(分)의 이자를 취하는 경우도 있었다. 개원 16년 2월 16일에 일찍이 (이것을) 금지하는 칙령을 내렸다.

> 최근 정부와 민간의 대출이, 이자가 자못 높아 가난한 사람에게 손해가 되니 반드시 정리와 개혁이 필요하다. 이제부터 전국의 대출하는 사람은 마땅히 4분이자를 받아야 하고, 관(정부)에서는 5분이자를 취하도록 하라.305)

당대 관영(官營)의 고리대는 모두 특수한 성질을 가지고 있었기 때문에, 이자가 오히려 개인에 비해 높았고, 사원의 경우는 사영(私營)대차에 속했다. 사원의 고리대 사업은 아주 발달하여 정부와 민간도 또한 사원을 모방하여 경영에 종사하였다. 무종(武宗) 회창 5년 정월 3일 남교사문(南郊赦文)에 이르기를,

> 부유한 사원과 저점(邸店)이 여러 곳에 있었다. … 아침에 의관을 가지런히 하거나 혹은 대대로 좋은 가문의 후예를 이어오고 있거나 혹은 좋은 벼슬자리에 있는 사람들이 사사로이 전당

---

304) 劉興唐, 「唐代的高利貸事業」,(『食貨』1-10).
305) 『唐會要』卷88, 1618쪽.

포(質庫)나 루점(樓店)을 설치하여 사람들과 이익을 다투었다.306)

라 하고 있다. 사원은 이 방면에서는 전혀 손색이 없었다. 지금 여러 사례를 들어 증명한다. 가령 스타인(Stein) 탐험대가 호탄(和闐)에서 발견한 마령지(馬令痣)의 대차문서(貸借文書)를 보면,307)

    건중(建中) 3년(782) 7월 12일, 건아(健兒) 마령지가 급히 돈을 쓰려고 하였는데, 얻을 곳이 없어서 마침내 호국사(護國寺) 승려 건영(虔英)에게 가서 돈 일천 문(文)을 빌렸다. 그 돈은 매월 초 ○백 문의 이자를 낸다. 만일 건영이 스스로 돈을 써야한다면 바로 마령지는 원리금을 모두 돌려주어야 한다. 그렇지 않으면, 건영이 마령지의 집 가산이나 가축을 끌어 내어 돈의 가치를 채우도록 한다. 남는 것이 있어도 돌려주지 않는다. 신용이 없음을 두려워 하여, 그러므로 개인적인 계약을 하고 함께 결정하고 손도장을 찍어서 증거로 삼는다.

        전주(錢主)
    거전인(擧錢人) 마령지 20세
    동취인(同取人) 모친 당이낭(黨二娘) 50세
    동취인 여동생 마이낭 12세

라 하고 있다. 이것은 건중 3년의 차용증서로서, 승니가 사유재

---

306) 『文苑英華』 卷429, 會昌 5年 정월 3일 「南郊赦文」, 6-7쪽.
307) Stein; Ancient Khotan: 부록 Chinese Document. 527쪽.

응현(應縣)목탑(木塔). 대동시 남쪽 72km 의 응현 불궁사(佛宮寺)에 있다. 천주(天柱)라고도 불리운다. 탑의 평면은 팔각형이다. 외관은 5층이지만, 각층의 사이에 밖에서는 보이지 않는 층(暗層이라고도 함)이 모두 4층 있어서 합계 9층이며, 그 위에 철제(鐵製)의 탑찰(塔刹)이 솟아있다.

산을 대차하여 이자를 받은 사례이다. 애석하게도 계약문서가 완전하지 않아 매월 이자가 얼마인지 알 수가 없다. 계약문서의 내용에 기한이 되었는데도 계약을 위반하였으면 가산과 가축을 끌고가 빌린 돈의 값어치에 충당하였고, 또한 남는 것이 있어도 되돌려 주지 않는다고 특별히 설명하였다. 이것은 바로 가산을 저당품으로 충당한 것이다. 문서 끝에 「동취인」이라는 것은 곧 지금의 이른바 「보증인」이다. 이 계약문서의 보증인은 돈을 빌린 자의 어머니거나 혹은 누이였다. 이것은 가족이 연대책임을 진 차용증서이다.308) 같은 Stein의 『Ancient Khotan』에 이자가 없는 대차문서를 아래와 같이 다시 예를 든다.309)

---

308)『南海寄歸內法傳』卷4,「受用僧物條」, 231a쪽.

○상주전(常住錢)15천(千)
○회 만약 어기고 갚지 않으면 곧바로 □□□
   건중 8년 4월 20일
      부전인(負錢人) 처 아손(阿孫)
      부전인 남 소가의(蘇嘉依) 20세
      행관중랑(行官中郎) 염기(廉寄)

 이것은 또한 가족연대책임의 차용증서에 속한 것인데, 이것은 사원이 상주전을 대출하고 이자를 받지 않는 것으로 앞에 사례를 든 것처럼 사유재산을 대출한 것과는 조금 다르다. 또 건중년간은 4년까지만 있지 8년이라는 것은 없다. 이것은 당연히 정원(貞元) 3년(787)이라고 하는 것이 맞는 것으로 후대 사람이 잘못 기록한 것이다. 백성이 사원으로부터 돈을 빌리는 것 이외에도 승려들도 또한 사원으로부터 돈을 빌리는 상황이 있었다. 『송고승전(宋高僧傳)』권5, 예종전(禮宗傳)에 이르기를,

   태평사(太平寺)로부터 돈과 기름·밀을 빌려 아직 벗어나지 못했다.310)

라 하고 있다. 위에 든 몇가지 사례는 당대 사원이 돈을 대출하여 이자를 받는 상황이 아주 보편적이었음을 알수 있게 한다.

---

309) Stein, 앞서 인용한 같은 책, 529쪽; 孫毓修「唐寫本公牘契約考」, 19쪽(『東方雜誌』 8-2, 宣統 3年 3月).
310) 『宋高僧傳』卷5,「禮宗傳」, 376쪽.

산서성 항산(恒山)의 절벽에 세워진 현공사(懸空寺)

『산우석각총편(山右石刻叢編)』권9, (당)「복전사치죽원비(福田寺置粥院碑)」에 질전(質錢)에 관련된 기록이 한 단락 있다.

> ([정원(貞元)년간과 원화(元和)]년간 무렵에) 포점(舖店)을 세웠으며 또한 돈을 빌려주고 이자를 받아[收質錢], 집에는 돈 꾸러미가 10만이 넘었다.311)

여기서 이른바「收質錢」이라는 것은 돈을 빌려주고 이자를 받는 것이다. 점포를 만드는 것은 다른 일종의 상업영리 행위이다. 양주(襄州) 이습(李習)의「단승통상판(斷僧通狀判)」이라는 것이 있는데, 그러한 돈을 빌려주고 이자를 받는 승려를 풍자하여 이르기를,

> 7세에 동자승이 되었으며, 20세에 수계(受戒)하였다. 군자에

---

311) 『山右石刻叢編』卷下,「(唐)福田寺置粥院碑」, 1a-2a쪽.

게 알현하지 않고 부모에게 절하지 않았다. 입으로는 빈도(貧道)
라 하면서 돈을 빌려주고 이자를 받았다. 태형 10대를 판결하여
집행하고 동쪽 경계로 내쫓았다.312)

라 하고 있다. 당대 사원이 돈을 빌려주고 이자를 받은 상황은
이미 위에서 기술한 것과 같다. 송대에 이르러서는 사원의 고리
대 경영은 더욱 보편적이 되었고 이름을 장생고(長生庫)라고 고
쳤다. 『노학엄필기(老學奄筆記)』 권6에 이르기를 "지금 승사(僧
寺)는 고(庫)를 만들었는데 돈을 빌려주고 이자를 받는다. 그것
을 일러 장생고라고 한다"라 하고 있다. 사원이 경영하는 것뿐만
아니라 도관(道觀)도 또한 돈을 빌려주고 이익을 취하게 하는
일이 있었다. 본문의 범위를 넘어서는 것이기에 생략하기로 하
겠다. 그런데 도관이 고리대사업에 참가한 것은 아마 당대로부
터 시작하였으며 송대의 도관은 이 방면의 경영에서 비교적 보
편적이고 더욱 깊이 들어갔던 것이었다.313) 고리대 이외에 사원
은 또한 사람들을 위해서 돈이나 물건을 맡아주는 업무를 경영
하는 경우도 있었는데, 당대의 궤방업(櫃坊業)의 성질과 유사하

---

312) 唐 范攄, 『雲谿友議』 卷下 「金仙指」條, 21b쪽(四部叢刊續編, 上
海涵芬樓 景印 常熟瞿氏鐵琴銅劍樓藏明刊本); 『全唐文』 卷634,
李翶 「斷僧通判狀」 23쪽.
313) 『全唐文』 卷345, 陳希烈 「修造紫陽觀勅牒」에 「右修造外有前廻殘
爲造觀 成附奏 奉勅便賜觀家充常住…臣又與觀主道士劉行矩等 商
量 請於便近縣置一庫收質 每月納息充常住」라 하고 있는 것은 바
로 그 증거이다.

보살(菩薩)석상(石像). 당대. 높이 72cm

다. 『태평광기』권348, 「우생(牛生)」조에 『회창해이록(會昌解頤錄)』을 인용하여,

　　우생은 하동(河東)에서 일어나, … 보리사(菩提寺)에 이르렀다. 승희(僧喜)가 이르기를, 진양(晉陽)은 항상 돈 3천 관문(貫文)을 이곳에 기탁(寄)하였는데, 절대 다시 와서 가져가지는 않았다.314)

라 하고 있다. 이것은 승사가 타인의 재산을 간수하면서 보관비를 거두는 것으로, 역시 일종의 영리행위였다. 당대에도 이러한 종류의 영업이 있었는데 궤방업(櫃坊業)이라고 일컬었다. 이것

---

314) 『太平廣記』 卷348, 「牛生條」에 인용된 「會昌解頤錄」(20쪽).

交城의 玄中寺에 있는 阿彌陀佛

은 상인이 재물을 맡고 이익을 얻는 행동이었다.315)

제 3 절 곡식·속·마·콩·비단 등의 대차

당대 화폐경제는 이미 유통되었으나 아직 실물교환이 성행하였다. 그래서 비단과 곡식이 여전히 일종의 가치단위였다. 더욱이 돈황·투르판 등과 같은 외진 지역은 더더욱 실물을 가치단위로 삼았다.316) 비단이나 속(粟)에 관련된 대차도 또한 사원의 공상업 활동의 하나였다. 마찬가지로 이자가 있는 것도 있었고 이자가 없는 것도 있었으며 또한 저당품 등에서도 차이가 있었다.

---

315) 陶希聖等, 『唐代經濟史』, 제5장 제2절 「櫃坊飛錢與便換之出現」, 107-108쪽.
316) 全漢昇, 「中古自然經濟」.

사유보살(思惟菩薩)동상(銅像). 당대. 높이 11cm. 상해박물관 소장.

　일본인 나바 도시사다 (那波利貞)의 연구에 의하면 돈황지방에서 한 해의 이자가 거의 5분이었다고 한다.317) 이러한 고리(高利)의 대차는 사원경제 수입의 큰 원천이었다. 서역문서 가운데에는 속(粟) 및 양식이나 종자를 대차한 문서가 많이 있는데, 상당히 완정(完整)되고 상세하다. 비록 정확한 연대는 없으나 그 내용과 성질로 보아서 대개의 연대가 당말·오대라고 추측하는 사람이 많다. 계약문서 가운데는 혹은 이자가 얼마인지 명확하게 주기하거나 혹은 거당(車鐺)을 저당물로 삼은 것을 정확하게 쓰고 있다. 사원이 대차한 대상은 사호(寺戶, 혹은 人戶)가 가장 많았고 그 다음이 백성이나 사원 자체의 승려였다. 그런데 승려가 소속된 사원 이외의 사원에서 대차한 상황도 있었다. 본절에서 인용한 문서는 대부분 다른 사람이 뻴리오(Paul Pelliot)와 스타인(Aurel Stein) 두 사람의 문서를 인용한 것을 거듭 인용한 것으로서 돈황 등지에서 발견

---

317)『表制集』卷3,「三藏和上遣書」, 844c-a쪽.

된 사료이다. 뻴리오의 사료는 프랑스국립파리도서관에 소장되어 있고, 스타인의 사료는 영국런던박물관에 소장되어 있다.

사원은 통상 광대한 장원을 소유하고 있기 때문에 스스로 경작하거나 혹은 남에게 소작하게 하였다. 이것은 바로 사원이 어떻게 보리와 속을 넉넉히 대차할 수 있었는가 하는 원인이다. 절에서 양식을 대차한 상황은 당대에 아주 통용되었다. 더욱 돈황 한 곳에서 사원의 장원·연과(碾課)·양과(梁課)와 갖가지 수입이 모두 실물이었다. 이 때문에 사원은 그 자체에서 다 소비할 수 없는 양식을 빌려줄 수 있었다. 백성들은 수입이 좋지 않았거나 씨를 뿌릴 종자가 없을 때, 어쩔 수 없이 사원에서 양식이나 씨앗을 대차하여 뒤에 가을에 추수하고 나서 되돌려 주었다. 사원이 그 가운데서 얻은 이자는 자못 볼 만하였다. 제2장 제5절에서 다루었던 북위의 승기속은 바로 변질되어 승려들이 민간에 대출하여 이자를 얻는 재물이 되었다. 당대의 사원에는 비록 승기속을 설치하지는 않았지만 속과 보리를 민간에 대차하는 일은 더욱 보편적이었고 더욱 심화되었다. 아래에서는 당대 사원이 곡식을 대차한 갖가지 상황을 들어 설명을 덧붙이고자 한다.

사원이 여분의 양식을 사람들에게 대차하는 점이 계율에는 위배됨이 없다. 『석씨요람(釋氏要覽)』 권중 「적조(糴糶)」조에 이르기를,

승기(僧祇)에 이르기를 비구니가 곡식을 사서 저축하였다. 마땅히 해야할 것은 염불인데 내가 마땅히 의지할 것은 경전을 읽고 좌선(坐禪)하는 일이다. 곡식이 비쌀 때 먹고 공덕을 드리고 남는 것을 팔았다.318)

라 하고 있다. 『설부(說郛)』에서 「북산록(北山錄)」을 인용하여, 서세적(徐世勣)이 하북(河北)을 토벌할 때, 군량이 부족하여 시서쪽의 승사(僧寺)에서 대차를 하였다고 한다.319) 이렇게 군량이 부족하였기 때문에 사원에서 양식을 대차한 사례는 많지 않다. 유송(劉宋) 때 군비가 부족하였기 때문에 절의 승려에게서 돈을 대차한 경우와 성질이 유사하다. 사원이 대차를 해준 대상으로서 가장 주요한 것은 역시 민간이었는데, 이러한 상황을 한편으로 말한다면 자선하는 일이 아니라고는 할 수 없겠으나 아무래도 일종의 영리행위였다고 보는 것이 비교적 적절할 것이다. 『속고승전(續高僧傳)』 권25, 「석명해전(釋明解傳)」에 이르기를,320)

정관 년간 명주(洺州)의 송상례(宋尙禮)는, … 가난하여 먹을 것이 없어 대차를 받았다. 업(鄴)의 계덕사(戒德寺)에 가서 속(粟)을 대차하였는데 여러 번이나 빌리고도 갚지 않았다. 또 다시 빌리려고 하니 꾸어주지 않았다.

---

318) 『釋氏要覽』 卷中, 「糶糴條」, 11쪽(新興書局).
319) 『說郛』 卷3에 인용된 「北山錄」, 11쪽(新興書局).
320) 『續高僧傳』 卷25, 「釋明解傳」, 665c쪽.

승덕(承德) 보령사(普寧寺)의
대승승각(大乘乘閣)

라 하고 있다. 스타인의 「호국사(護國寺) 승건영(僧虔英) 차속문서(借粟文書)」에는,321)

1. 대력(大曆) 17년 월 일 곽흔열(霍昕悅)이 하기를
2. (要) 곡식을 빌리려고 호국사 승려 건영에게 (得處遂)하다.
3. 속 17석(碩)을 빌리고 그 속은 곽흔열이 스스로
4. 9월 이내로 갚기로 기한을 정했다(만약 갚지 못하면) 승려 건영이 곽
5. 흔열의 집 재산·가축을 끌고가서 속을 대신 갚고, 남더라도 돌려주지 않는다.
6. 곽흔열이 믿지 못할까 두려워하여 개인적으로 계약을 맺

---

321) Stein, 『*Ancient Khotan*』, 530쪽. 보충문은 仁井田陞을 근거로 한다(『唐宋法律文書의 研究』, 230쪽.

는데, 양쪽에서 서로 얼굴을 맞대고 상의를 하여서 손도
장을 찍어서 증거로 삼는다.
7. 속주(粟主; 속의 주인)
8. 편속인(便粟人; 속을 빌린 사람) 행관(行官) 곽흔열 37세
9. 동편인(同便人; 함께 빌린 사람) 처 마삼낭(馬三娘) 35세
10. 동취인(同取人; 보증인) 딸 곽대낭(霍大娘) 15세

라 하고 있다. 이것은 대력 17년 곽흔열이 호국사 승려 건영에
게서 속을 대차한 계약문서이다. 대력에는 단지 14년까지만이
있으므로, 이것은 실제로 덕종(德宗) 건중(建中) 3년 임술(782)
인데 변인(邊人)이라서 잘못 표기한 것이다.322) 이 계약 문서는
앞에서 예를 든 건중 3년 마령지의 대차문서와 더불어 마찬가지
로 호탄(和闐)에서 발견된 문서로서, 모두 승려 건영이 사유재
산으로 대출한 것이고, 또한 공교롭게도 모두 건중 3년인데, 이
것은 아주 주의할만 한 사실이다. 또 니이다(仁井田陞), 「당
말‧오대의 돈황사원 소작인 관계문서」에서 스타인의 1475호
문서를 인용하여,323)

---

322) 孫毓修, 「唐寫本公牘契約考」, 19쪽(『東方雜誌』2. 宣統 3年 3月).
323) 仁井田陞, 「唐末五代의 敦煌寺院佃戶關係文書」, 79-80쪽. 또 왼
쪽 글에 인용된 스타인의 1475호 문서, 79쪽. 那波氏는 스타인
의 1475호 문서를 인용하였음(錢穀布帛類貸 123) 「沙州寺戶嚴君
便靈圖寺佛帳麥契文」; 같은 호 문서 「酉十一月百姓張七奴便靈圖
寺佛張麥契文」, 120-121쪽. 이 세 가지 첩문의 형식은 모두 거
의 완전히 같다. 여기서는 모두 인용하지 않고 여기에 특별히 주
를 달아 명기한다.

○○(년) 4월 22일 이 절 인호(人戶) 색만노(索滿奴)가 곡두(斛䇫) ○○가 없어 결국은 (靈)도사(圖寺) 불장물(佛帳物)에서 보리밀 2석을 빌렸는데 이는 모두 한두(漢䇫)를 사용하여 헤아린 것이다. 그 보리는 ○○(8)월 말까지 갚기로 하고, 만약 그 기한까지 갚지 않으면 두 배[陪(倍)]로 되었다. 재산과 잡물을 ○○(奪家; 탈취)하여 가져가서, 자신의 물건처럼 보리밀값을 충당하도록 한다. 보증인을 세워서 대신 갚도록 한다. 사람은 믿을 수 없을 수도 있으므로, 계약서를 써서 증거로 남긴다.

　　　　　　　　　편맥인(便麥人) 색만노 ○세
　　　　　　　　　보증인(保人) 해사(解沙) 20세
　　　　　　　　　증인(見人) 승려 혜안(惠眼)

　승려 혜안은 보리밀 2석을 빌렸는데 앞에서처럼 보리밀을 갚지 않으면 갚도록 하겠습니다.
　　　　증인 색주흥(索周興)
　　　　증인 승려 신보(神寶)
　　　　증인 승도(僧道)

라 하고 있다. 이 계약문서는 보리밀을 대차한 문서이다. 문서 가운데 「한두(漢䇫)」라고 칭한 것은 바로 중국인이 사용한 도량형을 가리킨다. 돈황은 각처에서 온 사람들이 섞여 사는 곳이었기 때문에 각종 도량형이 이 곳에서 모두 통용되어 특별히 주를 달아 밝혀둘 필요가 있었던 것이다.324) 문서 끝에 승려가 소속된 사원에 대차한 계약문서가 있는데, 이렇게 승중(僧衆)이 대차한 사례도 적지 않았다. 예를 들어 나바 도시사다(那波利貞)가 스

---

324) 那波氏, 「錢穀布帛類貸」, 108쪽.

타인의 1475호 문서 「승신적편영도사불장맥(僧神寂便靈圖寺佛帳麥)」 계약문서를 인용하여,

○년 3월 6일 승려 신적(神寂)이 가난하여 오늘 본 절 장물 안에서 보리 2석 6두를 빌렸다. 한두(漢㪷)를 기준으로 한다. 보리밀은 가을 8월 안으로 (□)도사(□圖寺)에 갚아야 하고, 어기면 두 배로 5석 2두를 내야했다. 계약서 ○령(領) 6에 승방(掣房)의 재산 물건을 압류하여 대신 충당하고 남더라도 돌려주지 않는다. 만일 본인이 도망가면 보증인이 대신 갚도록 한다. 사람은 믿지 못할 때도 있으므로, 이 계약문서를 만들어서, 손도장을 찍어 증거로 남긴다.
 편맥승(便麥僧) 신적 ○5○세
 보증인(保人) 승려 정심(淨心) 40세
 증인(見人) 혜운(惠云)
 증인 도원(道遠)
 증인325)

이것은 승려 신적이 빈곤하여 영도사에서 상주물을 빌린 실례이다. 또 나바 도시사다(那波利貞)가 뻴리오의 3234호 문서 「갑진년이월후동고혜안혜계수하편물력(甲辰年二月後東庫惠眼惠戒手下便物曆)」을 인용하여,326)

---

325) 위와 같은 문장에 인용된 스타인 1475 「僧神寂便靈圖寺佛帳麥契文」, 129-130쪽 및 같은 호 「僧神寶便靈圖寺佛帳麥契文」, 125쪽.
326) 위와 동일한 문장에 인용된 뻴리오 3234 「甲辰年二月後東庫惠安戒手下便物曆」, 165-168쪽.

湖北省 當陽市에 있는 玉泉鐵塔

무한(武漢) 귀원사(歸元寺)의 오백(五百)라한(羅漢)

 이행단(李幸端)이 콩 1석을 빌리고, 가을에 1석 5두를 □□.
 같은 날 장화자(張和子) 콩 1석을 빌리고, 가을에 1석 5두를 □□. 양호(梁戶) 장돌(張咄)의 열번째 동생인데 연대사문(蓮臺寺門)에 거주함.
 사도료(史都料)가 콩 3석을 빌림.
 하의신(何義信)이 콩 1석을 빌리고, 가을에 5두를 □□. 보리 8두를 받았음 이것은 하노(何奴)의 아들이 추천한 것임.
 색연경(索延慶)이 황마 2두를 빌려서 가을에 3두를 □□. 승원진(僧願眞)의 장소에 살고 있음.
 안원진(安員進)이 콩 1석 6두를 빌려서 가을에 2석 4두를 □□.
 풍우우(馮友祐)가 콩 2석을 빌려서 가을에 3석을 □□.
 진흑자(陳黑子)가 황마 8두를 빌려서 가을에 1석 2두를 □□.
 유기박(劉欺泊)이 황마 4두를 빌려서 가을에 6두를 □□.

  상경(祥慶)이 황마 2두를 빌려서 가을에 3두를 □□.
  당분추(唐粉搥)가 황마 1석, 가을에 1석 5두를 □□. 당건조(唐絁桃)의 아들임.호
   (아래 생략)

라 하고 있다. 나바 도시사다(那波利貞)의 고증에 의하면, 이 계약문서는 희종(僖宗) 중화(中和) 4년 갑신(甲辰) 정토사(淨土寺)의 물건을 빌려준 기록임에 틀림없다. 왜냐하면 계약문서에 쓰여있는 진흑자 이하 10명의 이름이 중화 4년 「정토사 서창사 원승광진등 수하 제색 파제력(淨土寺西倉司願勝廣進等手下諸色破除曆)」이라는 계약문서에도 다시 나타나기 때문이다.327) 이 계약문서를 검토해 보면 사원에서 대출한 이율이 연이자율 50%라는 것을 알 수 있다. 이러한 이율은 당시 그 곳에서는 아마도 아주 보편적으로 통용되었을 것이다. 사원이 대차하여 얻은 이윤에 대해서는 아마도 나바 도시사다가 인용한 페리오의 2032호 문서 「정토사 서창사 원승광진등 수하 제색출현파제력」가 대표적일 것이다.328)

  황마(黃麻) 수입
   황마 1두, 색연계(索延啓)의 이자가 들어옴. 황마 4두, 진흑자(陳黑子)의 이자가 들어옴. 황마 2두, 유기박(劉欺泊)의 이자가

---

327) 위와 같은 문장, 168쪽.
328) 위와 같은 문장에 인용된 뻴리오 2032호 문서 「淨土寺西倉司願勝廣進等手下諸色出現破除曆」, 151-154쪽.

188 중국 역사상의 불교와 경제

들어옴, 황마 1두, 상화(祥和)의 이자가 들어옴. 황마 5두, 당분추(唐粉搥)의 이자가 들어옴. 황마 2두 5승, 추비(醜婢)의 이자가 들어옴. 황마 3두, 이귀달(李皈達)의 이자가 들어옴.
콩 수입
　콩 3두, 각 마을의 도장(道場)에서 시여로 들어옴. 콩 5두, 이행단(李幸端)의 이자가 들어옴. 콩 5두, 장년자(張年子)의 이자가 들어옴. 콩 8두, 안정진(安貞進)의 이자가 들어옴. 콩 1석, 풍교교(馮交交)의 이자가 들어옴.
　(아래 생략)
　합계 7석 6두 5승
보리 수입
　(중략) 합계 보리 26석 5두 5승
속(粟) 수입
　(중략) 합계 속 83석 1두 5승

　서창사(西倉司)의 원승(願勝)·광진(廣進)과 동고(東庫)의 혜안(惠安)·혜계(惠戒)의 두 계약문서를 합쳐서 보면, 서창사가 거두어들인 이윤이 동고가 대출하여 가을에 거두어 들인 이윤과 공교롭게도 서로 합치한다. 그러므로 이 두 개의 계약문서는 반드시 직접 관계가 있을 것이다.
　그 다음으로 사호(寺戶)가 보리씨앗(麥種)을 대차한 첩(牒)을 제시한다. 이러한 첩문은 『돈황잡록(敦煌雜錄)』등의 책에 각기 나타나고 있다. 여기서는 몇 가지의 사례를 들어 증명해보기로 한다.

개원사(開元寺) 장승노(張僧奴) 등이 보리씨앗을 빌린 첩.329)

개원사　　　　기록함.

인호(人戶)가 도사창(都司倉)에서 보리 40태(馱)를 빌리기를 청함.

위의 승노(僧奴) 등의 호가 오늘 씨앗과 양식이 없어 위와 같이 곡두를 빌리고자 청함. 가을로 기한을 정하고, 시간에 맞춰 갚고, 기한을 어기면 두 배를 요구함. 상의하여 처분을 바랍니다.

이 건에 관해서는 위와 같이 처리하고자 합니다.

축년(丑年) 2월 일 사호(寺戶) 장승노(張僧奴) 등이 문서를 처리합니다.

방노자(房奴子)

방승노(房勝奴)

(아래 생략)

금광명사(金光明寺) 단두(團頭) 사태평(史太平) 등이 보리 씨앗을 빌린 첩.330)

금광명사호(金光明寺戶)　　기록함.

단두 사태평 호(戶) 안호호(安胡胡) 호(戶) 안진한(安進漢) 안달자(安達子) 승노(僧奴) 위에서 언급한 인호(人戶)가 양식이 다 떨어지고 종자가 없어 궁핍함이 심하여서 지탱할 수 없다.

---

329) 『敦煌雜錄』 下輯 「開元寺張僧奴等借麥種牒」, 鹹字 59號, 119쪽. 또 「報恩寺上都司倉借麥種牒」, 鹹字 59호, 120쪽. 또 「安國寺汜奉世等借麥種牒」, 鹹字 59호, 124쪽.

330) 『敦煌雜錄』 下輯, 「金光明寺團頭史太平等借麥種牒」, 鹹字 59호, 121쪽, 또 「靈修寺團頭劉進國等借麥種牒」, 鹹字 59호, 121쪽. 또 「龍興寺戶團頭李庭秀借麥種牒」, 鹹字 59호, 123쪽.

보리 20태를 빌리기를 청하고 가을에 수에 따라 갚기로 했다.
승려가 신중히 조사하여 처분하기 바람.
이 건에 관해서는 위와 같이 처리하고자 합니다.
　　　　　　　축년 2월 일 사호 사태평 등 삼가 처리함.

단두라는 것은 바로 사호의 대표자이다. 아래에 다시 저당품이 있는 보리 대차 문서를 인용한다.331)

　　○년 2월 6일, 보광사(普光寺) 인호 이화상(李和上)이 씨앗과 양식이 없어 영서사(靈西寺) 상주처에 가서 한두(漢斗)로 보리 4석과 속 8석을 빌렸다. 典貳卄釦鎧老 가을 8월 안에 갚도록 기한다. 기한 안에 보리와 속을 갚지 않으면, 집안의 재산 등 물건을 가지고 가서 보리와 속의 가치에 충당한다. 사람이 도망가거나 해서 없으면 1□□ 등이 대신 갚는다. 사람은 믿지 못할 때도 있으므로 이 계약서를 만들어서 뒷날의 증거로 삼는다.
　　　　　　　　　　　　　보리와 속을 빌린 사람 이화상
　　　　　　　　　　　　　보증인 남천구(氒夕)

이 계약문서 가운데 「伋」는 곧 「편(便)」의 세속글자이고, 「麥(맥)」은 「麥」, 「粂」는 「粟」의 속자이다. 이것은 저당물이 있는 대차이다. 또한 보광사 사호는 영서사에서 보리와 씨앗을 대차할 수 있었다. 이렇게 서로 대차하는 것은 실로 주의할 만하다.

---

331)『敦煌掇瑣』瑣52에 인용된 뻴리오 2686호 문서, 223쪽(那波氏,「錢穀布帛類貸」, 106-107쪽에는「普光寺人戶李私私便麥粟契文」이라고 되어 있다).

위에서 인용한 세 건의 계약문서는 모두 사호가 보리와 씨앗을 대차한 첩이다. 사호 이외에도 백성들이 사원에서 보리와 씨앗을 대차한 첩이 있었다. 예를 들어「묘년 정월 갈골살부락백성 무광조 편영도사불장맥(卯年正月曷骨薩部落百姓武光照便靈圖寺佛帳麥)」이라는 계약문에,332)

묘년 정월 19일 갈골살부락 백성 무광조가 양식과 종자가 부족하여 영도사에 가서 불장(佛帳) 보리 15석을 빌리고 수레 한 대를 저당 잡혔다. 가을 8월 15일 이전에 반납하기로 기한을 정하였다. 만약 기한을 어기고 갚지 않으면 그 보리는 불저령(不著領) 6주사(住寺)에 청하여 거두는데, 그 보리 1두이면 배로 하여 2두로 계산하게 한다.

라 하고 있다. 다른 하나의 특수한 사례가 있는데, 보리와 속을 대차한 것을 임금으로 환산한 것이다. 「기년이월십일령고선노편맥(己年二月十日令孤善奴便麥)」계약문에,333)

기년 2월 10일 강실표(康悉杓) 집의 령고선노(令孤善奴)가 양식으로 쓰기 위해서 용(龍)□에 가서 풀을 베기로 하고 그 대신

---

332) 那波氏, 「錢穀布帛類貸」에 인용된 페리오 3422「卯年正月十九日曷骨薩部落百姓武光照便靈圖寺佛帳麥契文」(113쪽). 또 같은 논문에 인용된 스타인 1475「阿骨薩部落百姓趙卿卿便靈圖寺佛帳麥契文」(128쪽).
333) 那波氏, 「錢穀布帛類貸」에 인용된 뻴리오 2964호 문서「己年二月十日令狐善奴便麥契文」, 110쪽.

보리 1석 6두를 빌리고, 가을 7월 내로 보리 10무를 베기로 했다. … 만약 때에 맞추어 갚지 않거나 혹은 보리를 베지 않으면 곡두를 두 배로 하여 3석 2두로써 벌한다. 당일에 빌리면 노동으로 갚아야 하고, 만약 어기면 집안의 재산과 잡물이나 소와 같은 가축을 끌고 가 보리 값을 대신했다. 그리고 보리는 또한 사람을 고용하여 보리를 베도록 한다.(뒤 생략)

라 하고 있다. 나바 도시사다씨가 고증한 결과에 의하면 이것은 용흥사(龍興寺)가 보리를 대차한 계약문서이다. 이 계약문서 앞에 지덕(至德) 3년(758) 9월 10일이라는 글자가 있기 때문에 영태(永泰) 원년(765) 을사(乙巳)년 혹은 대력(大曆) 12년 (777) 정사(丁巳)년일 것이라고 추정할 수 있다.334) 여기서 다시 「불사대부원부잔권(佛寺貸附原簿殘卷)」을 예를 들면,335)

갑자년 12월 11일 곽법율(霍法律)이 적어도 □두를 홍지(洪地)에게 빌렸다. 장불노(張佛奴)는 콩 1석을 빌리고 가을에 1석 5두를 갚기로 했다. 같은 날 정감(程憨)은 콩 1석을 빌리고 가을에 1석 5두를 갚기로 했다. 같은 날 곽보원(霍保員)은 콩 9두를 빌려 가을에 1석 3두 5승을 갚기로 했다. 같은날 용흥(龍興) 고연계(高衍雞)는 콩 6두를 빌리고, 가을에 9두ㅇ를 갚기로 했다.
(아래 생략)

---

334) 那波, 「錢穀布帛類貸」 112쪽과 동일. 〈역자주〉 여기서 己년이라는 것은 759년 己亥年을 가리키는 것은 아닌지?
335) 那波氏, 「錢穀布帛類貸」에 인용된 뻴리오 2930호 문서 「佛寺貸附原簿殘卷」, 160-161쪽.

라 하고 있다. 이것은 아마도 애제(哀帝) 천우(天祐) 원년(904) 혹은 2년의 보리 대차 문서이다. 위에서 예를 든 문서는 거의 다 간지와 년대가 있으나, 그 형식과 내용으로 보아 마땅히 같은 시기의 계약 문서이거나 적어도 당말오대 시기일 것이다. 사원은 위에서 예를 든 보리와 속을 대차한 것을 주로 하지만 그 이외에 견직물을 대차한 것이 있는데, 예를 들어 뻴리오의 305호 문서 「병진년삼월이십이일삼계사승려법보 차삼계사황사생견(丙辰年三月二十二日三界寺僧法寶借三界寺黃絲生絹)」이라는 계약문서에,336)

> 병진년 3월 22일 삼계사 승려 법보가 서주(西州)로 가서 □□ 업무에 충당되었다.
> 　같은 절 법계덕(法戒德) 앞에 가서 황마와 견사 1필, 길이 40척 9촌을 빌렸다. 그 견리(絹梨〔利?〕는 기(機) 1필을 세우고 기일이 되면 모두 돌려주기로 하였다. 기한 안에 돌려주지 않은 경우에는 이자가 붙고, 만약 중간에 불평하는 바가 있으면 모든 견(絹)과 이자〔利〕는 한꺼번에 내어야 한다.
> 　(아래 생략)

라 하고 있다. 이 계약문서의 가장 특수한 점은 승려나 법보가 소속하는 절에서 재물을 대차하는데 100분의 50이라는 이율이 요구되었다는 점이다. 이러한 고리대의 착취를 피할 수가 없었

---

336) 那波氏, 「錢穀布帛類貸」에 인용된 뻴리오 2964호 문서 「丙辰年三月二十二日三界寺僧法寶借三界寺黃絲生絹契」, 136쪽.

던 것이다. 또 전한승(全漢昇)씨가 다마이 제이하꾸(玉井是博)
씨의 「중국서수출토계약문서(支那西陲出土的契)」를 인용하고 있
다.337)

을축년 12월 22일 용가(龍家) 하원덕(何願德)이 남산에 가서
매매를 하고 적은 베를 빚졌다. 영안사(永安寺) 승려 장간(長干)
의 앞에 가서 베 3단과 흰베 1단을 빌렸다. 가까운 날에 남산에
올 때 베 6단을 갚기로 하였다. 만약 물건이 없으면 구승인(口承
人)인 하정덕(何定德)과 하축자(何丑子)에게서 해당하는 베를 받
는다. 만약 갚지 않으면 향원(鄕原)의 사정에 따라서 이자를 붙
인다. 사람은 믿지 못할 수도 있으므로, 이 계약서를 써서 뒤에
증거로 삼는다.

이것도 또한 이자가 있는 대차이다. 그러나 무이자의 문서 계
약도 있는데, 『돈황철쇄(敦煌掇瑣)』에 뻴리오의 3004호 문서를
인용하여,338)

을사년 6월 5일 계약서를 쓰다. 용흥사(龍興寺) 상좌(上座) 심
선광(深善光)이 관리에게 은택을 받아 견(狷) 7필을 병마사 서류
통(徐留通)에게서 빌리고 장수 멱직견(覓職見)을 불러 경을 빌려
모든 잡연가(襍涓價) 2필반을 돌려받고, 나머지 4필반의 연, 여

---

337) 全漢昇, 「中古自然經濟」에 인용된 玉井是博의 「支那西陲出土의
契」, 115쪽.
338) 『敦煌掇瑣』, 瑣51에 인용된 뻴리오 3004호 「兵馬使徐留通借恩澤
絹契」, 221쪽.

러 잡료는 당조(當阻) 경(更) 5년 경에 돌려주는 자는 그 연 1필은 가치 22석으로 하고 이후로 다시금 □□□이 많은 경우를 불허하기 위하여 계약서를 각자 나누어 가지고 뒤에 증거가 없을까 염려스러워 이 계약서를 쓰고 기록을 한다.

견을 돌려 받을 사람 병마사 서류통(徐留通) 지(知)
돌려 받을 사람 서류통 동생 동 지(知)
견을 돌려 준 사람 서영달(徐盈達知) 지(知)
증인 색류주(索流住) 10세

정미년 3월 13일 3필 반의 보리와 속 10석을 돌려주다

라 하고 있다. 이것은 서류통이 비단을 빌린 계약서이다. 계약서는 5년(기유년)에 남은 4필 반을 갚고, 정미년(丁末年)에 또 일부를 갚고 남는 것은 뻴리오 3475호 문서 「서류경이 동생 병마사 서류통을 위해 보증한 계약서[徐留慶爲弟兵馬使徐留通保人契]」339)에 근거해 볼 때, 무신년 그 형이 쓴 계약문에 빌린 등 상좌(鄧上座)의 견 3필반을 형 유경이 동생 영달(朶達)과 함께 돌려주었다고 설명되어 있다. 이밖에『석문자경록(釋門自鏡錄)』에 견을 빌린 일을 언급하고 있다.

승지(僧智)는 성씨(姓氏)가 정확하지 않은데, 천태산(天台山) 국청사(國淸寺)로 출가하여 직세(直歲)를 담당하였다. 천을 시풍

---

339) 那波氏,「錢穀布帛類貸」에 인용된 뻴리오 3472호 문서「徐留慶爲弟馬使徐留通保人契」, 145쪽. 또『敦煌掇瑣』, 瑣50에 인용된 뻴리오 3124호 문서「鄧善子貸絹卷」의 성질 역시 완전히 상통하므로 여기에 부록으로 단다(219쪽).

현(始豊縣) 현승 이의급(李意及)에게 빌려주고 결국 받지 못하였
다.340)

　　이상에서 사례를 든 각각의 보리・속을 빌려주고, 콩・보리씨
앗・비단류를 대차하는 첩문은 사원이 빌려준 대상이 사호・백
성・승려일 뿐만 아니라 그 이율이 높게는 100분의 50%에 달
했고, 혹 수레〔車〕나 당(鐺)을 저당잡고, 혹 자신의 재산으로 보
증했다는 것을 보여준다. 동시에 보증인・증인이 있었다. 이러
한 계약문은 사원의 경제활동 범위와 사원과 민간의 관계를 반
영한다. 사원이 행한 대차로 이윤을 얻은 것은 사원 수입 원천
의 하나였다. 그 일을 주로 맡은 사람이 상좌・법률 혹은 직세
였고, 대출한 물건은 승유(僧有)・사유(寺有) 두 가지로 구별되
며, 이른바 불장물(佛帳物) 혹은 상주처(常住處)라고 하는 것을
대출하는 것은 사유(寺有)물을 가리키는 것이다. 그러나 이런
사유・승유의 구분이 이미 그다지 명확하지 않았고 대차 기한은
거의 8월 가을에 돌려받는 것으로 되어 있었다.

제 4 절 연애(碾磑)의 경영

　　「연애」두 자를 어떻게 해석해야 할 것인가? 문종(文宗) 태화
(太和) 7년 일본인이 편찬한 『영의해(令義解)』라는 책의 「연애」
조에 이르기를,「물레방아〔水碓〕를 말한다. 쌀을 빻는 것을 연이

---

340) 『釋門自鏡錄』卷下,「唐國淸寺僧智瓊死作衆奴事」, 820c쪽.

라 하고, 밀을 빻는 것을 애라 한다」라 하고 있다. 그러므로 간단하게 말해서 연은 곡식의 껍질을 제거하는 기계이고, 애는 가루를 만드는 기계인데,341) 두 글자는 통상 합쳐진다. 연애는

涅槃佛. 감숙성 돈황석굴 158굴. 中唐시기의 작품이다. 열반이라는 것은 불교에서 도달하고자 하는 최고의 정신적인 경지이다. 또한 成佛의 표식이며, 한편으로 "再生"의 희망을 나타내기도 한다. 이 불상의 모습에서는 동방의 풍격 뿐 아니라 서방의 특징적인 면모가 융합되어 있다고 볼 수 있다.

수연(水碾)과 육연(陸碾)의 구분이 있는데, 수연은 수력에 의지하기 때문에 통상 도량가에 설립되고, 육연은 소와 말로 움직여진다.342) 연애업이 민생과 관계되기 때문에 그 이익의 획득이 아주 컸다. 당나라 때는, 오직 권력계급만이 처음으로 설치할 능력이 있었다. 사원은 한편으로는 권력계급에 속하면서 다른 한편으로는 광대한 장원을 소유하였기 때문에, 장원 내부의 제분의 용도를 위해 반드시 이러한 설비가 필요하였다. 혹 스스로 사용하기도 하고 혹은 빌려주기도 하여 사원 수입의 하나로 삼았다.343) 이 때문에 당대의 사원과 귀족·호가(豪家)가 연애업

---

341) 玉井是博, 「唐時代의 社會史的考察」, 334쪽.
342) 道端良秀, 『唐代佛敎史의 硏究』, 450쪽.
343) 仁井田陞, 「唐末五代의 敦煌寺院佃戶關係文書」, 79-80쪽.

의 경영자인데, 사원의 경영이 전국에 두루 퍼져 있었을 것이고, 외진 서쪽 변두리의 돈황사원에까지도 이 업이 성행하였다. 돈황사원의 연애 경영에 대해 나바 도시사다의「중만당(中晚唐)시대 돈황지방 불교사원의 연애(碾磑) 경영에 관하여」라는 글 속에 아주 상세하고 대담하게 논술되었는데, 본절의 돈황의 연애업에 관한 것은 이 글에 의거한다.

연애의 경영은 당대에 아주 발달하였는데, 연애가 통상 도랑가에 설치되었기 때문에 그 수가 많아지면 관개(灌溉)의 이익에 방해가 되었다. 그래서 『당육전』 권7, 공부시랑(工部侍郎)조에 규정하기를, "무릇 물에는 관개가 있으니, 연애는 그와 더불어 이익을 다툴수 없다"라 하고 있다.344) 그러나 연애의 이익 획득이 아주 풍부했기 때문에 부승(富僧)이나 대가(大家)들이 서로 다투어 설치하였다. 예를 들어 대력(大曆) 13년(778) 백거(白渠)의 지류에 권세있는 가문의 연애가 80여 곳이 있었다고 한다.345)

대종(代宗)의 딸 승평공주(昇平公主)는 지분애(脂粉磑) 2대를 가지고 있었고, 곽자의(郭子儀)도 또한 개인 소유의 애 2대가 있었다. 또 현종 말기 이후에 환관이 점점 세력을 얻어 그 일에 참여하였다. 고력사(高力士)는 수도 서북 쪽에 예하(澧水; 섬서성에 있는 강 이름)를 막아 연(碾)을 만들고, 5대를 가동하여

---

344) 『唐六典』 卷7, 工部侍郎條, 27쪽.
345) 『舊唐書』 卷120, 「郭子儀」, 24쪽; 『新唐書』 卷83, 「齊國昭懿公主傳」, 19쪽.

날마다 3백곡의 보리밀을 찧었다.346) 서로 다투어 설치하였기 때문에 수리를 둘러싸고 이미 당시의 사회문제가 되었다. 이 때문에 정부는 여러차례 명령을 내려 도랑가의 연애를 없애고 관개를 이롭게 하였다. 영휘(永徽) 6년 장안 부근에 있는 정백거(鄭白渠)의 연애를 허물도록 명령을 내렸다.347) 개원(開元) 9년 경조윤(京兆尹) 이원굉(李元紘)이 삼보(三輔) 지역에 있는 왕공의 애를 폐지하자고 상주하였다.348) 정부가 비록 여러차례 폐지하도록 명령하였으나 권세가들의 연애는 여전히 존재하였고, 사원도 또한 이 가운데에서 빠지지 않았다. 광덕(廣德) 2년(764) 3월, 호부시랑 이서균(李栖筠), 형부시랑 왕익(王翊), 경조소윤 최소(崔昭) 등이 모두 경성 북쪽의 백거에 있는 왕공사관의 연애 70여 곳을 제거하여 수전의 이익을 크게하도록 주청하였다.349) 적인걸(狄仁傑)도 일찍이 말했다. "고유미업(膏腴美業)으로 그 이익이 배가 됩니다. 수연(水碾)·장전(莊田)의 수 또한 적지 않습니다". 이러한 사료로 사원과 연애의 관계를 쉽게 알 수 있다.

  사원이 연애를 소유하는 상황은 상당히 보편적이었다. 수나라의 진왕(晉王)은 일찍이 장안 청선사(淸禪寺)에 연애를 헌납하였는데, "수애(水磑)와 연(碾)이 상하 6구(具)로 기본적인 것을

---

346) 『舊唐書』卷184, 「高力士傳」, 6쪽.
347) 『文獻通考』卷6, 「永徽六年條」, 考69.
348) 『唐會要』卷98, 「碾磑條」, 1622쪽; 『舊唐書』卷148, 「李吉甫傳」, 6쪽.
349) 『唐會要』卷89, 「碾磑條」, 1622쪽.

영구히 충당하였는데, 그 이익이 지금에까지 이른다"라350) 하고 있다. 앞에서 사례를 든 「소림사비」에 진왕(秦王)이 일찍이 수연 1구를 헌납하였다. 이옹(李邕)의 「숭악사비(崇岳寺碑)」의 기록에 의하면, 당시 고조(高祖)가 부혁(傅奕)을 믿어서 승방(僧坊)을 모두 없앴으나 오로지 소림사에 전연(田碾) 4곳만을 특별히 하사하여 찬양하고 숭상하였다.351) 이러한 세 가지의 사례는 모두 사원에 연애를 하사한 사례이다. 또 이주(易州) 철상(鐵像)에는 포양사(抱陽寺)에 수연 4곳을 지은 것을 칭송하였고,352) 앞에서 인용한 「혜주전(慧胄傳)」에 그 청선사의 주지가 "수륙장전(水陸莊田) 창름연애(倉廩碾磑)가 창고에 가득하다" 등으로 말하고 있는데, 이 모든 것은 사원이 연애를 소유한 실례이다.

중원(中原)의 상황은 이러하였는데, 돈황의 발전은 또 어떠하였는가? 나바 도시사다의 「상주옹호문서(常住擁護文書)」 속에 「마땅히 널리 사택(寺宅) 안에…관리하고 있는 자장(資莊)·수애·유량(油梁)」이라353) 하고 있다. 돈황에는 사원에 속된 이른바 「애호(磑戶)」와 「애과(磑課)」라는 명칭이 있는데, 나바 도시사

---

350) 『續高僧傳』 卷17, 「隋釋曇崇傳」, 568b쪽.
351) 『古今圖書集成』 卷114, 「神異傳」, 「嵩岳寺碑」, 17b쪽; 『全唐文』 卷263, 李邕 「嵩岳寺碑」, 14쪽.
352) 『金石萃編』 卷83, 王端 「易州鐵像頌」 26쪽(이상은 개원 27년에 세워짐).
353) 仁井田陞, 「唐末五代の敦煌寺院佃戶關係文書」에 나바 도시사다가 인용한 페리오의 2187호 문서 「敦煌寺院常住擁護文書」를 인용(85쪽).

다의 애호에 대한 해석은 다음과 같다.

① 사원에서 연애를 빌려 전문적으로 제분을 업으로 하는 자를 애호라고 한다. 또 전문적인 직업종업원을 고용하는데 이것을 애박사(磑博士)라고 하며, 수수료는 애호가 부담한다.

② 이들은 사원이 소유한 보리밀과 속을 밀가루로 만들고 또한 이것을 민간에 판매하는 것을 책임진다. 이것은 사원 수입의 내원의 하나이다.

③ 매년 애호는 반드시 사원에 일정한 액수의 애과를 납부하여 연애를 세내어 쓰는 임대료로 내었다. 애과는 통상 실물로 대치되었는데, 승려들이 먹는 국수도 또한 모두 그들이 공급한 것이었다.

④ 연애의 설비비·수리비는 사원이 부담하였다.

⑤ 애호는 자신의 자금을 사용하여, 국수를 만들어서 판매하여 이익을 취할 수 있었다. 그 이윤의 일부분은 또한 애과의 용도로 충당되었다. 그밖의 백성도 연애를 세내어 사용하면 사용료를 징수하였다.

그러므로 애호와 사원은 상호 의존적 관계이다. 애호는 사원의 특수권력 아래에서, 그밖의 동업경쟁자를 걱정하지 않아도 되었다.354) 애과에 관한 기록은 「안국사(安國寺) 상좌(上座) 승정등(勝淨等) 수하(手下) 입파력(入破曆)」에,355)

---

354) 那波利貞,「中晚唐時代의 敦煌地方佛敎寺院의 碾磑經營에 대해서(下)」,〔『東京經濟論叢』 2-2, 182-184쪽(아래 「연애경영」이라고 약칭함)〕.

광계(光啓) 2년 병오해 12월 15일 승정(僧政) 법률(法律) 판관(判官) 도중(徒衆) 등이 승정(勝淨) 등이 가지고 있는 바에서 신년(辰年) 정월 이후에서 오년(午年) 정월 이전까지 중간 3년에 애과(磑顆) 량과(梁課)와 주전(廚田)과 전장(前帳)에서 남은 곡두유(斛斗油)를 거두어야 한다.
(후략)

라 하고 있다. 또 「삼계사(三界寺) 초착사(招捉司) 법송(法松)의 재산」에서 처럼,356)

을사년 정월 1일 이후에서 병오년 정월 1일 이전까지 중간 1년에 도중(徒衆)은 북원산회법송(北院筇會法松)의 지도 하에 상주(常住)에 양과(梁課)·애과 및 모든 가정이 시주한 것을 거두어야 하며, 앞 장에서 잔고와 이번 장부에 기록된 보리·기름·밀가루 등의 얻은 바를 넘겨 받아야 한다. (후략)

라 하고 있다. 출토된 사원문서 가운데 애과와 관련된 것에 대해서는 정토사(淨土寺) 「갑진년일월이(후)직세(直歲) 혜안(惠安) 수하(手下) 제색(諸色) 입파력(入破曆)」(살피건대, 이 력은 중화[中和] 4년 갑진해의 것으로 고증할 수 있을 것이다)에 이르기를,357)

---

355) 那波利貞, 「梁戶考」에 인용된 뻴리오 3207 「安國寺上座僧淨等手下入破曆」, 23쪽.
356) 那波利貞, 「梁戶考」에 인용된 뻴리오 3352 「三界寺招捉司法松財」, 12-13쪽.

연밀기울 6석 2두 3월 애과 수입
국수 60석 올해 봄부터 애과 수입
연밀기울 3석 2두 6월 애과 수입
국수 36석 가을 애과 수입

라 하고 있다. 또 같은 문서 「정토사(淨土寺) 서창사(西倉寺) 원승(願勝) 광진(廣進) 등(等) 수하(手下) 제색(諸色) 입파력(入破曆)」(살피건대, 이 력은 중화 4년의 입파력이다)에 이르기를,358)

국수 60석 올해 봄부터 애과 수입
연부면 6석 2두 3월 애과 수입
연부면 3석 6두 6월 애과 수입
연부면 3석 가을 애과 수입
곡면 3석 가을 애과 수입
곡면 2석 봄 애과 수입
밀기울 18석 올해부터 애면 수입
밀 60석 올해 봄부터 애과 수입
연부면 6석 3두 올해 봄부터 애과 수입
연부면 4석 5두 올해 가을부터 애과 수입
조면 3석 올해 가을부터 애과 수입
밀기울 18석 올해부터 애면 수입

---

357) 那波利貞, 「연애경영」에 인용된 뻴리오 2032호 문서 「甲辰年1月已後直歲慧安手下入破曆」, 87-88쪽.
358) 那波利貞, 「연애경영」에 뻴리오 2032호 문서 「淨土寺西倉司願勝廣進等手下諸色出現破除曆」, 88-89쪽 인용.

라 하고 있다. 또 뻴리오 2040호 문서 정토사 「을사년정월이십 칠일이후(乙巳年正月二十七日以後) 승정(勝淨) 계혜(戒惠) 수하 (手下) 제색(諸色) 입파력(入破曆)」(살피건대, 이 계약문서는 중화 5년 혹은 광계 원년일 것으로 보인다)에,359)

    밀 40석 봄 애과 수입
    밀12석 봄 애과 수입
    밀 20석 후건(後件) 애과 수입
    밀 6석 애면 수입
    록면 68두 봄 애과 수입
    밀 6석 8두 가을 애과 수입
    밀 60석 올해 봄부터 애과 수입
    연부면 6석 8두 봄 애과 수입
    연부면 3석 8두 가을 애과 수입
    연부면 3석 6두 가을 애과 수입
    밀기울 18석 올해부터 애과 수입
    밀 44석 4두 올해 봄부터 애과 수입
    연부면 3석 5두 올해 봄부터 애과 수입
    연부면 3석 9두 서창에서 보리을 취하여 애과 수입
    밀기울 10석 올해 봄부터 애과 수입

라 되어 있다. 또 뻴리오 2049호 문서 후당(後唐) 장종(莊宗) 동광(同光) 3년 을유 정월 「정토사직세보호수하제색출현파제력

---

359) 那波利貞, 「연애경영」에 인용된 뻴리오 2040호 문서 「乙巳年正月27日已後勝淨戒惠手下諸色入破曆」, 89-90쪽.

(淨土寺直歲保護手下諸色出現破除曆)」에,360)

    밀 40석 6두 올해 봄부터 애과 수입
    록면 2석 2두 올해 봄부터 애과 수입
    록면 3석 5두 가을 애과 수입
    밀기울 8석 올해 봄부터 애면 수입

라 하고 있다. 또 뻴리오 2049호 문서 후당 명종(明宗) 장흥(長興) 2년 신묘년(辛卯) 정월 「정토사직세원달수하제색출현파제력(淨土寺直歲願達手下諸色出現破諸曆)」에,361)

    밀 49석 6두 올해 봄부터 애과 수입
    록면 3석 9두 올해 봄부터 애과 수입
    밀기울 12석 올해 봄부터 애면 수입

라 되어 있다. 위에서 열거한 모든 문서들은 모두 사원의 애과이다. 애과는 또 춘애(春磑)와 추애(秋磑) 두 가지 종류로 나뉜다. 대개 매년 애호는 사원에 두 차례 애과를 납부해야하는 것이 상례이다. 이 때문에 애과는 사원의 정상 수입의 하나였다. 춘애·추애가 양세법과 관계가 있는가에 대해서는 좀 더 구체적

---

360) 那波利貞,「연애경영」에 인용된 뻴리오 2049호 문서「淨土寺直歲保護手下諸色出現破除曆」, 91쪽.
361) 那波利貞,「연애경영」에 인용된 뻴리오 2049호 문서「淨土辭直歲願達手下諸色出現破除曆」, 91쪽.

인 고증을 기다려야 하므로 여기서 그치기로 한다.

사원과 귀족·부호가 똑같이 연애의 경영에 종사하기 때문에 영리의 대상도 또한 같아서 피차 충돌이 종종 발생할 수 있었다. 『광홍명집』에 대업(大業) 8년, 양제(煬帝)가 요(遼)에 있을 때 왕문동(王文同)이라는 사람이 "평소에 승려와 수애의 이익을 다투다"고362) 하였다. 그밖의 『속세설(續世說)』 권3에도 유사한 기록이 있다.

> 이원굉(李元紘)은 옹주사호(雍州司戶)였을 때에 태평공주(太平公主)와 사찰이 연애로 다투었다. 이원굉은 승사(僧寺)에게 연애를 돌려주라고 판결을 내렸다. 두회정(竇懷貞)이 옹주장사였는데 태평공주의 세력을 두려워하여 급히 명령을 내려 다시 판결하도록 했다. 원굉이 대서판한 다음에 말하기를 "남산은 옮길 수 있어도 이 판결문은 끝내 움직일 수 없다"고 하니, 두회정은 이를 꺾을 수 없었다.363)

사원과 귀족이 연애의 이익을 서로 다투는 것은 사원이 점유한 연애의 수가 아주 많았다는 것을 반영한다. 엔닌(圓仁)이 흔주(忻州) 정양현(定襄縣)에 있을 때, "다음으로 정각사장(定覺寺庄)에 들어갔는데 물레방아를 보았다. 이름을 삼교연(三交碾)이

---

362) 『廣弘明集』 卷6, 「敍例代王臣滯惑解上」, 124b쪽.
363) 宋孔平仲, 『續世說』 卷3, 3a쪽(中華書局影印守山閣叢書); 『舊唐書』 卷89, 「李元紘傳」, 13쪽.

건충사(建忠寺) 쌍신 미륵(彌勒)반가(半跏)석좌상. 북제(北齊)하청(河淸) 원(562)년. 하북성 정정시(正定市) 문물보관소 소장. 백대리석을 사용하였다. 주위에는 무성한 용화수(龍華樹)를 두르고 있는 사이에 작은 소불(小佛)이나 비천(飛天)을 배치하였는데, 석가의 입멸 뒤에 이 세상에 하생한 모습을 표현하고 있다. 그 아래에 발가벗은 동남(童男)이 8인 있다. 뒷면에는 반가(半跏)사유(思惟)보살(菩薩)의 좌상이 2체 나란히 앉아있다. 그 양쪽에 협시보살(脇侍菩薩)이 있고, 그 아래 감(龕)속에 5체의 불상이 보인다. 도솔천(兜率天)에 상생한 미륵의 모습이 보이는 것이리라. 하단의 대좌에 조상명(造像銘)이 있다.

라 했다".364) 당대 사원이 점유한 연애의 규모는 이미 정부의 주의를 끌기에 충분하였다. 적인걸의 「간대상소(諫大像疏)」에 이르기를 사원이 가지고 있는 물레방아나 장전의 수가 또한 적지 않다고 하였다. 또 당융(唐隆) 원년 7월의 조서에 이르기를 "사관(寺觀)이 전지(田地)와 물레방아(水碾磑)를 널리 점유하여

---

364) 『入唐求法巡禮行記』 卷3, 開成 5年 8月 12日條, 227a쪽.

백성을 침탈하고 손해를 끼쳤다"라 하고 있다. 사원의 물레방아나 장전은 똑같이 모두 정부에 납세를 해야 했을 것이다. 원화(元和) 6년 정월 경성의 모든 승려들이 물레방아나 장전의 면세를 요청했다가 거절당한 일이 있었다.365) 이러한 것은 모두 사원이 소유한 연애가 상당히 많았고 그 이익도 틀림없이 상당히 컸음을 설명한다.

제 5 절 제유업(製油業)의 경영

사원 자체가 필요로 한 기름의 수량이 상당히 많았기 때문에 위에서 기술한 연애의 경영 이외에 달리 중요시한 공상업활동이 곧 제유업이었다. 예를 들면 식유(食油)·채유(菜油)·등유(燈油)·불전등유(佛前燈油)·산문등유(山門燈油) 같은 것이 이것이다. 이 때문에 사원은 대부분 제유의 설비를 갖고 있었는데, 이러한 설비는 자신의 식용으로 공급하는 것 이외에 남에게 빌려주어 임대료를 거두거나 혹은 기름을 판매하여 이익을 얻기도 하였다. 이 때문에 제유업의 소득은 애과·장원·모화(募化)와 질전(質錢) 등과 더불어 모두 사원의 경상 수입이었다. 제유업의 경영에 대하여는 특히 돈황의 사원에서 성행하였다. 유량(油梁)의 임대료를 양과(梁課)라 했고, 사원을 대신해서 이 업에 종사하는 사람을 양호(梁戶)라 했는데, 그 성질은 애과·애호와

---

365) 『唐會要』 卷98, 「碾磑條」, 1622쪽; 『舊唐書』 卷148, 「李吉甫傳」, 6쪽.

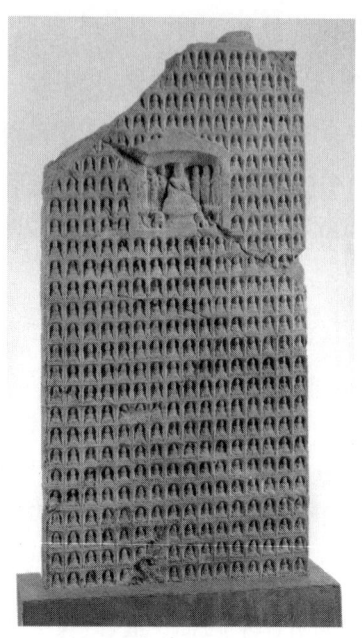

천불석비(千佛石碑). 북주시대. 높이 171cm. 상해박물관 소장.

동일하였다. 나바 도시사다는 일찍이 「양호고(梁戶考)」라는 논문을 발표하여 돈황의 양호·양과를 논했는데, 본절 역시 모두 이 문장을 인용하였다.

양과에 관한 문서로서 애과와 동시에 출현한 것으로서는 예를 들어 뻴리오의 3352호 문서 「삼계사초착사법송재(三界寺招捉司法松財)」·「안국사상좌승정등수하입파력(安國寺上座勝淨等手下入破曆)」라는 두 계약문서가 있다. 또 양과는 있고 애과는 없는 것이 있는데, 예를 들어 동광(同光) 3년 을유 뻴리오 2049호 문서 「정토사직세보호수하출현파제력(淨土寺直歲保護手下出現破除曆)」에,366)

위의 보호(保護)는 갑신년 정월 1일 이후부터 을유년 정월 1일 이전까지 승중(僧衆)이 북원(北院) 산회(筭會)에서 보호의 지도 하에 앞 장부의 잔고와 금년 토지 수입과 양과(梁課) 이윤, 시주하고

---

366) 『唐會要』 卷98, 「碾磑條」, 1622쪽; 『舊唐書』 卷148, 「李吉甫傳」, 6쪽.

얻은 보리속·기름·쌀·밀·황
마·부차·콩을 거두어들였다.
    (하략)

라 하고 있다. 또 뻴리오 2049호
문서 장흥(長興) 2년 「정토사직세
원달수하출현파제력(淨土寺直歲願
達手下出現破除曆)」에, 367)

  위의 원달(願達)이 경인년 정
월 1일부터 신묘년 정월 1일 이
전까지 승중은 북원 산회에서
원달의 지도하에 앞 장부 잔고
와 일년 동안의 토지 수입과 양
과(梁課) 시주, 이윤과 보리속·
기름·쌀·밀·황마를 거두어들였다.

아쇼카 왕의 석립(石立)상. 남조
양(梁) 태청(太淸)5년. 성도시
(成都市)문물고고연구소 소장.

라 되어 있다. 위에서 든 두 가지의 계약문서는 모두 양과가 있
다. 이 양과는 곧 양호가 매년 사원에 납입한 임대료이다. 우리
들은 다시 각 입파력에서 애호·애과의 관계에 대해 표로 나열
하여 아래와 같이 설명한다. 368)

---

367) 『唐會要』 卷98, 「碾磑條」, 1622쪽; 『舊唐書』 卷148, 「李吉甫傳」,
    6쪽.
368) 那波利貞, 「梁戶考」, 32-34쪽.

契約文書 略稱	番號	數 量	用 途
淨土寺 直歲 願達	2049	麁絲24척	梁戶 郭懷義가 기름으로 갚음
		기름 1두	卯年 聚僧䊼이 양호를 쓴 대신 내놓음
		기름 5승	양호가 수레 수리용으로 사용
		기름 2두	양호가 苦水樔 차 한대용으로 사용
		기름 1두 5승	양호가 거친실 1필을 납입
		기름 5승	양호가 桎梊木을 판 대용
		기름 1두	양호를 쓰는 대신 납입
정토사 직세 보호	2049	기름 3두	양호가 성 2대용으로 납입
		기름 5두 5승	양호가 견 2단 모두 3장 7척을 대신하여 납입
정토사 西倉司 願勝 廣進 등	2032	앙금 50병	양호 王憨子가 휘장 1령 베옷 양과 1인용을 대신하여 납입
정토사 직세 원달	2049	기름 3석	自年 梁課 수입
		차 27병	자년 양과 수입
서창사 원승 광진	2032	기름 3석	자년 양과 수입
정토사 勝淨 戒惠	2040	기름 3석	자년 양과 수입
		차 27병	자년 양과 수입

이것들은 모두 양호와 양과가 사원 경제와 불가분의 관계에 있음을 설명하고 있다. 또한 사원의 입파력(入破曆)을 자세히 연구하면 유량(油梁)을 수리하는 지출비용이 자세히 기록되어있는데, 여기서는 따로 사례를 들지 않는다.

위에서 기술한 것으로 결론을 내릴 수 있다. 이른바 양호는 사원 보호 아래에서 특별히 제유권과 기름 판매권을 유지하고 있었다. 그들은 사원의 기름을 만드는 유량시설을 이용하였다. 이 때문에 매년 사원에 '과(課)'를 납부해야 했는데, 그것을 양

1 불(佛) 2 보살(菩薩) 석조상. 성도시(成都市) 문물고고연구소 소장(所藏). 중앙에 앉아있는 주존은 미륵상이다. 그 양협에 보살이 있고, 상부에 소불(小佛)이나 천녀(天女)가 있고, 하부에 2필의 사자와 향로를 머리에 이고 있는 신인(神人)이 있다. 뒷면에는 교각(交脚)미륵과 2체의 보살이 있고 그 양옆에 조상명(造像銘)이 있다. 그 위에 중국식 가옥이 새겨져 있다.

과(梁課)라고 한다. 그 과(課)를 내는 방법으로는 기름으로 내는 방법 이외에도 견사(絹絲)·보리·속(粟)으로써 기름을 대신할 수 있었다. 사원이 필요로 하는 기름은 모두 양호가 공급했다. 그러나 유량의 설비비·수리비는 사원이 책임졌다. 황마나 마와

채색된 석가(釋迦)상(像)감(龕). 당대(唐代). 산서성박물관 소장. 중앙의 불상은 의자에 앉아서 오른손을 무릎에 놓고 왼손을 가슴쪽으로 끌어당기고 있는데, 이는 통상의 모습과는 거꾸로 되어있는 셈이다. 이 불감(佛龕)에는 채색이 풍부하게 남아있다.

같은 기름을 만드는 원료도 역시 사원으로부터 지급되었다. 양호는 인력이 모자라거나 할 경우에 자유롭게 고용할 수 있었다. 뻴리오 5522호에는 「양호사범삼고박원홍원장(梁戶史氾三雇朴願弘弟願長)」이라는 계약문서가 있다.369) 그러므로 양과・양호와

---

369) 「梁戶考」에 인용된 페리오 5522호 문서 「梁戶史氾三雇朴願弘弟願長契文」, 5쪽, 원문은 아래와 같다. 「戊子年二月二十九日立梁戶史氾三家中欠少人力○. 平康百姓朴願弘面上, 雇弟願長, 斷作雇價, 每月斷○. 捌斗柒䈉. 自雇已後 便須競心造作 不得拋敝工扶, 汗杉一札, 若忙時拋工一日, 勒物貳䈉 若閑時拋工一日 勒恐無交加 故立私契 用爲後憑 了」

이 철탑은 개봉성 안쪽의 동북쪽 구석에 있다. 982년에 세우기 시작하여서 989년에 완성하였다. 이 때는 목탑이었다. 1044년에 벼락을 맞아서 불타버렸다. 1049년에 다시 세웠다. 탑바깥쪽을 모두 갈색 유리벽돌로 채웠기 때문에 철색이 되었으므로, 원대때부터 철탑이라고 일컬어졌다. 1938년5월에 일본군이 침입해 들어올 때에 포격을 맞았다. 1949년 이후에 전면 수리하여 옛모습을 회복하였다. 이 탑은 세워진 이래로 지진을 43차례 겪었으며, 폭풍을 19차례, 물난리를 6차례, 우박을 17차례 겪는 등 많은 재난을 당했다. 그 동안 큰수리를 2차례하였고, 작은 수리를 4차례 하였던 것을 보면 상당히 견고하게 만들어 졌던 것을 알 수 있다. 사진제공; 張妙弟(北京連合大學 校長)

사원의 관계는 애과·애호와 사원과의 관계와 같고, 사원에 대해서 말하면 양자는 동등한 지위에 있다.

     雇兄願弘尤(花押)
     雇身弟願長尤(花押)

제 5 장 남미 불교사원의 제도화와 세속화

제 1 절 사원의 귀족화와 제도화

1. 사원 안의 제급과 보느 생활상황
2. 사원의 상주와 승녀의 사유재산

제 2 절 사원의 사회화와 세속화

1. 사원자체가 구비한 사회작용
2. 사원의 사회주체임에 대한 구현

제 5 장
당대 불교사원의 계급화와 세속화

불교가 중국에서 날로 발전함으로써 점점 조직화되고 제도화된 교단으로서의 길을 걷게 되었다. 불교가 제도화되면서 승관(僧官)도 설치하고 정부로부터도 관직에 비추어 상응하는 봉록을 주었다. 이것은 사원이 계급화로 가는 첫걸음이었다. 승려가 궁중에 출입하여 황족들과 교제를 하거나 혹은 관직을 받거나 혹 그들의 공양을 받아 생활을 근심할 것이 없었을 뿐만 아니라 심지어 상당히 부를 누릴 수 있었다.

승려가 유명인사[名士]와 교유하는 것은 서진에서 시작되어 동진에 이르러 이 풍조는 날로 성행했는데, 동진의 명승은 당시의 유명인사인 사안(謝安)·은호(殷浩)·왕희지(王羲之)·손작(孫綽) 등의 무리와 더불어 담현설리(談玄說理)하며 밀접하게 왕래하였는데, 이런 분위기는 남북조가 끝날 때까지 바뀌지 않았다. 당대 고승은 대부분 일류 학자로서 시문(詩文)·천산(天算)·서화(書畵)로 유명했고, 항상 공경(公卿)을 찾아가 더불어 어울렸으며, 문사(文士)와 서로 창화(唱和)하고, 그 생활 또한 당시의 문인처럼 여유를 누렸다. 동시에 승려는 사유재산제도가 있었기 때문에 사원 안에서도 빈부의 차이가 있어서 부유한 승려는 아주 높이 있으면서 여유로운 생활을 누리고 궁핍한 승려는 고생하며 평생을 살면서 천역을 맡았는데, 이러한 것들이 사원의 계급화를 조성하였다.

사원의 세속화로 말미암아 사원자체가 세속과 똑같이 장전·연애·제유·고리대업을 했기 때문에 사원과 사회민간의 관계는 밀접하여 불가분의 관계에 있었다. 이밖에 더욱 대중들이 필요로 하는 것을 제공하였다. 예를 들어 사원은 사인(士人)이 독서하고 은둔하는 곳이 되었고, 양가집 규수들이 노닐고 관광하는 곳이 되었으며, 동시에 여관의 역할도 겸했다. 안사의 난 이전에 이미 재물을 내고 세력에 빌붙어 요역을 피하고 간사한 자들은 절에 가서 승려가 되었고, 승려가 되지 못한 사람은 오직 가난한 자와 착한 사람뿐이라는 말이 있었는데,370) 중종(中宗) 이래로 풍조가 나빠졌다. 안사의 난 이후 정부가 도첩 파는 것을 더욱 일삼음으로써,371) 그 위람된 상황을 더욱 알 수 있다.

---

370) 『唐會要』卷48, 「辛替否疏」, 850-851쪽; 『舊唐書』卷101, 「辛替否疏」, 23쪽.
371) 『新唐書』卷51, 「食貨志」, 6-7쪽 「及安祿山反 司空楊國忠以爲正

이러한 상황은 당연히 사원의 세속화를 더욱 심화시켰다. 이것은 승적(僧籍)이 있는 경우만을 얘기한 것인데, 승적이 없는 자의 수가 더욱 많아 모두 도를 닦고 경전을 읽는 것이 무엇인지조차 모를 지경이어서 사원을 더욱 세속화시켰다. 동시에 사원도 또한 사회와 밀접한 관계가 있었기 때문에 비전(悲田)·양병(養病)의 사회구제사업에도 참가하였는데, 이를 통하여 사원의 사회화를 촉진시켰다.

제 1 절 사원의 귀족화와 계급화

1. 사원 안의 계급구분과 생활상황

당대 사원이 계급화하는 상황은 아주 분명하였다. 이른바 '사문귀족'이 있었는데, 승려 가운데 상층을 차지하는 사람들이다. 그 다음은 보통 승려, 최하위는 시인(侍人)·정인(淨人)·노비 등 저급 승려이고, 오로지 천역의 일을 했다.

사문 귀족과 세속 귀족은 종종 관계가 밀접한데 그 생활 또한 마찬가지였다. 대외적으로 보면 국가가 종종 대덕(大德)·자의(紫衣) 등의 명위(名位)를 내리고, 관직과 녹질을 줌으로써 국가나 귀족의 공양을 받았다. 중종 신룡(神龍) 2년, 성선사(聖善寺)

庫物不可以給士 遣侍御史崔衆至太原納錢度僧尼道士 旬日得百萬 緡而已 鳳翔明年 鄭叔淸與宰相裴冕建議以天下用度不充 諸道得召人納錢 給空名告身 授官勳邑號 度道士僧尼不可勝計…及兩京平 又於關輔諸州納錢度道士僧尼萬人」. 이것은 정부가 度牒을 판매한 시초가 된다.

가 세워지자 혜범(慧範)·혜진(慧珍)·법장(法藏)·대행(大行) 등 9명이 5품 조산대부(朝散大夫)가 되고 아울러 현공(縣公)에 봉해졌으며, 그 방의 기물 등은 정원관(正員官)과 마찬가지로 받았다.372) 대종(代宗) 대력(大曆) 9년에 조서를 내려 불공(不空)을 개부의동삼사(開府儀同三司)로 삼고 숙국공(肅國公)에 봉했다.373) 당나라에는 또 이른바 대덕승(大德僧)이 있었는데, 명목이 번거로웠으므로 매우 거짓되고 남용되었다.374) 또 「내도량승(內道場僧)」이 있었는데, 탁지(度支)에서 비용을 마련하여 지급하였다.375) 승려 혜범(惠範)은 측천·중종·예종 세 왕조 동안 상을 풍부히 받아 "내부(內府)의 진귀한 보물은 승가(僧家)에 쌓여있다"라는 말이 있을 정도였지만, 뒤에 태평공주와 모반(謀反)하여 살해되었는데 그 재산이 수십만 민(緡)376)이었다고 한다. 당대의 백관 공경은 모두 기꺼이 명승 대덕과 왕래했고, 이러한 승려들은 시문(詩文)이 부족하지 않았고 말을 잘하고 오묘한 이치에 정통한 사람들이었다.377)

---

372) 『僧史略』卷下, 「封授官秩條」, 250b쪽.
373) 『佛祖統紀』卷41, 379a쪽.
374) 『人話錄』卷4, 2쪽(筆記小說本).
375) 『僧史略』卷中, 「僧主秩俸條」245b쪽; 「內道場條」, 247b-c쪽.
376) 『太平廣記』卷288, 「惠範條」에서 인용하고 있는 「朝野僉載」, 32-33쪽; 『資治通鑑』卷210, 「玄宗紀上」, 30쪽; 『尙書故實』, 2쪽(唐代叢書本).
377) 『唐語林』卷2, 「文學篇」에서는 「皎然 畫一及楚僧靈一爲中世文僧」이라 하고 있다(67쪽); 『唐語林』卷4, 「栖逸篇」에서는 「貞元元和以來 江南多名 僧有會稽二淸(江淸·江畫) 東陽二 乾(乾俊·

석가모니(釋迦牟尼)항복(降伏)외도(外道)입상.
서안비림박물관(西安碑林博物館) 소장. 연꽃위에 올라서 있다. 곡선미(曲線美)가 있는 우아한 입상이다. 아래 쪽에 명문이 새겨져 있다. 대각(對角)으로 위치하는 원형의 속에는 각기 양손을 들고 있는 천의(天衣)형태의 포(布)를 손에 쥐고 다리를 벌리고 앉아있는 신상(神像)이 표현되어 있다. 왼쪽 위의 동그라미 속에는 두 마리 짐승 위에 앉아있으며, 오른쪽 아래의 동그라미 속에는 두 마리 새 위에 앉아있다. 원형 속의 모습은 명문(銘文)에 있는 외도(外道)를 가리키는 것이리라. 외도(外道)라는 것은 불교 이외의 믿음이나 그 신봉자를 일컫는 것이고, 석가상(釋迦像)의 양쪽 손을 이들을 향하게 하고 있는 것은 이교(異敎)의 신을 항복시킨다는 의미일 것이다.

가령 항주(杭州) 영은산(靈隱山) 도표(道標) 같은 이는 명성이 공경 사이에서 매우 높아 상국(相國) 이길보(李吉甫), 대사공(大司空) 엄수(嚴綬), 우복야(右僕射) 한고(韓皐) 등이 모두 그와 교유하였다.378) 회창(會昌) 년간에 백거이(白居易)가 관직을 그만두고 향산(香山)에서 승려 여만(如滿)과 향화사(香火社)를 결성하고 매번 가마를 타고 왕래하였다.379) 배휴(裴休)가 일을 보고 남는 시간에 태원(太原) 봉상(鳳翔) 부근의 명산에서 많이 노닐었는데, 의학승(義學僧)과 불교이치를 토론했다.380) 선종

  乾輔)之稱」이라 하고 있다(146쪽);『國史補』卷中,「懷素爲草聖」, 4쪽.
378) 『宋高僧傳』 卷15,「道標傳」, 804쪽.
379) 『舊唐書』 卷166,「白居易傳」, 31쪽.

(禪宗)의 대사 신수(神秀)가 죽었을 때 기왕범(岐王範)·연국공(燕國公) 장열(張說)이 그를 위해 비뇌(碑誄; 사적을 저술하여 애도를 표하는 비석 글)를 썼으며, 복상(服喪)하는 명사와 관리들이 헤아릴 수 없이 많았다. 장열이 또 일찍이 신수에게 교리를 물을 때 제자의 예로 대했다.381) 백관들이 승려와 왕래하기를 좋아했기 때문에 개원 2년 7월 현종이 명령을 내려 백관이 승려와 왕래하는 것을 금지하였다.382) 이렇게 명공거경(名公巨卿)과 서로 접촉하는 승려를 사문 귀족이라 하고, 이런 부류는 권세에 빌붙어 아부하고 공경이나 큰부자가 아닌 사람과는 그다지 사귀려고 하지 않았던 것이다.『옥천자(玉泉子)』에 이런 기록이 있다.

 수도에서 청룡사(靑龍寺)에 기거할 때, 손님이 지사승(知寺僧)을 방문하여 바쁜데 계속 머물렀다. 다음날에도 또 손님이 오고 뒤에 다시 다른 손님이 와서 그의 일을 방해했다.383)

 이들 빈곤한 선비들은 자주 그들에게 백안시 당하거나「식후종(食後鐘)」384)의 가능성이 있었다. 이들 사문귀족은 또 시인

---

380) 『舊唐書』卷177,「裵休傳」, 19쪽.
381) 『宋高僧傳』卷8,「唐荊州當陽山度門寺神秀傳」, 756b쪽.
382) 『唐會要』卷49,「雜錄條」, 860-861쪽;『全唐文』卷21, 玄宗「禁百官與僧道往還制」, 1쪽.
383) 『玉泉子』21쪽(筆記小說本);『太平廣記』卷256,「靑龍寺客條」에서 인용한「桂苑叢談」, 46쪽.
384) 당의 왕파가 양주의 혜소사에 식객으로 있을 때, 중이 그를 미워

(侍人)·노비 등 사원의 저급승려의 시중을 받아 많게는 수백 명에 달했고 금의옥식(錦衣玉食)의 생활을 누렸다.385) 이러한 현상은 인도에서 일찍이 존재했는데 조례를 들면, 『석씨요람(釋氏要覽)』에 『서역기』를 인용하여,

    강선(講宣) 한 번으로 일을 책임지는 것을 면하고, 두 번 강연으로 승방(僧坊)의 재산을 늘리고, 세 번으로 시중드는 사람의 시중을 받고, 네 번으로 정인(淨人)을 받고, 다섯 번에 가마를 탔다.386)

라 하고 있다. 이 때문에 현장(玄奘)은 인도 나란사(那爛寺)에서 사문귀족으로부터 받은 대접을 아래와 같이 기록하고 있다.

    날마다 20접시의 반찬과 대인(大人) 쌀 1승, 빈랑(檳榔)·두구(斗蔲)·용뇌향(龍腦香)·유소밀(乳酥密) 등 식사를 대접받고, 정인 4명, 바라(婆羅) 1명이 있었으며, 코끼리가마를 탔으며 30명이 뒤를 따랐다.387)

당시 사문귀족이 누린 생활은 바로 한산자(寒山子)의 시 속에

    하여 식사를 알리는 종을 늦게 쳐서 왕파에게는 시간이 지났다고 밥을 주지 않았다는 고사에서부터 '기한에 뒤져 옴'을 이르는 말〈옮긴이〉.
385) 『全唐文』卷587, 柳宗元「南獄大明寺律和尚碑」에「執巾匜奉杖履爲侍者數百」라 하고 있다(20쪽).
386) 『釋氏要覽』卷下,「優賞條」, 295c-a쪽.
387) 『續高僧傳』卷4,「玄奘傳」, 452a쪽.

표현되어 있다.

    또 출가한 사람을 보면 힘이 있는 자와 힘이 없는 자가 있다.
위로 고절(高節)한 자는 귀신도 그 도덕을 흠모했고, 군왕이
수레를 함께 탔으며, 제후가 영접을 했다. 세복전(世福田)을 받
을 만하고, 세인(世人)이 보호하고 아껴야 한다.388)

    사문귀족의 아래로는 보통승려로서 그들은 일반백성의 공양을 받았다. 그들은 밖으로는 부자와 맺어졌으며 부자의 시주는 모두 그들에게 돌아갔다. 경(經)·참(懺)을 팔아 얻은 보수도 그들에게 속하였고, 안으로는 사원의 재산을 경영하며 지배하고 사원의 상주를 관리했기 때문에 승려가 되려는 사람은 모두 지사승(知事僧)을 기꺼이 맡았다. 그들이 공양을 받은 상황은 『한산시』에 또 이렇게 묘사되어 있다.

    절을 골라 좋은 향을 피우고 승려를 골라 공양한다.
    나한문(羅漢門) 앞에서 구걸을 하는 것은 한미한 승려들뿐이
었다.
    위인(爲人)이 없음을 깨닫지 못하니 끝내 비슷한 모습이 없었
다.
    소(疏)를 받들어 명승(名僧)을 청해서 돈 2·3양(樣)을 시주
하였다.389)

---

388) 『寒山子詩』, 43a쪽.
389) 『寒山子詩』, 25a~b쪽.

이 시는 편벽하게 시주하고 널리 시주할 줄 모르는 속인을 풍자하는 것이다. 그러나 동시에 절을 골라 향을 태우고 승려를 골라 공양하는 사실도 반영한다. 돈 2·3양을 시주한 결과 당연히 빈부 불균형의 현상을 조성하였다. 이에 그들이 지낸 생활은,

　　사치스럽고 화려하게 생활을 영위하고
　　족성(族姓)의 집안을 꿰어 놓았네.
　　달콤한 말로 아부하고 아귀다툼을 벌였네.
　　하루종일 도량에서 예를 행하고
　　경전을 가지고 공과(功課)를 두었네.
　　향로에 향을 피우고 종을 치니 큰소리가 어우러졌네.390)

라 하고 있다. 그들이 상주(常住)를 지배했기 때문에, 돈을 거두어들이고 돈을 빌려주고 이자를 받고 임대료를 거두는 일이 있었다. 한산자마저도 그들이 "돈을 빌려주고 소나 쟁기를 대신 거두어 가고 일을 처리하는 것이 충직하지 않다"라 하더라도 터무니없는 것이 아니다.391) 그리고 습득(拾得)이 그들을 조소하고 풍자하여 말하기를,

　　속세에 가서 염을 하여 위엄있는 의식을 행하고 돈을 얻어
　　술을 사서 먹으며 도리어 고용인이 되었다.392)

---

390) 『寒山子詩』, 43a쪽.
391) 『寒山子詩』, 43b쪽.
392) 『寒山子詩附拾得詩』, 57a쪽.

마두관음(馬頭觀音)보살좌상. 배모양의 광배(光背)를 짊어지고 암석위의 연화좌에 앉았다. 삼목(三目)삼면(三面)팔비(八臂)로서 분노한 형상으로 광배(光背)나 대좌(臺座)까지를 포함하여 모두 하나의 재료로 이루어져있다. 머리 위에 화불(化佛)과 말머리(일부 없어짐)를 받치고 있으므로, 마두관음(馬頭觀音)이다. 마두관음은 뭇 악(惡)을 쳐부수는 역할을 하는 일존(一尊)으로서 육관음(六觀音)의 하나이다. 그런데, 관음이면서도 명왕(明王)과 같이 분노의 형상을 띠고 있는 점에서 팔대명왕(八大明王)의 하나로도 헤아려진다. 밀교(密敎)계통에 이어지는 존상(尊像)이다.

라 하고 있다. 이런 시 안에서 묘사된 것으로부터 우리는 그들의 생활 상황을 쉽게 알 수 있다.

마지막으로 제기해야 할 것은 사원 안의 노동승려인 노비이다. 이들은 사원의 최하층 계급이었다. 그러나 이들은 진짜 일을 한 사람이었기 때문에 만약 그들이 없었더라면 사문귀족은 그와 같은 한가로운 생활을 영위할 수 없었을 것이다. 그들은 "하루종일(六時)393) 곡식을 빻고 밤낮으로 누울 수 없는" 생활을 했고, 또 "복전의(福田衣)를 입고 밭을 갈며 먹고 입는 것을 구했다"는 생활을 했다.394)

---

393) 〈역자주〉하루를 여섯으로 나누어서 신조(晨朝)・일중(日中)・일몰(日沒)・초야(初夜)・중야(中夜)・후야(後夜)라고 한다.
394) 『寒山子詩』, 43a~b쪽.

그들은 본래 출가하려 했던 것이었는데 이렇게 스스로 천역을 맡아 고된 생활을 하게 될지는 생각조차도 못했던 것이다. 습득(拾得)의 시에 이르기를,

뒤에 온 출가자는 상황에 따라 골치거리가 되어, 본래 해탈을 구하려고 했으나 오히려 내몰림을 당했다.395)

라 하고 있다.『송고승전(宋高僧傳)』에 의하면 천태산(天台山) 국청사(國淸寺)에 봉간선사(封干禪師)라는 승려가 있었는데 쌀을 빻고 밥짓는 것이 일이었다.396) 이런 사례는 아주 많이 있어 하나하나 사례를 들지 않는다. 사원에는 모두 시자(侍者)·정인(淨人)이 있어서 혹사를 당하고 잡역이나 밭일을 했다. 사원의 노비는 더욱 말할 나위도 없었다. 그들은 사원 안의 대부분의 일을 맡았다. 그들의 수는 사문귀족에 비해 아주 많았고 당연히 보통 승려보다도 적지는 않았다. 회창 년간에 불교를 멸할 때, 노비 15만 명을 거두었는데 그밖의 동행(童行)이나 시자(侍者) 등은 이 숫자에 포함되어 있지 않았다. 뻴리오 2250호 문서『오회염불송경행경(五會念佛誦經行經)』하권, 뒷면에 아래와 같은 기재가 있다.

---

395)『寒山子詩附拾得詩』, 57b쪽.
396)『宋高僧傳』卷19,「唐天台山封干師傳」, 831b-c쪽.

석가모니불석상(釋迦牟尼佛石像).
북제시대. 높이 164cm.
상해박물관 소장.

용흥사(龍興寺) 승려 40명 도(徒) 20명, 건원사(乾元寺) 승려 26명 도 16명, 개원사(開元寺) 승려 24명 도 14명, 영안사(永安寺) 승려 24명 도 14명, 금광사(金光寺) 승려 39명 도 23명.397)

만약 이런 비율로 본다면 하급 승려의 수는 적다고 할 수 없다. 당률(唐律)의 규정에 의하면 사원이 노비·부곡을 양성하는 것은 본래 합법적이다. 그러므로 율문에 사주(寺主)·삼강(三

---

397) 羅福萇譯, 「파리圖書館敦煌書目」, 728쪽(『國學季刊』 1-4, 1923年 12月).

綱)와 노비와의 여러 가지 관계에 대하여 상세히 기록되어 있다.398)

2. 사원의 상주(常住)와 승니의 사유재산

사원의 상주재산으로서, 앞에서 기술한 전장(田莊)·연과(碾課)·양과(梁課)와 이자돈들이 모두 상주에 속한다. 이것은 사원 상주의 최대 내원이다. 그 다음은 승려가 시주하여 얻은 것을 상주에 납입하고 자기의 소유로 하지 않은 것이거나,399) 혹은 본래 승려의 개인재산인데 이것을 상주에 납입하라고 유언한 것들이다. 죽은 승려의 재산 가운데 나눌 수 없는 것도 동시에 법에 따라 상주에 들어갔다.

사원의 상주는 사원 소유에 속하므로 사사로이 사용할 수 없었다. 상주물을 사사로이 사용하는 경우에는 비록 작은 것이라도 과보(果報)를 받아야했다. 『석문자경록(釋門自鏡錄)』에서는 「부족하거나 모자란 승물록(僧物錄)」을 특별히 예를 들면서400) 승려의 사사로운 상주 이용을 경계했다. 상주는 개인적 이용이

---

398) 『故唐律疏議』 卷6, 27-28쪽. 제57조, 稱道士女官조. 〈역자주〉 김택민·임대희 주편, 『역주 당률소의(Ⅰ)』 명례편, 한국법제연구원, 1994, 368-372쪽.
399) 『宋高僧傳』 卷14, 「京師崇聖寺文綱傳」, 792b쪽; 『宋高僧傳』 卷16, 「江州興善寺神湊傳」, 807b쪽; 『全唐文』 卷512, 李吉甫 「杭州徑山寺大覺禪師碑」 碑銘, 19-20쪽. 이상 열거한 것은 모두 檀施를 常住에 廻入한 사례들이다.
400) 『釋門自鏡錄』 卷下, 「慳損僧物」 十錄, 「僧道相條」, 819C-A쪽; 「僧覺條」, 822b쪽; 「道昶條」, 820c쪽.

불가능했기 때문에 사원에는 모두 상주고(常住庫)가 설치되었는데 간혹 사고(寺庫)라고도 간단히 불리었으며, 사원 경제의 기초역할을 했다. 사원상주의 성질에 대한 가장 좋은 설명은 돈황 상주옹호문서(敦煌常住擁護文書)이다. 이 절록(節錄)의 뒤에,

> 모든 광내사우(廣內寺宇), … 내외의 사택장전(舍宅莊田)은 믿음으로 시주하였으므로 마땅히 승려의 식량으로 사용해야 한다. 응당 이것은 호구가인(戶口家人) … 사사거업(寺舍居業) … 침릉(侵陵)해서는 안된다. … 상주라고 한다. 일은 모두 관례(舊例)에 따르고 산을 다시 옮기지 못하는 것과 같다. … 관리한 바의 자장·연애·유량은 이전과 같이 하여야 하고, 이후부터 상주의 물건은 위로는 바늘하나, 아래로는 풀 하나, 또는 인호(人戶)에 있어서 늙거나 젊거나 함부로 형세(形勢)에 의지하여 침탈하거나 저당잡히거나 팔 수 없다. 만약 이것을 어기면 담당 관서(所由)를 통해 문서를 갖추어 관에 보고한다. … 상주백성 친오례(親伍禮)는 상주를 관할하는 직무를 담당하면서 결혼하는데, 향사(鄕司) 백성과 결합해서는 안되었다. 만약 이 격을 어기고 상주의 남자가 사사로운 정으로 향사의 여인과 결합하면 그 가운데 태어난 아이는 상주에 집어 넣어서 영원히 인호로 만들었다. 세대로 세습하고 그 나머지 남아 정호(丁戶)는 각각 사원의 요역에 따라야 하고, 구례를 지켜야 한다(下闕).401)

라 하고 있다. 이 문서가 특이한 점은 상주백성이 결혼의 자유

---

401) 仁井田陞,「唐末五代의 敦煌寺院佃戶關係文書」, 85쪽에 인용된 那波利貞,「敦煌寺院常住擁護文書」.

가 없었다는 것이다. 단지 상주의 사람과 결혼할 수 있었을 뿐이고 그밖의 향사백성과는 결혼할 수가 없었다. 동시에 상주백성은 세습적으로 상습되어 영원히 사원의 호구였다. 아울러 규정상 상주물은 비록 작게는 한 개의 풀이나 바늘에서 관할하는 인호까지 모두 함부로 침탈하거나 저당 잡히거나 팔 수 없었다. 상주는 본래 전체 승도(僧徒)의 식용에 제공되었지만 때로는 사원에 곡식이 많아도 오히려 승중(僧衆)의 식용으로는 공급되지 않았다. 그래서 의정(義淨)은 이러한 불합리한 상황을 강력히 비판하였다.

> 어찌 사가(寺家)가 부유하고 곡식도 많으며 노비도 온 방을 가득채우고 재물도 창고에 가득했으나 사용할 바를 모르고 서로 가난한 사람을 돕지 않는 것을 용인하겠는가? … 혹은 사가(寺家)가 대중의 식사를 마련하지 않는 일도 있고, 승물은 사찬(私湌)으로 나누어져 다른 상주를 침범하여 시방(十方)의 사악한 명(命)은 단지 저 혼자만 존재할 뿐이다.402)

이러한 상황은 아마 사실이었을 것이다. 왜냐하면 회창 년간에 강서(江西) 관찰사(觀察使) 최암(崔黯)의 주소(奏疏)에 이르기를,

> 동림사(東林寺)는 산이 빼어나고 땅이 좋아 실로 뛰어난 풍경

---

402) 『南海寄歸內法傳』 卷4, 「受用僧物條」, 231a쪽.

관음보살(觀音菩薩)좌상(坐像). 서안 비림박물관 소장. 백대리석. 홍경궁(興慶宮)의 연못에서 발견된 것. 거의 손상되지 않은 채로 발견되었다. 표면의 채색은 거의 벗겨진 상태이다. 보관(寶冠)의 정면에는 관음의 표식인 화불(化佛)을 갖추고 있다. 섬세하고 우아한 작풍으로 보아서 8세기 중엽의 제작이라고 생각된다.

입니다. 사원의 장전·전물(錢物)은 각각의 주지(主持)가 속이고 숨기는 일이 많았습니다. 물력이 충족한 자는 얼거나 굶주리지 않고, 돈이 부족한 자는 고스란히 기아와 추위를 뒤집어 쓸 뿐이었습니다. 본래 상주를 설립한 것은 오직 승중을 위한 것으로 합동으로 가람을 받드는 것일 뿐, 어찌 따로 문과 창을 여는 것을 용인하겠습니까? 식사를 공양하지만 개인(私家)에게 비용을 떠넘기고 이익을 내어도 널리 미치지 않으므로 이제는 각기 규정을 만들고 있습니다.403)

라 하고 있다. 같은 사원에서 풍요·빈곤의 차이가 있었고, 비록 같은 상주라 하더라도 분배가 같지 않았다. 의정과 최암이 열거한 두 가지 사건의 사정은 비록 완전히 같지는 않지만 모두 사원상주의 폐단을 지적하고 있다. 의정은 일찍이 인도의 여러 사원이 상주 또는 전원(田園)·수과(樹果)의 이익으로 옷값을 채우고 있었으며, 또한 달리 의복장(衣服莊)을 설치하는 것을

---

403) 『全唐文』 卷757, 崔黯 「乞勅降東林寺處分住持牒」, 1쪽.

보았기 때문에 그는 중국 사원도 의복장을 설치하여 기아와 추위를 구해야 한다고 건의했다.404) 사원의 상주 잡물은 승려가 돌아가면서 담당했는데, 그 책임을 맡은 사람을 지사승(知事僧)이라 했다. 그래서 매번 상주 잡물은 정확하게 나누어 두어야 했다. 이덕유(李德裕)가 절우(浙右) 지역에 출진하였을 때 감로사(甘露寺) 주사승(主事僧)이 상주를 교대하면서 소송 분쟁이 발생한 일을 보았다.405)

당대(唐代) 석가모니 도조(陶造)상. 섬서역사박물관 소장. 상부는 반원형이며 하부는 방형을 보이고 있다. 채색이 되어있었음. 정면 중앙은 석가여래(釋迦如來)이며 손을 내린채로 연화의 대좌에 서있다. 석가상의 주위에는 18체의 좌불이 새겨져 있는데, 모두 당초(唐草)가 붙은 작은 연화좌의 위에 앉아있다.

　상주와 성질이 상반되는 것이 승려의 개인재산인데, 승려가 자유로이 지배할 수 있었다. 앞서 든 「니정언소(尼正言疏)」가 바로 그 하나의 사례이다. 승려의 개인재산에 대하여 제2장에서 남북조시기에 사문 가운데 부유하기로 이름난 사람이 적지 않았

---

404) 『釋門自鏡錄』下권, 230c-a쪽과 동일.
405) 『唐語林』卷1, 「言語篇」, 28쪽 ; 『太平廣記』卷172, 「李德裕條」에서 인용한 「桂苑叢談」, 39쪽.

다는 것을 언급했다. 이러한 분위기는 당대에까지 성행해서 낙경(洛京) 혜림사(惠林寺) 원관(圓觀)이라는 자가 있었는데, 전원의 이익을 다스릴 수 있어서 속·면이 많아 넉넉하였다. 당시 사람들이 그를 일러 "불문(空門)의 의돈(猗頓)406)"이라고 하였다.407) 승려가 돈을 내어 이익을 취할수 있기 때문에 사유 재산으로 장원을 사들일 수 있었고, 동시에 보시하여 얻은 것이 개인에 속했기 때문에 시주물을 상주에 납입하면 오히려 미덕이 되었다. 『전당문(全唐文)』권919, 원응(元應)의 「흥국사고대덕상좌호헌초탑명(興國寺故大德上座號憲超塔銘)」에 이르기를,

> 내가 지금 죽으려 하니 알리노라.…금천애(金泉磑)와 배밭, 나의 의발(衣鉢)을 상주에 납입하여 영구히 업으로 삼노라.408)

라 하고 있다. 금천애와 배밭은 헌초의 개인재산임이 틀림없다. 다음으로는 다시 승려가 돈을 시주한 「수방산증명공덕기(修方山證明功德記)」를 인용하여 그 사례를 보고자 한다.

> 사주(寺主) 승종□(僧從□) 상좌(上座) 승아□(僧雅□) □□문(□□文)을 시주함. 유나(維那) 승계사(僧繼思)가 5백□을 시주함. 전좌(典座) □□가 5백문을 시주함. 직세(直歲) 승행방(僧

---

406) 〈역자주〉 춘추시대 노(魯) 국의 대부호. 거만(巨萬)의 부를 이룸.
407) 『甘澤謠』, 「圓觀條」, 5쪽(唐代叢書);『宋高僧傳』卷20, 「作唐洛京慧休寺圓觀傳」, 839c쪽.
408) 『全唐文』卷919, 元應 「興國寺故大德上座號憲超」, 26-27쪽.

行方)이 □□백문을 시주함. 도중(徒衆) 승신미(僧愼微)·승홍(僧洪)·승□진(僧□振)·승□진(僧□震) □□(□□)가 2백문을 시주함. 승지저(僧知翥)가 3백문을 시주함. 승 홍견(洪堅)이 2백문을 시주함.409)

    이 비는 대중(大中) 8년 4월 20일 새긴 것인데, 승려가 돈을 시주하여 공덕을 세울 수 있었고, 시주한 돈은 개인재산으로부터 나온 것이다.
    법률상의 규정에 의하면 승려는 노비·전택·개인재산을 축적할 수 없었다. 하지만 실제로는 오히려 그와는 많이 다른 면이 있었다. 안록산의 난 이후, 군용이 충분하지 않아 승려의 개인재산에 대해 규정을 국가가 만들어서 단지 3/10만을 납입하여 국가를 도우면 상격(常格)에 얽매이지 않고 그들이 개인재산을 축적하고, 죽은 뒤에 유물을 가까운 친척에게 물려주는 것을 내버려두었다. 이 일은 지덕(至德) 2년 7월 선유사(宣諭使) 시어사(侍御史) 정숙청(鄭叔淸)의 주소(奏疏)에 보인다.

    무릇 도사·여도사·승려가 돈을 헌납한다면 칙령에 따라 다른 사람에게 물려줄 수 있도록 해주시고 환속하기를 원하거나, 관훈(官勳)이나 읍호(邑號)를 받고자 원한다면 허락해 주십시오. 만약 물려줄 사람이 없거나, 환속을 원하지 않는자는 노비·전택·재산을 축적하지 못하도록 하십시오. 이미 나라를 도와서 돈을 납입하였다면 상격에 얽매어서는 안됩니다. 소유재산 가운데

---

409) 『八瓊室金石補正』 卷75, 「修方山證明功德記」, 18a-b쪽.

"순화원보(淳化元寶)"라고 쓰여진 불상(佛像)금전(金錢). 북송시대. 산서성 오대산(五臺山)에서 출토됨. 북송 황실에서 오대산 불사(佛寺)에 공양하기 위해서 특별히 만든 공양전(供養錢)인 듯하다.

3/10을 납입하여 나라를 도왔다면 나머지 7분은 평생토록 자기가 사용토록 하시고, 죽은 뒤에는 또 가까운 친척에게 물려주십시오. (원주: 때는 침략자가 들끓어서 안으로는 모욕을 당하고, 천하는 근심이 가득하고 군용이 부족하여 임시로 이 제도를 만들었으나 얼마 뒤에 곧 그만두었다).410)

정숙청의 주소는 승려의 사유재산제의 존재를 아주 명확하게 설명하고 있고, 사실상 정부도 그 존재를 인정하지 않을 수 없었다. 주(註)의 문장에서 말한바 "임시로 이 제도를 만들었으나 얼마 뒤에 곧 그만두었다"라는 것은 승려로부터 돈을 받는 일을 얼마 뒤에 그만두었음을 가리키는 말이다. 또 회창(會昌) 2년

---

410) 『通典』 卷11, 典61.

사면(四面)불상(佛像)감(龕). 서안비림박물관 소장. 북위(北魏)경명(景明)2(501)년. 본품은 정면에 명문(銘文)이 있으며, 각면에는 여래(如來)좌상과 2체의 보살(菩薩)입상이 있다. 정면과 나머지 3면에서 중존(中尊)의 형식상의 차이라던가 화불(化佛)의 배치, 광배(光背)의 의장(意匠)등의 변화가 있다.

무종(武宗)이 아직 불교를 멸하기 이전에 이미 승려의 개인재산을 검사하여 들춰내기 시작했다. 그 칙령에 이르기를,

> 만약 승려가 전물(錢物)과 곡두(穀斗)·전지(田地)·장원이 있으면 관에 납부하도록 하라. 만약 재산을 아까와하고 환속하기를 원하면 환속하도록 하라.411)

---

411) 『入唐求法巡禮行記』卷3, 會昌 2年 10月 9日條, 239쪽.

라 하고 있다. 칙령 속에서 언급한 것은 승려의 개인재산이다.

　최후에 언급하고자 하는 것은 죽은 승려가 남긴 유산에 대한 처리문제이다. 승려의 유산은 본래 스스로 사용할 수 있었기 때문에 유서를 남긴 승려는 그 유서에 따라 처리하였고, 만약 유서를 남기지 않았다면 율법에 따라 처분하였다. 불공(不空)의 「삼장화상유서(三藏和上遺書)」에 그 재산분배에 대하여 아래와 같이 명확하게 설명하고 있다.

　　　장(莊)의 소 2마리를 돈으로 바꿔 상주(常住)에 납입하고 도량이 소유한 기와 일산, 기둥과 인물 형상 그림은 모두 문수각(文殊閣) 아래 도량에 두고 영구히 공봉(供奉)으로 삼으시오. 금 87량, 은 220량은 오대산 금각사(金閣寺)・옥화사(玉華寺)의 2절에 주어 공덕을 닦도록 합니다. 모든 가구・자기(瓷器)・칠기・철기는 모두 해당 사원에 희사합니다. 동경 화상탑(和上塔) 사승이 거처하는 곳・장원・수레・소와 호현(鄠縣) 효남장(洨南莊), 아울러 새로 개간한 땅과 어숙천(御宿川)에 붙은 논, 그리고 가남채원(街南菜園)은 모두 해당 사원의 문수각 아래의 도량에 두어 사승(師僧)을 기념하고 양식과 향을 피우고 불을 피우는 데 충당하고 사원 밖에서 사용할 수 없도록 합니다. 상곡자장(祥谷紫〔柴〕莊)은 상주에 바치고 그 장(莊)의 계약문서는 사가(寺家)에 넘깁니다.412)

　이 유서(遺書)는 대력(大曆) 9년 5월 7일에 만들어졌는데, 이

---

412)『表制集』卷3,「三藏和上遺書」, 844c-a쪽.

것은 유산을 사원에 완전히 희사한 명백한 증거이다. 그러나 유산을 근친에게 되돌려주는 사람도 있었는데, 니이다 노보루(仁井田陞)『당송 법률문서의 연구』라는 책에서 스타인의 2199호 문서「니령혜유서(尼靈惠唯書)」를 인용하여,

　함통(咸通) 원년 10월 23일, 비구니 영혜가 갑자기 질병에 걸려 날로 심해졌다. 몸이 오래가지 못 할(無常)것을 두려워하여 친척에게 알리고 하나하나 나누었다. 흐릿하게 말하지 않고 또렷하게 말했다. 영혜는 집에서 데려온 노비만 있었는데, 이름이 위낭(威娘)이었다. 이를 질녀 반낭(潘娘)에게 남기도록 하고, 그밖의 다른 재산은 없었다. 영혜가 죽는 날, 반낭으로 하여금 장례를 치르도록 한다. 이후에는 더욱 친척이 아껴서 보호하는 것을 허락하지 않는다. 뒷날 증거가 없을까 걱정하여 증거로 친척에게 유서를 적게 해서 서명을 하여 증거로 삼았다.(뒤에 서명을 부가한 것은 생략)413)

라 하고 있다. 이상의 두 가지 사례는 모두 먼저 유서를 남긴 상황이다. 만약 유서가 없으면 계율에 규정된 방법에 따라 처리하였다. 그 방법은 이러하다.414)

---

413)『唐宋法律文書의 硏究』, 第14章「遺言狀」에서 인용한 스타인 2199「尼靈惠遺書」, 646-647쪽; 또『敦煌掇瑣』59에 페리오 3140「僧崇恩處分遺物證」, 239-243쪽에도 동일한 성질의 遺書가 있다.
414) 道宣,『四分律珊繁補闕行事鈔』卷下1, 113a-c쪽;『南海寄歸內法傳』卷4,「亡財僧現條」, 230a-c쪽; 陶希聖,『唐代寺院經濟槪說』, 36-3쪽.

A. 유산은 불가분물(不可分物)415)과 가분물(可分物)416)의 두 종류로 나뉜다. 불가분물은 상주재물에 시주하고 촉(囑)이라 일컫고, 가분물은 승계한 승려에게 귀속시키고 수(授)라고 일컫는다.
B. 죽은 승려의 채무나 공덕전(功德錢), 의약전(醫藥錢)은 마땅히 먼저 유산 속에서 갚아주었다. 죽은 승려가 생전에 사원 혹은 기타 승려로부터 빚진 채무에 이르러서는, 그 되돌려주는 방법이 또한 경물(輕物)·중물(重物) 두 종류로 나뉘는데, 중물은 상주로 하여금 갚도록 하고 경물은 승계한 승려로 하여금 갚도록 한다.
C. 만약 죽은 승려가 함께 살면서 공동재산을 가진 사람이 없는데 유언을 남기지 않고 사원에서 죽었다면, 가분·불가분으로 나누어 상주 혹은 현전승(現前僧)에게 나누었다. 만약 속가(俗家)에서 죽었다면 속가가 점유하고, 도로에서 죽었다면 죽은 승려가 죽은 곳에 먼저 온 사람이 차지하였다. 만약 차지하는 사람이 없으면 부근의 사원에 보낸다. 죽은 승려의 기탁물과 대차물은 죽은 승려가 죽은 곳에서 그 귀속을 정한다. 죽은 승려와 속인이 재산을 공유한 것이 있으면, 속계의 법령에 따라 분할한다.

라 하고 있다. 이것은 불교 율문에 규정된 처리방법이다. 불교자체에서 죽은 승려의 유산 처리에 대해 일정한 규정이 있다. 『칙수백장청규(勅修百丈淸規)』에 기재된 바에 의하면, 먼저 유산을

---

415) 곧 불가전물(不可轉物), 또 「중물(重物)」이라고도 하며, 노비·전택·점사(店舍), 와구(臥具) 등
416) 곧 가전물(可傳物), 또 「경물(輕物)」이라고도 하며, 철발(鐵鉢)·소발(小鉢)·금은·의물(衣物) 등

세 부분으로 나눈다. 하나는 상사(喪事)·풍경(諷經)·등촉(燈燭)·효복(孝服)의 용도로 나뉘고, 다른 하나는 상주(常住)의 공양에 귀속되며, 또 다른 하나는 승려들에게 나뉘어 지급된다.417) 그 가운데 승려들이 나누어 갖는 방법은 값을 부르는[估唱] 방식을 사용하는데, 유나(維那)를 거쳐 먼저 일정한 가격을 정하여 발표하고 구매하기를 원하는 자가 가격을 부른다. 낙찰가가 가장 높은 자가 비용을 지불하고 물건을 취할 수 있었다. 『선원청규(禪苑淸規)』권7, 「망승조소운(亡僧條所云)」에,

죽은 승려의 의복을 창의(唱衣)418)하는 데에는, 이것이 머무 적거리는 마음을 무너뜨리게 할 뿐 아니라 죽은 승려와 연을 맺는 것을 의미하므로, 값을 싸게 불러서는 안된다. 만약 부른 의복 값이 너무 높아 바꿀 마음을 가질 수 없게 하면 승려들의 비웃음 사는 것을 면치 못했다. 유나가 창의(唱衣)할 때에는 반드시 창의하는 물건의 가격이 높고 낮음을 알려줘야 하고, 새것이면 새것, 낡은 것이면 낡은 것, 찢어진 것이면 찢어진 것이라고 알려줘야 한다. 가격을 불렀는데도 만약 승려들이 가격을 더 올려 부르려고 하지 않으면 비록 가격이 싸더라도 넘겨주어야 한다. 가격을 지나치게 높이 부르면 유나가「조심해야 한다. 후회해도 소용없다」라고 말했다.419)

---

417) 『勅修百丈淸規』卷3, 「遷化條」, 127b-1128a쪽;『勅修百丈淸規』卷3, 「唱衣條」, 1129b쪽.
418) 〈역자주〉 창의(唱衣)라는 말의 뜻은, ① 죽은 사람 앞에 그가 평소에 입던 옷을 가져다 놓고 생전의 집착하던 마음을 떼어버리는 일, ② 죽은 승려의 유물을 경매하는 것 이라는 의미가 있다.
419) 『禪苑淸規』卷7, 「亡僧條」, 1073a-b쪽.

관음보살(觀音菩薩)입상. 북주(北周)말기의 작품. 서안시 문물보호고고소 소장. 대리석. 연화좌에 서 있다. 보관(寶冠)의 정면에 화불(化佛)이 마련되어 있으므로, 관음보살이라는 것을 알 수 있다. 후두부에 구멍이 있는 것으로 보아서, 광배(光背)를 붙였던 것으로 보이나, 지금은 광배가 없다. 육신(肉身)이나 가지고 있는 물건 그리고 장식물 등으로 보아서 수대의 형식에 가깝다고 할 수 있다.

라 하고 있다. 또 『석씨요람(釋氏要覽)』 권하, 「창의조(唱衣條)」에,

> 율에 이르기를, 승려의 경물(輕物)은 현전승(現前僧)에게 나누어 준다. 나누는 것이 불균등하기 때문에 불청(佛聽)에 모여 먼저 승중(僧衆)에게 알리고 팔고 나누는 것을 허락한다. … 목득가(目得迦)가 이르기를, 불언(佛言)에서 처음에 옷을 처리하는 것을 허락할 때, 너무 비싸거나 너무 싼 것을 금지하였고, 그 값이 너무 높기를 기다려서는 안된다고 한다. 만약 사지 않는 자가 일부러 가격을 올리면 죄를 짓는 것이다.420)

라 하고 있다. 가격을 부르는 방식이었으므로 지금의 경매와 같이 아주 떠들썩했다. 율법에 의하면 본래 물건을 팔아 나누는 법이 없었다. 당나라 도선(道宣)은 이것에 대해 자못 불만족스러워했다. 죽은 승려의 유산을 처리하는 것은 본래 탐욕을 없애고 각자 스스로 자성하여 탐욕과 인색을 없애고자 함인데,421) 오히려 이와 같이 값을 다투고 시끄러워 실로 그 본의를 잃었다. 그래서 원대에 이르러 창의(唱衣)를 제비뽑기로 바꾸어 시끄러움을 없앴다.422) 이렇게 값을 부르는 방식은 사원에서 먼저 시작하여 그 후 민간에 유행하였는데, 질고(質庫)의 경우와 마찬가지였다.423)

죽은 승려의 유산에 대한 처리는 사원이 검수(檢收)하는 것이었으며, 정부는 간섭할 수 없었다. 그러나, 당대 관부(官府)는 일찍이 죽은 승려의 유산을 침탈한 일이 있었다. 또 정부가 검수하여 관고에 넣도록 규정하였는데, 대체로 이익을 노렸기 때문이다. 『송고승전(宋高僧傳)』 권15, 「경조(京兆)안국사(安國寺)승여전(乘如傳)」에 이르기를,

---

420) 『釋氏要覽』 卷下, 「唱衣條」, 309b-c쪽.
421) 『四分律珊繁補闕行事鈔』 卷下2에는 「律無賣物分法 今時分賣 非法非律 至時喧笑 一何顔厚 佛令分付 爲息貪情 令各自省 今反樂笑 不惟終 始 此習俗生常 乃無悛革 望諸有事 深察斯過」라 하고 있다(117a쪽).
422) 『勅修百丈淸規』 卷3, 「唱衣條」, 1129b쪽.
423) L.S.Yang: Buddhism Monasteries and Four Money-raising Institutions in Chinese History 208-209쪽.

예전에는 오중(五衆)424)이 죽으면 의복・재산・물건을 관고(官庫)에 넣습니다. 그러나 여러 왕조를 거쳐서도 고치지 않았습니다. 모든 율을 끌어와 보면 출가한 비구는 살아있으면 이익을 얻었더라도 죽으면 이익은 다른 승려에게 되돌아 갔습니다. (이것은) 오고 갈 때 물건이 가져가지 않는 것을 의미합니다. 비구가 탐을 내어 축적을 하는 것은 이로부터 없어졌습니다. … 지금 만약 승려가 죽은 뒤 승려의 재산을 관고에 귀속시킨다면, 이는 마치 승려의 신분을 적몰(籍沒)하는 것과 같습니다. … 바라옵건데 율법을 완화시키어, 그 경중(輕重)을 판단하여 주소서.425)

라 하고 있다. 승여(乘如)의 요구로 대력(大曆) 2년(767) 11월 27일 조칙을 내려 이후에 죽은 승려의 유물을 승려에게 맡기도록 하였다.426) 그러나「승여본전(乘如本傳)」에 의하면 죽은 승려의 유산을 관부가 검수한 것이 이미 여러 왕조를 거쳤음을 알 수 있다. 대력 2년 조칙을 내린 뒤 죽은 승려의 유산은 사원(寺院)이 검수하도록 되었으나 오래지 않아 어떤 연유인지 다시 관부가 검수하도록 고쳐졌는데, 그 목적은 여전히 이익 도모에 있었다. 덕종(德宗) 흥원(興元) 원년(784)에 칙서에서 또 이르기를,

---

424) 〈역자주〉 출가한 사람의 다섯 종류 즉, 비구(比丘)・비구니(比丘尼)・식차마나니(式叉摩那尼)・사미(沙彌)・사미니(沙彌尼)를 가리킨다.
425)『宋高僧傳』卷15,「唐京兆安國寺僧如傳」, 801b쪽.
426)『勅修百丈淸規』卷3,「唱衣條」, 1129b쪽.

죽은 승려와 비구니의 재산을 본래에는 사원이 검수하도록 하
고, 장례비용을 치르고 남는 돈은 승려가 가지도록 하였었다. 근
래에 어떤 연유로 말미암아 관부에서 그 재산을 거두는 것은 근
심이나 해로움이 많다. 이제부터 관부에서 거두는 것을 그만두고
삼강(三綱)에 통지하여 모두 율문에 따라 재산을 나누도록 하
라.427)

라 하고 있다. 대력 2년에서 흥원 원년까지 불과 18년이지만,
이미 여러차례 고쳐져서 때로는 관부가 검수하고 때로는 율문에
따라 처분하였다. 그러나 관부가 검수하는 명령은 아마도 단지
경조(京兆) 지구에만 시행될 수 있었을 것이다.

제 2 절 사원의 사회화와 세속화

어떠한 종교도 전파되기 위해서는 반드시 민중에 접근하여야
하는데 불교도 예외는 아니다. 신도를 흡수하기 위해 종교는 사
회화·세속화되어야 한다. 이 때문에 승려들은 항상 전파를 위
해 민간 사택을 출입하였다. 당연히 이러한 동안에 병폐가 발생
하는 것을 면할 수 없었다. 그러나 이야기하기는 어렵지만 오히
려 이로 말미암아 전파의 효과에 이르렀다. 이른바 창도사(唱導
師)라는 것도 있었으며 전문적으로 경참(經懺)을 팔거나 혹은
동냥을 하는 승려도 있었는데 이것은 모두 사회저변을 대상으로
하는 활동가로서 불교와 민간의 떼어놓을 수 없는 관계를 촉진

---

427)『佛祖統紀』卷41,「德宗興元元年條」, 379b쪽.

시켰다. 사문귀족과 백관의 왕래, 승적이 없는 승려의 급격한 증가(문종 때 70만명이 있었다)로 말미암아 가승(家僧)과 유승(遊僧)의 존재를 만들었다. 게다가 사원 자체의 경제형태도 또한 세속화(사원이 세속과 마찬가지로 장원·제유·연애·고리대를 경영하였으며, 재산제도가 서로 똑같이 상통해졌다)되었는데, 이것들이 모두 사원이 사회화되는 요인을 조성하였다. 본절에서 토론하고자 하는 것은 당대 사원 자체가 구비한 사회작용으로서 이를 통하여 사원의 사회지위를 탐구하고자 하는 것이다. 그 다음은 사원이 경제기초를 건립하고 공고히 시킴으로써 남은 힘으로 비전양병방(悲田養病坊)의 사회구제사업에 종사한 것을 논급하여서 사원이 사회에 대해 공헌한 것을 보고자 한다.

유금(鎏金)불보살(佛菩薩)삼존(三尊)동조상(銅造像). 북위말~동위시기. 높이 35cm. 섬서역사박물관 소장.

1. 사원자체가 구비한 사회작용

　당대 선비들은 사원에서 책 읽기를 사뭇 좋아했다. 그 원인은 사원이 비교적 조용한 것 이외에도 사원에 장서가 자못 많았기 때문이다. 당시 고승(高僧)들이 대부분 일류 학자들이었기 때문에 그들에게 학문을 묻는 사람이 많았다. 동시에 사원은 숙식을 공급하기도 하였기 때문에 가난한 선비들이 종종 사원에 묵으면서 학업하는 곳으로 삼았다.428) 개원 년간에 진사(進士) 양정(楊稹)은 기거하는 곳이 번잡하여 자못 학업에 방해가 되어 이에 소응현장(昭應縣長)을 찾아뵙고 석옹사(石甕寺) 문수원(文殊院)을 빌려 기거하였다.429) 원화(元和) 년간에 경조(京兆) 위사공(韋思恭)과 동생(董生)·왕생(王生) 3인이 숭산(嵩山) 숭악사(嵩岳寺)에서 학업을 하였는데, 봄에서부터 7월 중순까지 기거하였다.430) 대개 당나라 중엽 이후 관학이 유명무실해지고 사학이 흥성하게 되었다. 권문세가의 자제들은 대부분 별서(別墅)·가숙(家塾)에 취학하였고, 가난한 선비들은 사원에 기거하며 독서를 하였는데, 승려를 따라 밥을 얻어 먹은(洗鉢) 사람 가운데 인재가 많았다. 예를 들어 위소도(韋昭度) 같은 이는 어려서 가난했는데 좌가승(左街僧)의 식사제공에 의지하였는데, 그 뒤에 소종(昭宗)의 재상이 되었다. 왕파(王播)는 양주(揚州) 혜소사

---

428) 嚴耕望, 「唐人讀書山林寺院之風尙」, 723-724쪽.
429) 『太平廣記』 卷373, 「楊稹條」에 인용된 『慕異記』, 37쪽.
430) 『太平廣記』 卷422, 「韋思恭條」에 인용된 『博異記』, 37쪽.

(惠昭寺) 목란원(木蘭院)에 얹히어 얻어먹고 있었는데 「식사후의 종소리(飯後鐘)」이라는 치욕을 받았지만, 뒤에 문종(文宗)의 재상이 되었다. 서상(徐商)은 중조산(中條山) 만고사(萬固寺)에 기거하며 독서를 하고, 승려를 따라 밥을 얻어 먹었는데 뒤에 의종(懿宗)의 재상이 되었다. 이신(李紳)은 무석(無錫) 혜산사(慧山寺)에서 학업을 하였고, 이단(李端)은 어릴 적에 여산(廬山)에 기거하며 교연(皎然)431)을 따라서 독서를 하였다. 이러한 것들은 모두 아주 좋은 사례이다.432) 당대에는 불교가 성행했고 사원의 장전이 많았기 때문에 학생의 교육을 책임질 능력과 사학(私學)과 마찬가지로 학문을 강연할 능력이 있었다. 당시의 승사(僧寺)는 의학(義學)을 설립하여 초동(樵童)을 계몽하는 것이 허락되었다. 오대에 이르러 사회가 문란해지자, 가난한 집 자식들은 출가하여 승도(僧道)가 되어 사관(寺觀)에서 교육을 받았고, 학업이 끝난 뒤에 관직에 나아가 관료가 되었다. 그러므로 승사는 사회의 가난한 집안의 엄연한 교육기구의 하나가 되었던 것이다.433)

사원은 선비들이 독서와 학업을 하는 장소일 뿐만 아니라 때

---

431) 〈역자주〉 당대의 승려 본명은 謝晝. 장성(長城)사람. 사령운(謝靈雲)의 10세손으로서 시문에 능하였다. 호주(湖州) 저산(杼山)에 살았다. 『저산집(杼山集)』 10권이 있다.
432) 孫國棟, 「唐宋之諸社會門第之消融」, (『新亞學報』 4-1) 252-253쪽, 여기에 인용된 자료는 전부 孫國棟씨의 문장을 인용하였다.
433) 孫國棟의 앞서 인용한 문장, 245쪽; 嚴耕望, 「唐人讀書山林寺院之風尙」, 695쪽.

때로 관직에 나아가기 위해 과거에 응시하는 사람들이 기거하는 장소이기도 하였다. 『당회요』 권76, 「제과거조(制科擧條)」에 이르기를,

    원화(元和) 3년 칙령을 내렸다. 거인(擧人)이 시험을 끝내면 밤을 새워 책략을 내고, 돌아갈 수 없을 때 광택사(光宅寺)에 머물러 잠자며, 마땅히 담당관리를 순검해야 하고 수종인들은 거인이 책략을 낼때까지 기다려야 하며, 보수사(保壽寺)에 가서 잠자도록 하라. 그럴 때에는 각각 금오위(金吾衛)가 당번으로 하여금 감독하도록 하고 숙소에 보낸다. 담당하는 데에는 시끄럽고 번잡하게 해서는 안 된다.434)

라 하고 있다. 당대 선비들 가운데 수도에 가서 과거에 응시하고자 하는 사람들은 역시 모두 사원에 투숙하면서 학업을 준비하기를 좋아하였던 것이다.435)

  사원은 공양·독서하는 일 이외에 그 풍경(風景)의 아름다움을 차지하였기 때문에 많은 유객(遊客)들을 끌어들였다. 그러므로 사원은 또 신사숙녀들이 유람하는 곳이 되었으며, 또한 지방 관공(官公)들이 휴식하는 곳이기도 하였다. 당인(唐人)의 시편에 절에서 노닌 것과 관련된 작품이 수두룩하다. 동시에 사원은 종종 이름있는 꽃[名花]436)과 좋은 나무[佳樹]가 있었는데, 독

---

434) 『唐會要』 卷76, 「制科擧條」, 1393쪽.
435) 『南部新書』 乙, 「長安擧子 自六月以後 落第者不出京謂之過夏 多借靜坊 廟院及閑宅居住 作新文章 謂之夏課」.

특한 재배법을 얻거나 혹은 우량한 품종으로 그 이름을 얻었다. 예를 들어 『태평광기』에는 『유양잡조(酉陽雜俎)』를 인용하여, 자은사(慈恩寺)는 모란꽃으로 그 이름이 원근에 퍼졌고, 장안의 흥당사(興唐寺)는 정도훈(正倒暈) 모란이 있었으며, 흥선사(興善寺) 소사원(素師院)에는 합환(合歡) 모란이 있었다고 언급하였다.437) 사원이 거행한 경축행사, 예를 들어 우란분회(盂蘭盆會)나 무차재회(無遮齋會)와 속강(俗講) 등은 모두 많은 유객들을 끌어들였다.438)

사원은 평소에는 또 전문적으로 유방승(遊方僧)을 접대하였는데, 유방승은 어떤 한 절에 등록을 해두게 되면 그 승중들과 함께 기거할 수 있었다. 승려와 속인들이 절에 와서 조향(朝香)할 때 통상 숙식을 접대하였다. 오대산의 보통원(普通院)은 전적으로 조향하는 승려와 속인을 위해 설치한 것이었다. 일본의 승려 엔닌(圓仁)은 오대산에 참관할 때, 보통원에서 숙식하였다. 엔닌이 보통원에 대하여 설명한 것에 의거하면 다음과 같다.

   보통원에는 항상 밥과 죽이 있었다. 승려와 속인을 막론하고

---

436) 〈옮긴이〉 이름난 꽃이라던가 아름다운 꽃으로서 모란(牧丹)이나 해당(海棠)을 일컫기도 하지만, 모란·매화(梅)·국화(菊)·서향(瑞香)·정향(丁香)·난(蘭)·연(蓮)·도미(荼蘼)·계(桂)·장미·말리(茉莉)·작약(芍藥)을 꼽기도 한다.
437) 李樹桐,「唐人喜愛牧丹考」(『大陸雜誌』 39-1·2 合刊, 1969年 7月), 52-53쪽.
438) 向達,「唐人俗講考」(『燕京學報』16期, 民國 23年 12月).

모이면 잠을 자게 하고, 밥이 있으면 주었고 없으면 주지 않았다. 승려나 중생이 자러 오는 것을 꺼리지 않기 때문에 보통원이라 한다.439)

또 그가 동쪽의 등산로에 있는 해보통원(解普通院)에서 숙식할 때, 오대산을 순례할 때,

오대산을 순례하며 공양드리는 승니와 여인이 모두 1백여 명이었는데, 함께 사원에 기거하였다.440)

라 하고 있다. 속인이 사원에 기숙하는 상황은 당대에 아주 흔한 일이었다. 예를 들어 사람들이 잘 알고 있는 원진(元稹)의 「회진기(會眞記)」중에, 장생(張生)은 최씨(崔氏) 일가와 포주(蒲州)의 보구사(普救寺)에 기숙하였다고 한다. 당나라 말기 『상서고실(尙書故實)』을 지은 이작(李綽)은 그 서문에서「자신은 채소밭을 떠나 불교사원에 기거하였다」라고441) 하였고, 같은 책에 또 정건(鄭虔)이 그림을 그린 상황을 언급하여,

정건이 문학서를 널리 보려고 했으나 종이가 없는 것을 괴로와 했다. 자은사(慈恩寺)에 감잎과 방이 많은 것을 알고 승방을 빌려 기거했다. 날마다 붉은 잎을 주어 책을 써서, 오랜 세월이

---

439) 『入唐求法巡禮行記』 卷2, 213a쪽.
440) 『入唐求法巡禮行記』 卷2, 213b쪽.
441) 李綽, 『尙書故實』 自序, 1쪽.

아미타(阿彌陀)여래좌상(如來坐像) 및 관음(觀音)·세지(勢至)보살 입상 감(龕). 당대 신룡(神龍)원년명(銘)이 있다. 낙양박물관 소장. 가지고 있는 물건으로 볼 때에, 좌협시(左脇侍)<사진의 오른쪽>가 관음보살에 해당한다. 아미타여래는 서방극락(西方極樂)정토(淨土)의 교주(敎主)로서 예부터 절대적인 신앙을 모았으며, 중국에서는 특히 7세기 후반 이래로 조각이나 회화에 자주 등장하고 있다. 윗면의 연(緣)부분에는 연화좌(蓮華座)에 앉아있는 과거칠불(過去七佛)이 표현되어 있으며, 삼존(三尊)의 아래쪽에는 연꽃 가지를 쥐고 있는 공양자와 그 사이에 사리(舍利) 용기(容器)가 새겨져있다.

지나서야 겨우 편찬할 수 있었다.442)

라 하고 있다.

이밖에 사원은 더욱이 속인을 장례지내는(停殯) 곳이 되었고 송별의 장소도 되었다. 동시에 주현의 관리와 군인들이 또한 공적이거나 사적인 일로 말미암아 사원에 기거하였는데, 아마도 장기적이었을 것이다. 이것은 사원이 비교적 넓고 방이 많았기 때문에 가능했을 것이다. 엔닌이 등주(登州) 봉래현(蓬萊縣)을 지나칠 때, 이 현의 개원사(開元寺) 승방이 아주 많았는데, 관리를 접대하여 빈 방이 없었다. 그래서 와서 투숙하려는 승려를 배치할 곳이 없기에 이르렀다.443) 관리가 사원에

---

442) 李綽, 『尙書故實』, 18쪽.
443) 『入唐求法巡禮行記』卷2, 204a쪽.
444) 『唐大詔令集』卷112, 「條貫僧尼勅條」, 9b쪽; 『全唐文』卷46, 代

와서 기숙하는 것은 당연히 폐단을 낳게 되었다. 예를 들어 건축물의 오염과 파괴, 심지어 얕보고 깔보는 일이 있었다. 이 때문에 정부는 여러차례 명령을 내려 관리가 사원에 기거하는 것을 금지하였다. 대종 보응(寶應) 원년 8월 「조관승니칙(條貫僧尼敕)」에 이르기를,

도교·불교 두 종교는 … 상(象)을 설치하는 것은 반드시 존숭함에 있다. 듣자하니 주현(州縣)에서 공사(公私)의 일로 많이 사관(寺觀)을 빌려 기거했는데, 이로 말미암아 얕보고 깔보는 일이 생기기도 하였으니, 마땅히 금지하여야 한다. 힘써 깨끗하고 엄숙하게 하도록 하라.444)

라 하고 있다. 또 대종(代宗) 때 상연(常袞)이 쓴 「금천하사관정객제(禁天下寺觀停客制)」에 역시 이르기를,

듣는 바에 의하면 천하의 사관(寺觀)은 대부분 군사와 관리 등 여러 손님이 기거함으로써 버릇없이 함부로 하고 얕보고 두려워하지 않아서 승려와 도사가 숨고 법당이 훼손되었다. 사색은 아득이 멀어졌고 개탄의 소리만 깊다. 지금부터는 마땅히 금지해야 한다. 그 군사는 본 주현의 장리(長吏)와 본 장(將)이 상의하여 안정되고 편한 곳으로 옮기고, 관리와 모든 손님들은 자못 처분이 있으니 스스로 받들도록 하라.445)

---

444) 『唐大詔令集』 卷112, 「條貫僧尼勅條」, 9b쪽; 『全唐文』 卷46, 代宗 「禁斷公私借寺觀居止詔」條, 12-13쪽; 『冊府元龜』 卷52, 帝王部 「崇釋氏」, 代宗 報應 元年 8月 癸酉條, 1쪽.

라 하고 있다. 그러나 금령은 단지 형식을 갖출 뿐이어서 그다
지 큰 성과가 있었다고 말할 수 없고, 관리와 군사는 여전히 사
원에 기거하기를 좋아하였다. 그래서 덕종 정원(貞元) 5년 3월
에 또 조서를 내려 금지하였다.

　　불교·도교 두 종교는 중생에게 복과 이익을 주고 관우(館宇)
　에서 경을 행하니 반드시 엄결(嚴潔)하도록 해야한다. 지금부터
　주부(州府)의 사관(寺觀)에는 숙객(宿客)이 거주할 수 없고, 옥
　우(屋宇)가 파괴되면 각각 안건에 따라서 수리하도록 하라.446)

　이 칙령은 근본적으로 어떤 손님도 사원에 기거하지 못하도록
금지하였으나 이미 형성된 사실은 바꿀 방법이 없었다. 선종(宣
宗) 대중(大中) 년간 때 선주자사(宣州刺史) 배휴(裵休)가 이르
기를,

　　천하의 사관(寺觀)에 많은 관료들이 기거하며 유린하고 있습
　니다. 이후로는 사원에 기거할 수 없게 하시고, 거스르는 자는
　중벌을 내리십시오라고 하니, 제서를 내려 그렇게 하도록 지시하
　였다.447)

라 하고 있다. 이 칙령의 추진으로 형성된 효과가 어떠하였는지

---

445) 『唐大詔令集』 卷113, 「禁天下寺觀停客制」, 10a-b쪽; 『全唐文』
　　 卷410, 常袞 「禁天下寺觀停客制」, 5쪽.
446) 『冊府元龜』 卷52의 6쪽.
447) 『佛祖統紀』 卷42, 「宣宗大中年條」, 387a쪽.

알 수 없으나 일반적 도리로 미루어 볼 때 아마 단지 형식만 갖추고 내용이 없는 글이었을 것이다. 이 때문에 사원이 여객(旅客) 작용을 갖추고 있는 것은 이미 오래되어 확실히 나그네와 상인·손님을 편리하게 하는 작용을 하였기 때문에, 한 장의 종이에 불과한 명령으로는 금지할 수 없었다. 무종(武宗)이 불교를 멸한 뒤에 사원의 태반이 파괴되었다. 선종이 즉위하자 명령을 내려 다시 옛 사관을 회복하도록 명령하였는데, 특별히 사원의 여관작용을 언급하여,

> 모든 현에 호구가 번성하고, 장사꾼과 여행객이 모여들어 향화(香火)에 의지하기를 원하며, 진량(津梁)을 건너고 또한 양사(量事)에 임함으로써 각각 원(院) 1곳을 두고 있다. … 산 골짜기는 험난하고 길은 위험하여 지친 수레는 무거운 짐을 지어서 잠시 쉬어 머물러야 하므로 옛날의 터에 난야(蘭若)를 설치하도록 하라.448)

라고 하여, 사원이 여관의 역할을 경영하는 것은 또한 그 폐지할 수 없는 원인이 있음을 알 수 있다. 이 방면에서 도관(道觀)도 스스로 같은 작용을 갖추고 있었다. 사원이 여관의 역할을 겸하거나 교육과 관광의 장소가 됨으로써 자연히 사원이 사회와의 관계가 더욱 밀접하게 형성되는 것을 촉진하였다. 그래서 사원은 더욱 사회화·세속화되었고, 다른 한 면으로는 사원의 수

---

448) 『唐會要』 卷48, 「議釋敎下」, 843쪽.

익을 늘어나게 하였는데, 이것은 자연스런 일이었다.449)

2. 사원의 사회구제사업에 대한 공헌

당대에 사원은 역시 전대 약간의 사회구제사업에 종사한 것을 답습하였고, 정부는 비전(悲田)・양병(養病)을 설립하여 제빈(濟貧)・양로(養老)의 일에 종사하였다. 처음 설치할 때, 정부는 담당하는 사관(使官)을 두어서 전적으로 관장하도록 하였으나 오래 가지 못하고 이를 사원에 위탁하여 처리하였는데, 송대에까지 계속 이와 같았다.

비전・양병방은 측천(則天) 시대의 장안(長安) 년간에 처음 설치되어 구로(救老)・양병(養病)을 업무로 하고, 또 전문적인 사관(使官)을 두어 이 업무를 책임지게 하였는데, 완전히 관부가 관리하였다. 『당회요』에서는 이 일을 매우 상세하게 말하여,

> 개원(開元) 5년 송경(宋璟)이 아뢰기를, 비전・양병은 장안 년간 이래로 담당하는 사관(使官)을 두어서 전적으로 관장하도록 하였으나 국가가 고아나 과부를 불쌍히 여겨 돕고, 노인과 병자를 살피게 하였으며, 안정시키고 보호하는 데는 각각 유사(有司)가 맡아 보았습니다.450)

라고 하듯이, 설치 초기에는 완전히 일종의 국가사업이 되었고

---

449) 道端良秀, 「宿房으로서의 唐代寺院」, 61-62쪽(『支那佛教史學』 2-1, 1938年 3月).
450) 『唐會要』 卷49, 「病坊條」, 862쪽.

사원과는 무관하였음을 알 수 있다. 그러나 이후에는 사원에 위탁함으로써 승려의 직책으로 바뀌었다. 그러나 언제부터 사원에서 맡기 시작하였는지는 확실히 고증할 방법이 없다. 이덕유(李德裕)의 회창 5년 11월에 상주한 주문에 의거하면 개원 시기부터 이미 사원이 경영했을 가능성이 있다. 그 주문에 일컫기를,

> 국가가 비전·양병을 세우고 담당하는 사관(使官)을 두어서 전적으로 관장하도록 하였습니다. 개원 5년 송경이 아뢰기를 비전은 불교와 관련된 것이므로, 이것은 승려가 관장하여야 하는 것이지 사관(使官)을 정하여 전적으로 관장하게 해서는 안된다고 하였습니다만 현종께서 허락하지 않았습니다. … 22년 (10월)에 이르러 경성의 거지를 모두 병방(病坊)에 수용하여 관리하도록 하니, 관부에서는 본전으로 이자를 얻어 이에 주었습니다.451)

라고 하는데, 『자치통감』 권214, 개원 22년조에 "경성에 거지를 금하고 병방을 두어 그들을 구호하였다"라452) 하고 있다. 호삼성의 주에 이르기를,

> 당시 병방을 각 절에 나누어 두었다. 비전으로 병자를 보살펴 주는 일은 불교에 근본을 두고 있는 것이다.453)

---

451) 『唐會要』 卷49, 863쪽; 『全唐文』 卷704, 李德裕 「論兩京及諸道悲回坊狀」, 3쪽.
452) 『資治通鑑』 卷214, 「開元22年條」, 5쪽.
453) 『資治通鑑』 卷214, 「開元22年條」, 5쪽.

라 하고 있다. 이로 인하여 개원 년간에 이르러 비전·양병은 이미 완전히 사원이 대행하였고, 그 뒤 줄곧 사원이 책임지게 되었음을 증명할 수 있다. 무종이 불교를 멸한 뒤 승려가 환속하여 그 일을 맡을 사람이 없었다. 그래서 이덕유가 다시금 우선 지방 기숙(耆宿)이 그 일을 주지하도록 건의하여 아뢰기를,

> 지금 모든 승려들이 이미 환속하였기 때문에 비전방을 맡을 사람이 없어, 가난하고 병든 사람이 하소연할 데가 없을까 두렵습니다. … 신들이 생각컨대 비전은 불교에서 나왔기 때문에 양방으로 고치기를 바랍니다. 그 양경(兩京)과 모든 주에는 각각 녹사(錄事)나 나이많은 사람 가운데 1인을 선택하시고 품행이 바르고 삼가 근신하여서 마을에서 칭송되는 자를 선택하여 전문적으로 그 사무를 담당하게 하십시오. 그 양경에는 또 사찰에 토지 10경을 주고, 큰 주와 진(鎭)에는 토지 7경을 주며, 그밖의 모든 주에는 관찰사에게 위임하여 가난하고 병든 자가 얼마인지 헤아려서 5경을 주어서 죽과 음식에 충당해야 합니다. 만약 주진(州鎭)에 남은 관전(官錢)이 있으면 본전(本錢)을 내어 이익을 얻도록 하는 것이 수월한 방법일 것입니다.454)

라 하고 있다. 그의 건의는 무종이 받아들였다. 그러므로 회창 5년 11월에 칙령을 내려 말하기를,

> 비전·양병방은 승려가 환속하였기 때문에 주지할 사람이 없

---

454) 『唐會要』 卷49, 「病坊條」, 863쪽 ; 『全唐文』 卷704, 李德裕 「論兩京及諸道悲回坊狀」, 3쪽.

항삼세명왕(降三世明王)좌상. 항삼세명왕(降三世明王)이라는 것은 밀교(密敎)의 오대명왕(五大明王) 가운데 일존(一尊)이다. 동방(東方)에 배치되는 경우가 많다. 삼세, 즉 탐(貪)·진(瞋)·치(痴)를 굴복시키는 역할을 담당한다. 당대의 단독상으로 된 유품으로서는 이 상(像)이 유일하다. 화염이 퍼져나가는 형태의 광배(光背)을 짊어지고 있으며, 한쪽 다리를 밑으로 걸치고 있다. 삼목(三目)삼면(三面)팔비(八臂)로서 눈을 부릅뜬 분노한 형상이다. 가슴 앞에서 양손을 교차시키면서 새끼손가락을 서로 잇고 있다. 각 곳에 남색과 주색의 채색 흔적이 남아있으며, 금박의 흔적도 남아있다.

어 가난하고 병든 사람을 거둘 수 없음이 염려된다. 양경(兩京)에 있는 사찰에 토지를 주어 그들을 구제하도록 하고 각 주와 부에는 7경에서 10경까지 주도록 하라. 각기 본래 관할하던 곳에서 노인 1인을 선택해서 담당하도록 하여 죽료(粥料)에 충당토록 하라.455)

라 하고 있다. 이 때문에 회창 년간에 불교를 멸한 뒤에 비전·양병 두 방은 완전히 사원의 손에서 지방 주현의 손으로 넘어가서 불교와는 완전히 무관하게 되었다. 이러한 상황이 얼마나 오

---

455) 『舊唐書』 卷18, 武宗本紀, 會昌 5年 11月條, 26쪽; 『全唐文』 卷77, 武宗 「選耆壽勾當悲田養病坊勅」, 2쪽.

래 계속되었는지는 알 수 없으나 아마 그다지 오래 유지되지는 않았을 것이다. 왜냐하면 의종(懿宗)의 「질유추은칙(疾愈推恩勅)」에 말한 바에 의거하면,

주현(州縣)의 병방(病坊)에 가난한 아이들이 많은 곳에는 쌀 10석을 주고, 그 수가 적은 곳에는 7석·5석·3석을 주도록 하라. 그리고 병방은 원칙(元勅)에 의하면 각각 본전과 이자가 있는데, 해당 지역의 자사(刺史)·녹사참군(錄事參軍)·현령(縣令)에게 맡겨서 따지어 감독하도록 하고 도행승려(道行僧侶) 차출하여 전문적으로 이 사무를 담당하고, 3년에 한번씩 교체하도록 하라.456)

라 하고 있다. 이 칙령으로 말미암아 의종 때 승려가 또 병방의 일을 책임졌고 3년에 한번 교체되었음을 알 수 있다. 비전방도 또한 같았을 것이라고 생각된다. 같지 않은 것은 이미 불교를 멸하기 이전처럼 완전히 사원이 처리한 것이 아니고, 승려와 정부가 함께 처리했다는 점이다. 그러나 당나라 말 시기에 비전·양병은 정부가 가끔 책임졌던 때 이외에 대부분의 시간에는 여전히 사원이 책임졌다. 이 때문에 비전·양병 이 두 가지는 사원과 실로 아주 밀접한 관계에 있었다.

정부가 기구를 설립하여 사원이 구병(救病)·양로·제빈(濟貧)의 일을 처리하도록 일임한 이외에 기타 명승대덕(名僧大德)

---

456) 『全唐文』 卷84, 懿宗 「疾愈推恩勅」, 11쪽.

이 또한 개인의 힘으로 비(悲)·경(敬) 양전을 보시하기도 하였다. 천태지자대사(天台智者大師)는 시주받아 얻은 각각 60종을 전부 비전과·경전 양전에 도로 시주하였다.457) 정관 11년 원적(圓寂)의 「회창사석덕미본전(會昌寺釋德美本傳)」에 이르기를,

 (석정[釋靜])묵(默)은 장차 멸도(滅度)할 때, 두루 복전업(福田業)을 덕미(德美)에게 위탁하니 덕미가 그것을 행했다. 그러므로 비(悲)·경(敬) 양전은 해마다 1번 시주하고, 혹은 옷을 주었고 혹은 후량(糇糧)으로 구제하였다. 더러 조복처(造福處)에 부족한 것이 많아서 모두 와서 복을 만들기를 기원하고 모두 진급(賑給)하였다.458)

라 하고 있다. 「자은전(慈恩傳)」에서는 현장(玄奘)이 시주받아 얻은 견직물 만여 단을 가난한 사람에게 보시하였고, 또 외국 바라문교 손님들에게도 얻자 마자 보시하였기 때문에 축적한 재산이 없었다고 한다.459) 「당 대화 상동정전(唐大和上東征傳)」에 감진(鑑眞)이 개원 21년에 양주(揚州)에 있을 때 말하기를,

 무차(無遮)대회를 개최하여 비전(悲田)을 열어 가난하고 병든 자를 구제하였고, 경전(敬田)을 열어서 삼보(三寶)에 공양하였다.460)

---

457) 『隋天台智者大師別傳』, 195a쪽.
458) 『續高僧傳』 卷29, 「釋德美傳」, 697a쪽.
459) 『大唐大慈恩寺三藏法師傳』 卷10, 175c쪽.
460) 「唐大和上東征傳」, 992b쪽.

불석상(佛石像)의 뒷부분. 북제시대. 높이 62.6cm. 상해박물관 소장.

라 하고 있다. 이러한 것들은 모두 비전의 보시와 관계된 것인데, 가장 유명한 것은 화도사(化度寺)와 복선사(福先寺)에 설치된 무진장만한 것이 없었다. 사원의 재산은 세 부분으로 나뉘었는데, 그 가운데 한 몫은 천하의 가난하고 고통받는 사람들에게 시주한 것이고, 그 규모의 거대함과 조직의 밀도와 효용의 강대함은 당시에 매우 이름을 날렸다. 그밖에 승려의 자비심으로 사회자선사업에 참여한 자도 아주 많았다. 여기서는 몇 가지만 사례로 든다. 대력(大曆) 말년에 진주(晉州) 대범사(大梵寺)의 대병사(代病師)는 "무릇 해마다 계속되는 기근 때문에 양식을 모집하여 식사를 베풀었고 뒤에 조주(趙州)에서 황폐하고 부족한 것을 구제하고 식도장(食道場)을 전후 8회를 열었더니 멀리서 가까이서 그것에 의지했다"라461) 하고 있다. 지덕(至德) 원(756)재에 현종(玄宗)이 성도(成都)에 머무를 〔駐蹕〕 때, 승려 영간(英幹)이 광구(廣衢)에서 죽을 베풀어 가난하고 굶주리는 자를 구했다고 한다.462) 그리고 장안(長安)에 자비사(慈悲寺)가 있었는데 고조(高祖)가 사문 담헌(曇獻)을 위해 세운 것이라고 하며, 수나라 말기에 기아로 허덕일 때 담헌은 항상 가난하고 궁핍한 자들에게 베풀었기 때문에 사찰을 마침내 자비사로 이름지었다고 한다.463) 불교의 무차대재(無遮大齋)·수륙재(水陸齋)·무애대재(無碍大齋) 등의 법회는 곧 중생에게 베풀기 위해 개설된 것이다. 그밖의 사회사업은 모두 예를 들어 도로의 수리와 건축, 교량·나루터·공동우물·나무심기·의료·시욕(施浴) 등을 만드는 것이었다. 사원은 또한 사회복지를 위해 온힘을 다하였다.

　당대 불교 사원의 지방사회 사업방면에 대한 그 공로는 더욱 소멸될 수 없다. 당대 지방 주부(州府)에는 해당 지역에 건설할 능력이 매우 적었다. 모든 자원과 재부가 대부분 절도사의 손에서 조정되었고 절도사가 착취하여 획득한 것은 모두 개인의 주머니를 채우는데 쓰였기 때문에 종종 지방의 건설을 소홀히 하였다. 그러므로 지방의 공익건설은 대부분 사원과 승려에 의존하였다.

---

461) 『宋高僧傳』 卷26, 「唐晉州大梵寺代病師傳」, 878쪽.
462) 『佛祖統紀』 卷40, 「肅宗至德元載」, 378a쪽.
463) 『兩京新記』 卷3, 「慈悲寺」; 徐松, 『唐兩京城坊考』 卷4, 12쪽; 『佛祖統紀』 卷39, 「高祖德宗元年條」, 362a-b쪽.

제 6 장 결론

제 6 장
결 론

　본문은 모두 5장으로 나누어 남북조에서 당대까지 불교사원 경제기초의 수립과 발전에 대하여 종합적인 설명을 하였는데, 당대를 위주로 하였다.
　사원경제를 일으킬 수 있는 요인은 다름아니라 종교가 마취작용을 가지고 있어서 경건한 마음으로 믿는 사람이 복업(福業)을 구하기 위해 자진하여 자신의 재산―돈과 비단·장원·집 등 포괄―을 내어 공헌하였기 때문이다. 게다가 불교의 교의는 또 사람에게 시주를 권장하였다. 이 때문에 신도 혹은 승려들의 시주는 사원수입의 중요한 원천이 되었다. 그 다음은 바로 사회적 요인으로서 사원이 조세와 요역을 면제받는 특권을 가지고 있어서, 사회가 불안한 시기에 가난한 사람이나 자신을 지킬 힘이 없는 사람들이 대다수 사원에 의탁하여 보호받고자 하였으며, 생활을 강구하였다. 곧 부호(富戶)나 힘있는 정남(丁男)은 서로 다투어 입도(入道)하여 임시로 요역을 피하였다. 이 때문에 남북조 시기에 불교사원은 급속한 발전의 가장 좋은 기회를 얻은 것이다. 이밖에도 사원은 통치계급의 지지와 보호를 얻었는데, 이것은 모두 사원으로 하여금 특수집단이 되기에 충분한 것이었다.

사원경제는 남북조시기의 오보식(塢堡式) 혹은 장원식(莊園式)의 자연경제 상황 아래에서 세족호강(世族豪强)이나 중앙정부와 더불어 정립(鼎立)하는 세력을 형성하였다. 민중의 호구는 세족호강과 사원이 차지한 바가 적지 않아서 진정한 납세 국민은 그다지 많지 않았다. 이로 인해 인민들은 사원이나 대족(大族)의 장원에 도망가서 조세와 요역을 면할 수 있었다. 사원이 대량의 인구를 품고 있었기 때문에 재산증가의 절호의 조건이 되었다. 남북조 시기의 사원은 대량의 영호(領戶)를 품고 있었을 뿐 아니라 또한 토지장원도 가지고 있었고, 또한 전당포[質庫] 등의 영리사업에도 종사하였다. 전당포의 생성은 사원이 있었기에 일어난 것이라고 말할 수 있다. 이밖에 사원은 많든 적든 금전과 곡속(穀粟) 등을 민간과 정부에 대차하였는데, 비록 구제와 자선의 성질도 포함하고 있지만 동시에 영리 작용을 가지고 있었다. 이것은 사원 수입의 가장 큰 내원이 되었다. 사원은 세속과 같이 재산의 분할이나 승계 제도가 없었기 때문에 사원재산은 통상 누적되고 증가하였다. 이 때문에 남북조 시기에는 이미 많은 사문(沙門)이 있었고, 그 재산이 많았기 때문에 정부의 질시(嫉視)의 대상이 되기에 충분하였다. 사원은 또한 마찬가지로 신도의 대량 시주와 자신의 유효한 경영의 결과로써 부유하다고 알려졌고, 남조 정부는 심지어 군비가 부족하여 그들에게 돈을 꾸어 달라고 말할 수밖에 없었다. 북조에서는 승려가 곡속을 운반하여 관부에 넣으므로써 관직을 얻을 수 있도록 규정하였는데, 이렇게 승려에게 관직을 파는 상황은 또한 사원의 풍부함을 간접적으로 설명한 것이다. 동시에 사원은 종종 그 세력에 힘입어 지방의 주현(州縣)과 연결되기도 하였으며 관부의 세력에 의지하여 민간에 가서 이자를 취하기도 하였다. 이것은 모두 남북조 시기의 사원경제가 이미 거대한 규모를 가졌음을 말해준다.

당대 사원의 발전은 이전에 비해 더욱 성행했고 사원경제의 세력도 이전에 비해 더욱 풍부하고 안정되었으며 활동범위와 종류 또한 크게 증가하였다. 그 재산은 개원(開元)시기에 이미 "천하재산은 불교가 7·8할을 가지고 있다"라는 말이 있었다. 당대는 무측천 시기부터 호구가 도망하기 시작하여 천보(天寶) 14년에 부역을 지지 않는 호가 356만 여에 이르러, 전국 전체 호수의 3분의 1을 넘게 차지하였고, 부역을 담당하지 않는 구(口)가 4470만 여에 이르러 전국 전체 구수(口數)의 6분의 5를 넘게 차지하였다. 이러한 부역을 지지 않는 호구의 태반은 사원에 도망쳐서 행방을 감추었다. 당대 사원이 점유한 장원의 수량이 도대체 얼마인지 우리들은 이미 통계낼 길이 없지만, 그 광대함은 의심할 수 없다. 당대 균전제도가 시행되지 않은 지 오래된 것은 당연히 그 요인이 많겠지만 토지의 불충분한 분배도 중요한 원인의 하나일 것이다. 그리고 사원이 대량의 장원토지를 소유하고 있는 것도 이러한 토지의 불충분한 분배 상황을 조성한 주요한 원인이다.

사원장원의 획득은 신도의 시주에 의지한 것이 가장 중요한데, 왕유(王維)의 망천(輞川) 별장을 절로 삼도록 시주한 것은 유명한 사례이다. 당대 사령(寺領)장원은 종종 비석을 세워 그 원천을 기록하고 또한 장원의 사지(四至)를 설명하였다. 그리고 사원(寺院)은 장원의 경영에 전력을 다하여 비록 전매(典賣)나 황폐(荒廢)의 상황이 있긴 하였지만 그 수는 많지 않았다. 당대 사원의 장원은 거경(巨卿)귀족의 별서(別墅)나 별업(別業)과 큰 차이가 없어서, 사원의 장원은 참으로 사원의 모든 경제활동의 기초가 되었다.

사원은 장원경영 이외에도 공상업 방면에서도 또한 상당한 활약을 하였고 전당포(質庫)의 경영도 이전에 비해 더욱 성행하여, 고관(高官)과 대상인도 그 영향을 받아 전당포경영에 참여하여 전당포업이 민간에서도 성행하게 되었다. 동시에 사원은 또한 보리·조·마·콩 등의 실물을 민간에 대차하는 일도 성행하였다. 이러한 대차행위는 돈황·호탄(Khotan) 일대의 사원에서 가장 보편적이었다. 서역에서 발견된 문서 가운데 이러한 대차와 관련된 계약첩문이 많이 있는데 내용이 아주 상세하다. 인민들은 통상 씨앗과 식량이 부족하면 사원에 대차를 원했는데, 이자가 있든 없든 수없이 많이 행해졌다. 이밖에도 사원의 입파력(入破曆)이 있는데, 모두 해마다 사원이 추천한 직세승(直歲僧)이 책임지고 관장하였으며, 그 해 말에 직세는 그 일년 동안에 취급한 모든 수입과 지출 항목을 제출하여 하나하나 승려들 앞에서 낭독하여 그들의 인가를 받아야 했다. 사원은 실물을 빌려주었을 뿐 아니라 금전을 대차함으로써 이자를 취하였고, 이밖에도 물레방아(碾磑)와 제유업에도 종사하였다. 돈황의 입파력에는 「양애(梁磑)」와 「애과(磑課)」 등의 수입에 대한 기록이 있다. 연애의 경영은 필수적이었고 그 이익의 획득이 아주 많았다. 그러므로 사원과 귀족은 모두 똑같이 연애의 경영에 종사하였기 때문에 양자는 경쟁관계에 있었다.

사원은 큰 장원과 풍부한 경제력을 가지고 있었기 때문에 일종의 특수한 집단이 될 수 있었다. 이 집단 안에도 동일한 계급적 존재가 있었다. 최상층은 사문귀족인데, 그들은 통상 왕후(王侯)와 왕래하고 정부의 훈작(勳爵)을 받았다. 아울러 하층승려들이 사문귀족의 복역을 대신하여 그들로 하여금 일종의 유유자적하고 좋은 옷과 맛있는 음식을 먹는 생활을 영위하게 하였다. 그 다음은 바로 일반 승려들로서 경전을 외우고 읽는 법을 가르치는 일을 하였고, 혹 바깥으로 나가 동냥하거나 하여 그들은 통상 부호(富戶) 시주자의 공양을 받았으며, 획득한 시주도 대부분 그들의 소유에 속하였다. 가장 하층은 저급승려와 사원에 부속된 노비로서 사원의 잡역과 밭일은 모두 그들이 도맡아 하였다. 그러므로 그들은 사원에서 가장 바쁘고 가장 필수불가결한 무리라 할 수 있다.

사원과 민간은 밀접하고 불가분의 관계에 처해 있었다. 그러므로 사원 자체는 가장 좋은 사회화의 조건을 갖추고 있었다. 이 때문에 사원은 평상시에 유람의 장소이고, 연회를 벌이거나 보내고 맞이하는 장소이며, 또한 행상과 여행객이 머물러 자고 가는 곳이기도 하였다. 명승대덕(名僧大德) 대부분이 당시 제일의 유학자(遊學者)이고, 또 사원이 장서를 풍부하게 가지고 있으며, 방이 유정(幽靜)하고 넓어서 사원은 가난한 집의 자제들이 배움을 구하는 가장 좋은 곳이 되었다. 그들은 승려를 따라 바리때를 씻거나 혹은 명승(名僧)에 의지하여 책을 읽었는데, 일거(一擧)에 이름을 얻어 귀하게 재상이 된 자가 대대로 많았다. 동시에 사원은 종종 자신의 재력으로 지방의 건설에 종사하였고, 당대에 지방에서 다리를 만들고 길을 고치거나 공동우물을 파는 일 등은 실로 사원이 맡아서 하는데에 기대지 않을 수 없었는데 이것은 그들이 사회에 한 큰 공헌이었다. 이밖에도 비전(悲田)·양병방(養病坊) 등의 사회구제기구는 사원이 힘을 다했던 덕택에 효과를 본 것이다.

당대 사원은 이미 대량의 토지를 점유하고 또한 대량의 인구를 점유하여 그 경영세력이 풍부하고 깊고 넓어 충분히 정부의 주의를 끌었다. 이 때문에 정부는 일찍이 여러 방면에서 법을 만들어 한편으로는 조사하여 단속하기도 하고 한편으로는 견제하기도 하여서 사원경제의 계속적인 팽창을 막았다. 더욱이 무종(武宗) 회창(會昌) 년간에 불교를 멸하고자 함으로써 가장 철저하게 하였다. 그러나 그 시기가 아주 짧아 오래지 않아 회복하게 되었는데 이는 대체로 사원 세력이 이미 상당히 견고하여 이러한 금령으로 제거될 수 있는 바가 아니었기 때문이다.

참고문헌

1. 專書部分

梁, 僧祐,『弘明集』(『大正新修大藏經』2102・52冊)
梁, 慧皎,『高僧傳』(『大正新修大藏經』2059・50冊)
梁, 寶唱,『比丘尼傳』(『大正新修大藏經』2063・50冊)
唐, 道宣,『廣弘明集』(『大正新修大藏經』2103・52冊)
唐, 道宣,『續高僧傳』(『大正新修大藏經』2060・50冊)
唐, 玄奘譯, 辯機撰,『大唐西域記』(『大正新修大藏經』2087・51冊)
唐, 智昇,『開元釋敎錄』(『大正新修大藏經』2154・55冊)
唐, 義淨,『南海寄歸內法傳』(『大正新修大藏經』2125・54冊)
唐, 義淨,『大唐西域求法高僧傳』(『大正新修大藏經』2066, 51冊)
唐, 懷信,『釋門自鏡錄』(『大正新修大藏經』2083・51冊)
唐, 唐臨,『冥報記』(『大正新修大藏經』2082・51冊)
唐, 圓照,『(不空)表制集』(『大正新修大藏經』2120・52冊)
唐, 慧立撰, 彥悰箋,『大唐大慈恩寺三藏法師傳』(『大正新修大藏經』2053・50冊)
唐, 神淸撰, 慧寶注,『北山錄』(『大正新修大藏經』2113・52冊)
唐, 慧祥,『古淸凉傳』(『大正新修大藏經』2098・51冊)
唐, 惠祥,『法華傳記』(『大正新修大藏經』2068・51冊)
唐, 惠祥,『弘贊法華傳』(『大正新修大藏經』2067・51冊)
宋, 張商英,『續淸凉傳』(『大正新修大藏經』2099・51冊)
宋, 贊寧,『宋高僧傳』(『大正新修大藏經』2061・50冊)
宋, 贊寧,『大宋僧史略』(『大正新修大藏經』2026・54冊)
宋, 釋道誠,『釋氏要覽』(『大正新修大藏經』2127・54冊)

宋, 契嵩, 『鐔津文集』(『大正新修大藏經』2115・52冊)
宋, 志磐, 『佛祖統記』(『大正新修大藏經』2035・49冊)
宋, 宗賾, 『禪苑淸規』(禪宗集成, 藝文印書館影印日本金澤文庫, 1968년 12월 초판, 臺北)
元, 念常, 『佛祖歷代通載』(『大正新修大藏經』2036・49冊)
元, 僧德輝, 『勅修百丈淸規』(『大正新修大藏經』2025・48冊)
실名, 『神僧傳』(『大正新修大藏經』2064・50冊)
梁, 沈約, 『宋書』(藝文印書館武英殿殿本, 臺北)
梁, 蕭子顯, 『南齊書』(〃)
唐, 姚思廉, 『梁書』(〃)
唐, 姚思廉, 『陳書』(〃)
北齊, 魏收, 『魏書』(〃)
唐, 李百藥, 『北齊書』(〃)
唐, 令狐德棻, 『北周書』(〃)
唐, 李延壽, 『北史』(〃)
唐, 李延壽, 『南史』(〃)
五代, 劉昫, 『舊唐書』(〃)
宋, 歐陽修, 『新唐書』(〃)
宋, 司馬光, 『資治通鑑』(〃)
北魏, 楊衒之, 『洛陽伽藍記』(世界書局, 1962년 11월 初版, 臺北)
唐, 長孫無忌, 『唐律疏議』(四部叢刊, 上海涵芬數影印吳縣潘氏滂熹 齊藏宋刊本)
唐, 段成式, 『酉陽雜俎續集』(四部叢刊, 上海商務縮印工安傅氏雙鑑 樓明刻本)
唐, 玄宗撰, 李林甫註, 『唐六典』(文海書局, 1962년 11월 初版, 臺北)
唐, 杜佑, 『通典』(萬有文庫十通, 商務書局, 1937년 3월 初版, 臺北)
唐, 韋述, 『兩京新記』(世界書局, 1963년 11월 初版, 臺北)
唐, 寒山, 『寒山子詩集』(四部叢刊, 商務, 上海)
唐, 李德裕, 『李文饒文集』(四部叢刊, 商務縮印常熟瞿氏藏明刊本, 上海)

五代, 王定保, 『唐摭言』(世界書局, 1962년 2월 初版, 臺北)
宋, 宋敏求, 『唐大詔令集』(適園叢書)
宋, 王讜, 『唐語林』(世界書局, 1962년 2월 初版, 臺北)
宋, 王欽若, 『册府元龜』(中華書局, 1967年 5月 初版, 臺北)
宋, 馬端臨, 『文獻通考』(萬有文庫十通, 商務書局, 1937년 3月 初版, 臺北)
宋, 李昉, 『太平廣記』(新興書局, 臺北)
宋, 錢易, 『南部新書』(叢書集成初編, 商務, 上海)
淸, 董浩, 『欽定全唐文』(滙文書局, 1961年 12月 初版, 臺北)
淸, 陸心源, 『唐文拾遺』(文海書局, 1962年 11月 初版, 臺北)
淸, 王文誥・邵希曾緝, 『唐代叢書』(新興書局, 1968年 6月 新一版, 臺北)
淸, 翟灝, 『通俗編』(廣文書局, 1968年 7月 初版, 臺北)
淸, 劉世珩, 『南朝寺考』(聖廎叢書, 光緖 33年刊)
淸, 徐松, 『唐兩京城坊考』(世界書局, 1962년 11月 初版, 臺北)
『筆記小說大觀本』(新興書局, 臺北)
淸, 王昶, 『金石萃編』(國聯出版公司, 臺北)
淸, 陸徵祥, 『八瓊室金石補正』(藝文印書館, 石刻史料叢書, 臺北)
淸, 劉喜海, 『金石苑』(〃)
淸, 阮元, 『兩浙金石志』(〃)
淸, 阮元, 『山左金石志』(〃)
淸, 胡聘之, 『山右石刻叢編』(〃)
淸, 陸耀遹, 『金石續編』(〃)
淸, 葉昌熾, 『語石』(國學基本叢書, 商務, 1956年 4月 初版, 臺北)
許國霖, 『敦煌雜錄』(1936年)
劉復, 『敦煌掇瑣』(1931年에서 1932年까지)
羅振玉, 『羅雪堂先生全集三編』(文華出版社, 1970年 4月 一版, 臺北)
湯用彤, 『漢魏兩晉南北朝佛敎史』(商務, 1956年 4月 初版, 臺北)
李劍農, 『魏晉南北朝隨唐經濟史稿』
柳怡徵, 『中國文化史』(正中書局, 1968年 臺八版, 臺北)
呂思勉, 『魏晉南北朝史』(開明書局, 1969年 1月 臺一版, 臺北)

陶希聖,『中國政治思想史』(南方書局, 1942年 10月, 重慶)
陶希聖·鞠淸遠,『唐代經濟史』(商務, 人人文庫, 1968年 7月 臺一版, 臺北)
黃現璠,『唐代社會概略』(商務史地小叢書, 1936年 3月 初版, 臺北)
任繼愈,『漢-唐中國佛敎思想論集』
劉伯驥,『唐代政敎史』(中華書局, 1968年 7月 臺二版, 臺北)
黃聲孚,『唐代佛敎對政治之影響』(天德印務公司, 1959年 4月, 九龍)
金發根,『永嘉亂後北方的豪族』(中國學術著作獎助委員會, 1964年 9月 初版)
日本, 圓仁,『入唐求法巡禮行記』(續續群書類從, 1907年 12月, 東京)
道端良秀,『唐代佛敎史の硏究』(1967年 9月 二版, 京都)
仁井田陞,『唐宋法律文書の硏究』(1967年 4月 二版, 東方文化學院東京硏究
   所刊, 東京)
加藤繁,『支那經濟史考證』(東洋文庫叢書, 東洋文庫出版, 1965年 4月 20日
   再版, 東京)
周藤吉之,『中國土地制度史硏究』(1965年 9月 二版, 東京大學出版社, 東京)
『敦煌吐魯番社會經濟資料』(西域文化硏究所收, 法藏館, 1959年 3月, 京都)
Stein, M. Aurel: *Ancient Khotan*(Oxford University 1907, London)
Ch'en, Kenneth: *Buddhism in China-A Historical Survey*(Princeton
   University, Princeton, 1964)

2. 論文 部分

陶希聖,「唐代寺院經濟槪說」(『食貨』 5-4, 1937年 2月)
陶希聖,「唐朝的錢荒」(『北大社會科學季刊』 6-3, 1936年 10月)
陶希聖,「唐代官私貸借與利息限制法」(『淸華大學社會科學』, 1936年 10月)
鞠淸遠,「唐宋元寺領莊園硏究」(『中國經濟』 2-9, 1934年)
武仙卿,「唐代土地問題槪說」(『食貨』 5-4, 1937年 2月)
武仙卿,「魏晉時期社會經濟的轉換」(『食貨』 1-2, 1935年 2月)
何玆全,「中古大族寺院領戶的硏究」(『食貨』 3-4, 1936年)
何玆全,「中古時代之中國佛敎寺院」(『中國經濟』 2-9, 1934年 9月)

何玆全,「魏晉時期莊園經濟的雛形」,(『食貨』創刊號, 1934年 12月)
金祖同,「唐西域官文書佚存」,(『說文月刊』1-8)
金祖同,「唐西域官文書續絹」,(『說文月刊』1-12, 1936年 6月))
賈鍾堯,「唐會昌政教衝突史料」,(『食貨』4-1, 1936年 6月)
葉受旗,「唐代寺院經濟之管窺」,(『學風』5-10)
劉興唐,「唐代之高利貸事業」,(『食貨』1-10)
楊蓮生,「唐代高利貸及責務人的家族連帶責任」,(『食貨』1-5)
玉井是博,「唐代的土地問題」,(玄嬰譯)(『中法大學月刊』3卷, 2-5)
塚本善隆,「北魏之僧祇戶與佛圖戶」,(周乾榮譯)(『食貨』5-12, 1937年 6月)
傅安華,「唐代玄宗以前的戶口逃亡」,(『食貨』1-4, 1935年 1月)
森慶來,「唐代均田法中僧尼的給田」,(高福怡譯)(『食貨』5-7, 1937年 4月)
范午,「宋代度牒說」,(『文史雜誌』2-4, 1941年 1月)
王輯五,「唐代莊園考」,(『北大社會季刊』新2-3, 1943年 7月-9月)
向達,「唐代俗講考」,(『燕京學報』16, 1934年 12月)
陳寅恪,「武曌與佛教」,(『歷史語言研究所集刊』5-2, 1935年 12月)
羅時憲,「唐五代法難與中國佛教」,(『國立中山大學』, 1943年 6月)
全漢昇,「中古寺院的慈善事業」,(『食貨』1-4, 1935年 1月)
全漢昇,「宋代寺院所經營之工商業」,(『北大四十周年紀念論文集乙編』上, 1940年 1月, 昆明)
全漢昇,「中古自然經濟」,(『歷史語言研究所集刊』10, 1943年 5月)
全漢昇,「唐代物價的變動」,(『歷史語言研究所集刊』11, 1947年)
金毓黻,「從楡林窟壁畫耕作圖說盜唐代寺院經濟」,(『考古學報』1957年 2月)
薩孟武,「南北朝佛教流行的原因」,(『大陸雜誌』2-10, 1951年 5月)
孫國棟,「唐宋之諸社會問題之消融」,(『新亞學報』4-1, 1959年 8月)
嚴耕望,「唐代佛敎之地理分布」,(『民主評論』4-24, 1953年 12月)
嚴耕望,「唐人讀書山林寺院之風尙」,(『歷史語言研究所集刊』30, 1959年 10月)
沈剛伯,「論文化蛻變兼述我國歷史上的第一次文化大革新」,(『中山學術文化集刊』1, 1968年 3月)
李樹桐,「唐代的政教關係」,(『師大學報』12, 1967年 6月)

李樹桐,「唐人喜愛杜丹考」(『大陸雜誌』39-1・2合刊, 1969年 7月)
方豪,「宋代佛教對社會及文化之貢獻上中下」(『現代學苑總』66・67・68)
方豪,「宋代佛教對書法之倡導與貢獻」(『中山學術文化集刊』6, 1970年 11月)
方豪,「宋代佛教與遺骸之收瘞」(『天主教學術研究所學報』3, 1978年 10月)
那波利貞, 「中晩唐時代に於ける敦煌地方佛教寺院の碾磑經營に就いて(上中下)」(『東亞經濟論叢』1-3・ 及 2-2)
那波利貞,「梁戶考」・「梁戶考續編」(『支那佛教史學』2-1・2, 1938年, 3・五月)
那波利貞,「敦煌發見文書に據る中晩唐時代の佛教寺院の錢穀布帛類貸附營利事業運營の實況」(『支那學』10-3, 1941年 7月, 1941)
玉井是博,「唐時代の社會史的考察」(『史學雜誌』編, 34-4, 1923年 4月)
三島一・鈴木俊,　「唐代に於ける寺院經濟」(『世界歷史大系東洋中世史』,・　1934年, 5月, 1934)
三島一,「唐宋寺院の特權化への一瞥」(『歷史學』1-4, 1931年, 1931)
三島一,「唐宋時代に於ける貴族對寺院の經濟的交涉に關する一考察」(『市村博士古稀紀念東洋史論叢』, 1933年, 1933)
三島一,「唐代寺庫の機能の一つに就いて」(『池内博士古稀紀念東洋史論叢』)
三島一,「叢林に於ける庫司的職掌に關する一考察」(『加藤博士還曆紀念東洋史集說』, 1941)
道端良秀,「宿坊としての唐代寺院」(『支那佛教史學』 2-1, 1938年 3月, 1938)
塚本善隆,「國分寺と隨唐の佛教政策並びに官寺」(『日支佛教交涉史研究』, 1944年 7月, 京都)
塚本善隆,「信行の三階敎團と無盡藏に就いて」(『宗教研究新』3-4)
結城令聞,「初唐佛教の思想史的矛盾と國家權利との交錯」(『東洋文化研究所紀要』25, 1961年 10月)
Ch'en, Kenneth: Economic Background of Hui-Ch'ang Suppression of Buddihism, *HJAS*, Vol. 19, 1956
Twitchett, Denis: The Monasteries and China's Econony in

Medieval Times. *Bulletin of the School of Oriental and African Studies*, Vol. 19, Part 3, 1957, London.

Twitchett, Denis: Monastic Estates in T′ang China. *Asia Major*, New Series, Vol. 5, Part 2, 1956, London.

Yang, Lien-Sheng: Buddhism Monastries and Four Money-raising Institutions in Chinese History. Studies in Chinese Institutional History, Harvard-Yenching Institute Studies, XX, 1961.

옮긴이 뒷글

중국문화 전체를 이해하는 데에도 해당하는 말이겠지만, 특히 당송대를 이해하자면 적어도 도교나 불교에 대한 어느 정도의 이해가 갖추어져 있어야 한다. 이를 위해서 당대 불교 사원경제를 다루고 있는 이 책을 번역하게 되었다. 이 책은 저자인 황민지(黃敏枝)씨가 대만대학에 석사학위논문으로 제출한 내용을 다듬어서 《국립대만대학문사총간(國立臺灣大學文史叢刊)》의 제33권으로 간행된 『당대사원경제의 연구(唐代寺院經濟的研究)』를 번역한 것이다. 비록 석사논문이라고는 하지만, 중국의 사원경제를 살펴볼 때에 다루어야 할 기본적인 내용을 모두 언급하고 있어, 아직 이 분야에 입문서가 없는 상태인 우리들로서는 매우 적합한 내용이라고 생각한다.

원저에서는 인용문 등이 본문 안에 포함되어 있으나, 출판사의 방침에 따라서 인용문을 따로 빼내는 형태로 편집을 다시 하였다. 각주 등에서 인용된 도서나 논문 이름을 한국어로 바꾼 것은 뒤의 참고서목 칸에 원어로 다시 실리기 때문에 본문이나 각주에서는 한국어로 읽을 수 있도록 하는 것이 독자들에게 좀 더 쉽게 다가갈 수 있는 책이 될 수 있으리라는 희망을 가지고 있었기 때문이다. 제목 또한 본래는 『당대사원경제연구(唐代寺院經濟研究)』였지만, 출판사에서 한국적인 상황을 고려하여 『중국 역사상의 불교와 경제 - 당대편』이라고 하기를 원하여 이에 따랐다. 이와 함께 원저에는 사진이 전혀 없었지만, 옮긴이의 요청에 의해 사진을 삽입하였다. 그 이면에는 중국문화에 대해 애틋한 마음으로 바라보면서 매년 지나치게 변모해 버리는 현실에 대한 안타까움이 깔려있다고 할 수 있을 것이다. 지금 남아있는 문화재도 "문화대혁명"이라는 동란의 시기를 거치면서 파괴되거나 변모되기도 했지만, 오히려 최근에 그 변모양상이 훨씬 더 엄청나게 진행되기도 한다. 어떤 경우에는 너무 지나치게 관광 상품화시켜 버리는 경우도 있었다.

  종교에 대한 접근이 종교 교리에 대한 이해만으로는 충분치 않을 것이다. 역사의 흐름으로 볼 때 수많은 폐불(廢佛)이 결국 종교가 가지고 있는 경제적인 측면 때문에 일어날 수 밖에 없었다는 점은 이러한 사실을 잘 말해주고 있다. 지금의 중국에서는 "종교는 마약"이라고 하는 사회주의적인 관점에서 종교를 부정적으로 바라보고 있으므로, 우리들이 종교에 대해서 가지는 감각과는 좀 차이가 날지도 모르겠다. 이러한 까닭으로, 종교적인 연유로 만들어진 문화재에 대해서 중국의 당국자들이 어떻게 다루고 있는지에 대해서는 우려섞인 눈으로 지켜보지 않을 수 없기도 하다.

  어떤 경우에는 정치적 선전의 도구로 활용하는 경우도 많았다. 기존에 있던 문화재의 몇 배 규모나 되는 엉뚱한 시설물이 들어서서 사람을 어리둥절하게 만들기도 한다. 정치권력과의 관계에 따라서 때로는 문화재 시설에 혁명인사들의 납인형을 전시하여 정치적 선전장으로 바꾸어 놓거나 아예 그 시설에 출입을 하지 못하도록 막아놓고 그 출입문 바로 앞에 거대한 주택개발을 행하고 있는 경우도 적지 않았다. 이렇게 매년 달라지고 있는 문화재에 대한 보존 실태를 바라보면서, 지금의 모습을 남겨둘 필요가 있다는 생각을 안타깝게 해보기도 하였다. 그러한 애틋한 마음에서 이번 기회에 좀 무리해서라도 이들 문화재의 여러 사진들을 이곳에 실어두고 싶었다. 한편으로는 사진을 통한 영상의 도움으로 이 분야에 조금이라도 더 친근감을 느끼도록 했으면 하는 바램이 깔려있기도 하다.

　사진 가운데 대동(大同)의 불교유적이 많이 포함되어 있는 것은 아마도 종교에 대한 경건함을 읽을 수 있기 때문일 것이다. 중국 중세의 문화를 이해하려면, 이러한 측면에 대한 이해가 있어야만 그 당시에 살아가던 사람들의 마음을 제대로 파악할 수 있을 것이다. 또한 대족(大足) 관련 문화유적을 많이 넣은 것은 거기에서 무언가 종교적인 삶의 교훈이 표현되고 있다고 보았기 때문이다. 여기에는 현대를 살아가는 우리에게 삶에 대한 어떤 경외심이 필요하다고 느끼는 역자의 애틋한 마음이 실려있는지도 모른다.

　이 번역은 애초에 경북대학 중문과를 졸업한 문정미씨에게 초벌번역을 의뢰하였다. 오랫동안 묶혀 두었던 이 번역 원고를 다시 꺼내서 경북대학 대학원에 재학 중이던 서석제씨와 함께 재벌번역을 하였다. 그 후 서석제씨는 이 책의 저자인 황민지 교수의 연구조교로 대만 청화대학에 1년간 유학을 갔다왔다. 그 사이에 이 번역물을 전영섭씨와 공동번역하기 위해서 부탁하였으나, 전영섭씨가 교통사고를 당하였기에 그러한 상황에 너무 힘든 작업을 맡기는 것이 죄송스러워서 되돌려 받았다. 그의 빠른 완쾌를 간절히 비는 바이다.

　그 후 겨울방학을 이용하여 나는 거의 대부분의 시간을 이에 할애하여 이 번역원고를 다시 대폭적으로 손질하여 출판사에 넘겼다. 그리고, 교정작업을 하는 동안에 고려대학 대학원 박사과정에 재학중인 정순모씨에게 부탁하여 많은 곳을 지적받았다. 정순모씨는 불교와 관련된 역사학 논문을 많이 쓰고 있어서 역시 이 방면에 대하여 예리한 견해를 가지고 있었고, 정씨의 도움으로 번역상에서 애매한 부분을 새로이 검토하게 되었고 그 덕택에 상당한 부분에 이르기까지 많이 다듬을 수 있었다. 이점 깊이 감사드린다.

　아직 인쇄에 들어갈 단계까지는 도달되지 않은 것이 아닌가 하는 아쉬움이 남아있지만, 원저자인 황민지 교수가 6월초에 중국사학회가 부산 동의대학에서 개최하는 "부녀를 통해서 본 중국역사"라는 주제의 국제학술회의에 참석하기 때문에, 기왕이면 그 전에 책을 내는 것이 좋겠다고 생각되어 조금 서두르지 않을 수 없었다. 마지막 교정을 보기 전에 한국사에서 불교사회사 분야로 경북대학에서 박사학위를 받은 김형수씨에게 부탁하여 한번 더 손질을 했다. 또한, 이 분야에 아직 관심을 가진 독자가 그다지 흔하지 않으리라는 점을 잘 알고 있으면서도 문화적인 관심의 폭을 넓히는 데에 일조(一助)를 하기 위해서 이 책의 번역 출판에 쾌히 응해주신 서경문화사의 김선경 사장님을 비롯하여 끝도 없는 작업을 마다 않고 따라와 준 편집담당의 김현미씨께 감사드린다.

복현골에서 오월의 빗소리를 들으면서
옮긴이 임대희 씀

찾아보기

ㄱ

간정사(簡靜寺) 57
감로사(甘露寺) 235
감원(監院) 139
감진(鑑眞) 263
강유(綱維) 139, 169
개오(蓋吳) 87
개원사(開元寺) 35, 148, 230
개원석교록(開元釋教錄) 169
거식(踞食) 53
건강실록(建康實錄) 74
건영(虔英) 173
건원사(乾元寺) 142, 230
견법숭전(甄法崇傳) 84
견빈 86
견사(絹絲) 213
경사사(京師寺) 63, 74
경전(敬田) 263
계덕사(戒德寺) 182
계혜(戒惠) 205
고경(高熲) 162
고광(顧曠) 89
고두(庫頭) 139
공덕원(功德院) 119
곽법율(霍法律) 193
곽보원(霍保員) 193
곽자의(郭子儀) 199
곽조심(郭祖深) 105
곽흔열(霍昕悅) 183

관사(官寺) 34
광명사(光明寺) 162
광보사(光寶寺) 63
광진(廣進) 189, 204
광택사(光宅寺) 251
광홍명집 98, 207
교연(皎然) 250
구로(敎老) 258
구마라집(鳩摩羅什) 26
국청백록(國淸百錄) 60
국청사(國淸寺) 60, 130, 196,
궁원사(宮苑使) 111
궤방업(櫃坊業) 177
귀경문(龜鏡文) 142
금각사(金閣寺) 240
금광명사(金光明寺) 190
금광사(金光寺) 230
금석췌편(金石萃篇) 62, 123,
  163
기석부도후(記石浮屠後) 125
기왕범(岐王範) 224
기원사(祇洹寺) 63, 78

ㄴ

나란사(那爛寺) 225
나련제려야사(那連提黎耶舍)
  103
나진옥(羅振玉) 60
낙양가람기 63, 75
난야(蘭若) 257

남조사고(南朝寺考) 74
납질(納質) 171
내궁원사(內宮苑使) 111
내도량승(內道場僧) 222
내장택사(內莊宅使) 111
내장택사첩(內莊宅使牒) 125
노학암필기(老學庵筆記) 85, 86,

ㄷ

다전옹(多田翁) 112
단두(團頭) 190
단복(袒服) 53
단월(檀越) 62
단월시주(檀越施主) 61
담량(曇亮) 80
담요(曇曜) 69, 100
담헌(曇獻) 265
당시산전기(唐施山田記) 114
당회요 251, 258
대덕(大德) 221
대범사(大梵寺) 264
대사암기(大赦菴記) 115, 120
대상사(大像寺) 133, 135
대성자사(大聖慈寺) 122
대숭복사(大崇福寺) 116
대애경사(大愛敬寺) 31
대운사(大雲寺) 35
대주도통(大州都統) 94
대지도사(大智度寺) 31
대행(大行) 222

대흥국사(大興國寺) 35
도맹(道猛) 77, 103
도선(道宣) 34, 245
도성(道誠) 158
도승통(都僧統) 147
도안(道安) 26, 68
도연(道研) 78, 96
도영(道英) 139
도온(道溫) 76
도위(都尉) 102
도준(道遵) 130
도준(道儁) 78, 80
도중(徒衆) 203
도진(道臻) 60
도첩(度牒) 66
도통(都統) 94
도표(道標) 223
도함(道含) 78
도항(道恒) 55, 65, 105
동고(東庫) 189
동림사(東林寺) 68, 233
동생(董生) 249
동태사(同泰寺) 72
동행(童行) 229
두번천(杜樊川 ; 杜牧) 23
두홍점(杜鴻漸) 23
두회정(竇懷貞) 207
등상좌(鄧上座) 196
등애사(等愛寺) 144
등유(燈油) 209
등촉(燈燭) 243

등현정(鄧玄挺) 142

ㄹ

량과(梁課) 203

ㅁ

마두(磨頭) 142
마령지(馬令痣) 173
만고사(萬固寺) 250
만수사(萬壽寺) 122, 144
만수일사(萬壽一寺) 123
말법(末法) 161
명원(明遠) 148
모용덕(慕容德) 32
묘덕사(妙德寺) 144
무애대재(無碍大齋) 265
무진장(無盡藏) 113, 158
무차(無遮) 263
무차대재(無遮大齋) 265
무차재회(無遮齋會) 252
문거법사(文擧法師) 130
문성제(文成帝) 100
문헌통고(文獻通考) 37

ㅂ

반승(飯僧) 104
방거(放擧) 171
방현령(房玄齡) 122

배식(裴植) 71
배최(裴漼) 121
배현지(裴玄智) 167
배휴(裴休) 223, 256
백거이(白居易) 223
백곡오장비(栢谷塢莊碑) 121
백장회해(百丈懷海) 139
범태(范泰) 63
법계덕(法戒德) 194
법률(法律) 203
법송(法松) 203
법원주림(法苑珠林) 20
법장(法長) 119
법장(法藏) 222
법장선사(法藏禪師) 163
법화원(法花院) 147
보광사(普光寺) 191
보구사(普救寺) 253
보덕사(報德寺) 63
보리 213
보리사(菩提寺) 129
보성사(報聖寺) 124
보수사(保壽寺) 251
보제사(普濟寺) 139
복선사(福先寺) 163, 166, 264
본주통(本州統) 94
봉간선사(封干禪師) 229
부혁(傅奕) 201
불공(不空) 32, 116, 222, 240
불도징(佛圖澄) 24
불도호(佛圖戶) 65, 94

불전등유(佛前燈油) 209
불타야사(佛陀耶舍) 78
비전(悲田) 221, 258, 263
비전양병방(悲田養病坊) 248

사령운(謝靈運) 27
사마도자(司馬道子) 56
사문통(沙門統) 96
사부(祠部) 33
사분율(四分律) 78
사안(謝安) 219
사전(寺田) 120
사주(寺主) 230
사지(四至) 58, 272
사태승니조(沙汰僧尼詔) 43
사호(寺戶) 67, 93, 116, 189
산문등유(山門燈油) 209
산우석각총편(山右石刻叢編) 176
삼강(三綱) 231, 247
삼계교(三階敎) 158
삼무일종(三武一宗) 97
삼보(三寶) 263
삼식(三食) 112
상동사(湘東寺) 82
상법(像法) 161
상법결의경(像法決疑經) 18
상사(喪事) 243
상서고실(尚書故實) 253

상연(常克) 255
상좌(上座) 145, 147
상주(常住) 20, 148, 227
상주백성(常住百姓) 116
색만노(索滿奴) 185
서대사(西臺寺) 89
서릉(徐陵) 40, 41
서명사(西明寺) 34, 123
서상(徐商) 250
서세적(徐世勣) 182
서창사(西倉司) 189
서효극전(徐孝克傳) 39
석도영(釋道英) 133
석도진(釋道臻) 30
석도혜(釋道慧) 80
석륵(石勒) 24
석명해전(釋明解傳) 182
석문자경록(釋門自鏡錄) 41, 106, 196, 231
석박론(釋駁論) 21, 55, 105
석법원(釋法願) 103
석소언(釋疏言) 28
석씨요람(釋氏要覽) 158, 181, 225, 244
석옹사(石甕寺) 249
석진관(釋眞觀) 65
석호(石虎) 24
선견선사(善見禪師) 129
선권사(善權寺) 126
선실지보유(宣室志補遺) 119
선원청규(禪苑淸規) 243

설부(說郛) 182
성선사(聖善寺) 221
소경(蘇瓊) 95
소림사비(少林寺碑) 121
소영주(蕭潁冑) 89
소자량(蕭子良) 70
속(粟) 213
속강(俗講) 252
속고승전(續高僧傳) 104, 182
속세설(續世說) 207
속신전(贖身錢) 73
손작(孫綽) 219
송경(宋璟) 258
송고승전(宋高僧傳) 175, 229
송상례(宋尙禮) 182
수과(樹果) 234
수륙재(水陸齋) 265
수애(水磑) 200
수연(水碾) 198, 200
수질(收質) 171
숙손거(叔孫矩) 148
순제(荀濟) 69
숭복사(崇福寺) 170
숭악사(嵩岳寺) 249
습득(拾得) 227, 229
습선(習禪) 164
승건영(僧虔英) 183
승관(僧官)제도 53, 219
승광사(承光寺) 63
승근(僧謹) 78
승기속(僧祇粟) 91

승기율(僧祇律) 92
승기호(僧祇戶) 67, 93
승랑(僧朗) 32
승률(僧律) 33
승여(乘如) 246
승적(僧籍) 33, 221
승정(勝淨) 145, 205
승정(僧政) 203
승조(僧曹) 92
승지(僧智) 196
승평공주(昇平公主) 199
시자(侍者) 229
식유(食油) 209
신수(神秀) 224
신의(信義) 164
신적(神寂) 186
신체부(辛替否) 45
신행(信行) 166
신행선사(信行禪師) 162
십송률(十誦律) 92, 159

ㅇ

아육왕사(阿育王寺) 138
악록사(岳麓寺) 28
안국사(安國寺) 125, 145, 202,
안통(晏通) 79
애과(磑顆) 203, 206
애과(磑課) 273
애박사(磑博士) 202
양경신기(兩京新記) 165

양과(梁課) 181, 209, 213, 231
양광(楊廣) 60
양덕(楊德) 127
양로(養老) 258
양무제 31
양병(養病) 221, 258
양병방(養病坊) 104
양애(梁磑) 273
양호(梁戶) 209, 213
양황(楊晃) 127
어조은(魚朝恩) 126
엄수(嚴綬) 223
업중기(鄴中記) 25
엔닌(圓仁) 134, 147 207, 252
   254
여만(如滿) 223
연과(碾課) 181, 231
연애(碾磑) 116
연재(捐財) 53
연흥사(延興寺) 123
영거사(靈居寺) 148
영녕불사(永寧佛寺) 82
영달(朶達) 196
영도사 186
영서사(靈西寺) 191
영안사(永安寺) 195, 230
영태공주(永泰公主) 123
영태사(永泰寺) 123
오진(悟眞) 147
옥천자(玉泉子) 224
옥화사(玉華寺) 240

옹(邕) 162
와관사(瓦官寺) 74
왕건(王騫) 60
왕도(王導) 31
왕문동(王文同) 207
왕생(王生) 249
왕세충(王世充) 122
왕수태(王守泰) 125
왕승달(王僧達) 89
왕유(王維) 272
왕익(王翊) 200
왕진(王縉) 23
왕창(王昶) 138
왕파(王播) 249
왕희지(王羲之) 219
요곤(姚坤) 129
요숭(姚崇) 45
요흥(姚興) 26
욱란조사(峪鸞祖師) 58
용문사(龍門寺) 119
용화사(龍華寺) 63
용흥사(龍興寺) 35, 131, 193,
   195, 230
우란분회(盂蘭盆會) 252
원관(圓觀) 236
원두(園頭) 142
원승(願勝) 189, 204
원여여(元如如) 106
원응(元應) 236
원진(元稹) 253
원통사(圓通寺) 124

위사공(韋思恭) 249
위소도(韋昭度) 249
위술(韋述) 165
위집의(韋執誼) 128
유나(維那) 94, 243
유량(油樑) 213
유분(劉汾) 115, 120
유양잡조(酉陽雜俎) 252
육연(陸碾) 198
육유(陸游) 85
은중감(殷仲堪) 27
은호(殷浩) 219
의겁사(義劫寺) 89
의돈(猗頓) 236
의정(義井) 104
의정(義淨) 233
이교(李嶠) 45
이길보(李吉甫) 223
이단(李端) 250
이덕유(李德裕) 235, 259, 260
이빈(李蠙) 125
이서균(李栖筠) 200
이숭(李崇) 75
이습(李習) 176
이신(李紳) 250
이옹(李邕) 201
이원굉(李元紘) 200, 207
이작(李綽) 253
이절(李節) 29
이주영(爾朱榮) 97
이혹론(理惑論) 20

이훈(李勛) 126
인왕사(仁王寺) 144
임도림(任道林) 99
입당구법순례행기 134
입파력(入破曆) 145, 202, 203, 204, 205, 213, 273

ㅈ

자명사(慈明寺) 162
자비사(慈悲寺) 265
자은사(慈恩寺) 34, 123, 252, 253
자의(紫衣) 221
자치통감 259
장경사(章敬寺) 127
장불노(張佛奴) 193
장사사(長沙寺) 85, 90
장생고(長生庫) 84, 113, 177
장아함(長阿含) 78
장열(張說) 224
장원 181
장전(莊田) 200
장제(莊帝) 94
장주(莊主) 139, 142
장택사(莊宅使) 111
장효수(張孝秀) 68
저연(褚淵) 86
저징(褚澄) 86
적인걸(狄仁傑) 115, 149, 200,
적호(翟灝) 86

전당문(全唐文) 138, 148, 236
전연(田碾) 201
전원(田園) 234
전장(前帳) 203
전장(田莊) 231
전좌(典座) 139
정각사(定覺寺) 207
정건(鄭虔) 253
정두(淨頭) 142
정법(正法) 161
정숙청(鄭叔淸) 237, 238
정시사(正始寺) 75
정언(正言) 124
정역사(淨域寺) 163
정인(淨人) 142, 229
정토사(淨土寺) 188, 203, 205
제빈(濟貧) 258
제유업 209
조구자(趙苟子) 69, 93
족곡옹(足穀翁) 112
종리간지(鍾離簡之) 126
종이(宗頤) 142
주전(廚田) 203
중흥사장(中興寺莊) 60
지묘음니(支妙音尼) 57
지자선사(智者禪師) 32
직세(直歲) 128, 139
직세승(直歲僧) 273
진적사(眞寂寺) 162
질고(質庫) 84, 157, 171, 245
질보(質錯) 86, 89

질업(質業) 85
징옥(澄玉) 126

착융(笮融) 36
창도사(唱導師) 247
창의(唱衣) 245
채유(菜油) 209
천안사(天安寺) 76
청량사(淸涼寺) 32, 105
청룡사(靑龍寺) 224
청선사(淸禪寺) 130, 200, 201
체원(體圓) 147
초제사(招提寺) 86
최광(崔光) 75
최소(崔昭) 200
최암(崔黯) 233
추성사(追聖寺) 63
추애(秋磑) 206
축법요(竺法瑤) 89
축법호(竺法護) 79
축불함(竺佛含) 78
춘애(春磑) 206
출거(出擧) 171
칙수백장청규(勅修百丈淸規) 242

태평광기(太平廣記) 129, 141, 142, 164, 167, 178, 252
태평사(太平寺) 175
통속편(通俗篇) 86

파제력(破除曆) 145, 188
판관(判官) 203
평제호(平齊戶) 67
포양사(抱陽寺) 201
풍경(諷經) 243

하상지(何尙之) 28
하윤(何胤) 62
한고(韓皐) 223
한산(寒山) 141
한산자(寒山子) 42, 225
해보통원(解普通院) 253
허영(許榮) 57
현유나(縣維那) 94
현장(玄奘) 122, 225, 263
현중사(玄中寺) 58
혜(慧) 162
혜거(惠炬) 138
혜계(惠戒) 189
혜기(慧基) 78
혜림사(惠林寺) 236
혜민(慧旻) 81
혜범(慧範) 222

혜범(惠範) 222
혜산사(慧山寺) 250
혜소(惠沼) 130, 138
혜소사(惠昭寺) 250
혜안(惠安) 189, 203
혜원(慧遠) 26
혜의(慧義) 78
혜일사(慧日寺) 162
혜주(慧胄) 130
혜주(惠胄) 138
혜진(慧珍) 222
호국사(護國寺) 173, 183
호부(戶部) 33
호삼성(胡三省) 259
호태후(胡太后) 82
홍명집(弘明集) 43
홍선사(弘善寺) 162
화도사(화탁사;化度寺) 162, 166, 264
화상탑(和上塔) 240
환현(桓玄) 27, 56
회신(懷信) 41
회창(會昌) 275
회창(會昌)폐불 147
효무제(孝武帝) 56
효복(孝服) 243
후경(侯景) 39
후주(後主) 97
흥당사(興唐寺) 252
흥선사(興善寺) 252

저자약력

황민지(黃敏枝)

1944년생, 대만 까우슝(高雄)현 인. 국립대만대학 역사계 졸업, 국립대만대학 역사연구소 석사, 박사. 국립 성공(成功)대학 역사계 강사, 부교수. 현재 국립 청화대학(淸華大學)역사연구소(歷史研究所)교수. 저서로는 송대불교사회경제사논집(宋代佛敎社會經濟史論集)이 있다.

역자약력

임대희

경북대학교 사범대학 역사교육과 교수

중국 역사상의 불교와 경제 — 당대편

초판 인쇄일 ● 2002년 6월 1일
초판 발행일 ● 2002년 6월 5일
발행인 ● 김선경
黃敏枝 지음 / 임대희 옮김
발행처 ● 서 경 문 화 사
서울특별시 종로구 동숭동 199-15(105호)
Phone : 743-8203 / FAX : 743-8210 / E-mail : sk8203@chollian.net

등록번호 ● 1-1664호

값 11,000원

ISBN 89-86931-43-5 93910

* 잘못된 책은 교환해 드립니다.
* 저자와의 협의하에 인지는 생략합니다.